U0552884

BLUE BOOK

智库成果出版与传播平台

证券公司蓝皮书

BLUE BOOK OF SECURITIES COMPANIES

中国证券公司竞争力研究报告
（2024）

ANNUAL REPORT ON THE COMPETITIVENESS
OF SECURITIES COMPANIES IN CHINA (2024)

组织编写／山东省亚太资本市场研究院

孙国茂　李宗超 等／著

社会科学文献出版社

SOCIAL SCIENCES ACADEMIC PRESS（CHINA）

图书在版编目（CIP）数据

中国证券公司竞争力研究报告 . 2024 / 山东省亚太
资本市场研究院组织编写；孙国茂等著 . --北京：社
会科学文献出版社，2024. 11. --（证券公司蓝皮书）.
ISBN 978-7-5228-4678-1

Ⅰ . F832. 39

中国国家版本馆 CIP 数据核字第 20246KF833 号

证券公司蓝皮书
中国证券公司竞争力研究报告（2024）

组织编写／山东省亚太资本市场研究院
著　　者／孙国茂　李宗超 等

出 版 人／冀祥德
组稿编辑／高　雁
责任编辑／颜林柯
文稿编辑／王红平　周晓莹
责任印制／王京美

出　　版／社会科学文献出版社·经济与管理分社（010）59367226
　　　　　地址：北京市北三环中路甲 29 号院华龙大厦　邮编：100029
　　　　　网址：www. ssap. com. cn
发　　行／社会科学文献出版社（010）59367028
印　　装／三河市东方印刷有限公司

规　　格／开 本：787mm × 1092mm　1/16
　　　　　印 张：22.25　字 数：331 千字
版　　次／2024 年 11 月第 1 版　2024 年 11 月第 1 次印刷
书　　号／ISBN 978-7-5228-4678-1
定　　价／188.00 元

读者服务电话：4008918866

《中国证券公司竞争力研究报告（2024）》
编 委 会

编撰单位简介

　　山东省亚太资本市场研究院是受山东省社会科学界联合会主管的省级智库机构，主要从事宏观经济研究、区域经济研究、金融与资本市场研究以及财政政策和货币政策研究等。为政府和企业提供决策咨询和研究服务，孵化和培育具有增长潜力的中小企业进入资本市场并提供市值管理和资本运营服务；为政府相关部门、企业等机构提供具有战略价值的产业发展、区域规划、乡村振兴、普惠金融、绿色金融等专项研究解决方案。

　　研究院拥有一支近 30 人的专业研究团队，包括胡汝银、马庆泉、胡俞越、刘李胜、黄运成等著名专家、学者。核心研究人员孙国茂为山东省决策咨询委员会专家，山东省人大常委会专家顾问，山东省人民政府研究室特邀研究员，山东省泰山产业领军人才，山东省金融高端人才，青岛大学经济学院教授、博士生导师，山东工商学院金融学院特聘教授、金融服务转型升级协同创新中心首席专家。孙国茂先后参加了山东省"十二五""十三五""十四五"规划以及山东省金融业发展"十三五""十四五"规划研究和《山东地方金融条例》《山东省民营经济发展促进条例》的讨论和编写。

　　研究成果

　　山东省亚太资本市场研究院先后承担山东省人民政府、山东省工信厅、烟台市、潍坊市、枣庄市等委托的多项研究课题；连续多年举办"中国公司金融论坛"；连续多年编写《中国证券公司竞争力研究报告》《山东省上市公司研究报告》等年度研究报告。其中，《中国证券公司竞争力研究报告》《山东省普惠金融发展报告》《山东省中小企业发展报告》被列入中国社会科学院蓝皮书系列。先后编写并发布了《山东省上市公司白皮书》《山东省中小企业白皮书》《山东省区块链产业发展白皮书》《山东省上市公司 ESG 白皮书》《山东省上市公司数字化转型白皮书》等电子版研究报告。

会议论坛

中国公司金融论坛自 2012 年创办以来已连续举办 10 届，每年根据国家宏观经济政策和国内外广受关注的金融经济热点问题确定论坛主旨。参加论坛的人员有政府部门和金融监管部门的工作人员，金融机构、类金融机构和财富管理机构等的高管人员、金融从业人员，大学及研究院（所）的研究人员，以及海内外关注中国经济改革和金融改革的专家、学者。

专家团队

山东省亚太资本市场研究院特约包括李扬、夏斌、吴晓求、贾康、贺强、王忠民、刘尚希、韦森、巴曙松、姚洋、祁斌、姚景源、张承惠、管涛、谭雅玲、徐洪才、郭田勇、马险峰、李迅雷、李康、杨涛、曾刚、王力、张跃文、林义相、张述存在内的近百名国内著名经济学家、金融学家和证券投资与研究专家，组成了在行业内享有盛誉的专家团队。

合作伙伴

山东省亚太资本市场研究院与中国社会科学院、北京大学、中国人民大学、中央财经大学、上海证券交易所、山东大学、山东社会科学院、青岛大学、济南大学、山东财经大学、中国金融四十人论坛、中国上市公司市值管理研究中心、齐鲁股权交易中心、山东省扶贫基金会、山东省小额贷款企业协会、山东省普惠金融研究院等近百家大学、研究机构、金融机构以及人民网、新华网、光明网、中国网、中国经济网、央视网、央广网、国际在线、中国社会科学网、山东电视台、山东广播经济频道、齐鲁网、《中国证券报》、《上海证券报》、《证券时报》、《金融时报》、《证券日报》和《经济日报》等近百家中央、地方专业媒体建立了良好的合作关系。

主要著者简介

孙国茂　山东省泰山产业领军人才，山东省金融高端人才，山东省决策咨询委员会专家，山东省人大常委会专家顾问，山东省人民政府研究室特邀研究员；青岛大学经济学院教授、博士生导师；山东工商学院金融学院特聘教授、金融服务转型升级协同创新中心首席专家。先后担任济南大学公司金融研究中心主任、济南大学金融研究院院长、山东省资本市场创新发展协同创新中心主任和济南大学商学院教授等职，研究方向为公司金融与资本市场理论、制度经济学和数字经济等。出版《公司价值与股票定价研究》《制度、模式与中国投资银行发展》《普惠金融组织与普惠金融发展研究》《中国证券市场宏观审慎监管研究》等10多部学术专著；在《管理世界》《中国工业经济》《经济学动态》等学术期刊以及《人民日报》《经济参考报》《上海证券报》等重要报纸上发表论文近200篇，其中30多篇被《新华文摘》和中国人民大学复印报刊资料等转载；连续13年主编《中国证券公司竞争力研究报告》（中国社科院蓝皮书系列），连续11年主编《山东省上市公司研究报告》。主持国家社科基金项目、省部级重大研究课题和横向研究课题20多项，获得山东省社会科学优秀成果一等奖3次、二等奖等奖项多次。2012年创办中国公司金融论坛，在学术界和金融界产生重大反响。每年向山东省委、省政府呈报多项决策咨询研究成果，数十项成果获省委、省政府主要领导批示并被有关部门采纳；山东省"十二五""十三五""十四五"规划专家。

序
培育一流投资银行　助力金融强国建设

张慎峰*

2023 年 10 月 30 日，中央金融工作会议在北京召开，会议提出"要加快建设金融强国"和"走中国特色金融发展之路"，强调了"培育一流投资银行和投资机构"。2024 年 1 月，习近平总书记在省部级主要领导干部推动金融高质量发展专题研讨班开班式上发表重要讲话，指出金融强国应当基于强大的经济基础，具有领先世界的经济实力、科技实力和综合国力，同时具备一系列关键核心金融要素，即强大的货币、强大的中央银行、强大的金融机构、强大的国际金融中心、强大的金融监管、强大的金融人才队伍。

加快建设金融强国，是党中央立足中国式现代化建设全局作出的战略部署。习近平总书记提出的"六个强大"，不仅明确了金融强国建设的关键核心要素，也为建设金融强国指明了实践路径。习近平总书记在会议上提出的建立健全"六大体系"，从金融调控、金融市场、金融机构、金融监管、金融产品和服务、金融基础设施等方面，描绘出中国特色现代金融体系的宏伟蓝图。

投资银行作为向实体经济提供直接融资服务的金融机构，是金融强国建设的重要微观基础。纵观世界金融发展史，投资银行在建立现代金融体系、促进经济的发展和稳定方面起着至关重要且不可替代的作用。如果从监管的

---

* 张慎峰，管理学博士，中国贸促会原副会长，曾任中国证监会党委委员、主席助理。

角度来看，我们通常认为投资银行主要从事证券发行、承销、交易、企业重组等业务，包括为企业提供上市辅导和融资支持，协助企业进行股权和债权融资，以及为企业提供并购和重组服务等；但如果从整个金融市场或宏观经济的角度来看，资本市场则是一个国家经济体系和金融体系的枢纽，投资银行就是这个枢纽中重要的市场主体，尤其是在国家实施创新驱动发展战略的大背景下，投资银行不仅是连接资金需求方和资金供给方的桥梁，更是促进科技创新和发展新质生产力的重要主体。

根据中国证券业协会发布的数据，截至 2023 年 12 月，我国共有 145 家证券公司，总资产合计 11.83 万亿元，净资产合计 2.95 万亿元，实现营业收入 4059.02 亿元，净利润 1378.33 亿元。如果与银行业、保险业相比，目前我国证券行业的整体规模还太小。央行数据显示，2023 年我国金融机构总资产规模为 461.09 万亿元，证券行业的占比仅为 3.00%。以上数据表明，目前我国证券行业的发展难以满足和适应中国式现代化建设和金融业高质量发展的需要。

中央金融工作会议提出"加快建设金融强国"的目标，为证券行业发展提供了难得的历史机遇。金融强国建设强调高质量发展，一方面要求证券行业在服务实体经济、防控金融风险、促进科技创新等方面发挥更大作用；另一方面也为证券行业提供了广阔的发展空间，对证券行业提出了更高的要求。证券行业应当牢记和把握金融工作的政治性和人民性，坚持以人民为中心的价值取向，坚持把金融服务实体经济作为根本宗旨，坚持把防控风险作为金融工作的永恒主题，做好科技金融、绿色金融、普惠金融、养老金融、数字金融"五篇大文章"。

具体地说，在科技金融方面，证券行业要发挥中介机构的价值发现功能，为新技术、新产业、新业态和新生产要素提供更高效的融资服务，通过直接股权投资和私募股权投资等方式，将更多金融资源配置到科技创新的关键领域和战略性新兴产业，实现"科技—产业—资本"的良性循环，加快培育新质生产力。在绿色金融方面，证券行业应当紧跟国家"双碳"目标，积极构建绿色金融体系，加大碳中和债券、可持续发展挂钩债券等绿色金融产品的推广力度，探索碳基金、碳指数等与碳资产相关的金融产品的创新，为上市公司提供 ESG 相关服务。在普惠金融方面，证券行业要探索提供全方位、高质量、多层次的理财服务和资产管理服务，创新面向大众的普惠型产品，增强投资者获得感。在养老金融方面，证券行业要发挥在资产管理和财富管理方面的业务优势，根据《国务院办公厅关于推动个人养老金发展的意见》，服务我国多支柱养老保险体系建设，稳步推进企业年金和职业年金制度运行，助力养老"第三支柱"产品的创新与推广。在数字金融方面，证券行业要根据中国人民银行制定的《金融科技发展规划（2022—2025年）》，将数字元素注入金融服务全流程，将数字思维贯穿业务运营全链条，注重金融创新的科技驱动和数据赋能；健全安全高效的金融科技创新体系，搭建业务、技术、数据融合联动的一体化运营中台，建立智能化风控机制，全面激活数字化经营新动能。

由于工作原因，我与孙国茂教授相识已 30 年。早年他在业界时，中国资本市场刚刚起步，从那时起我们就经常讨论一些有关行业发展的重大问题，我一直认为他是一个善于思考和勤于思考的人。10 多年前，他离开业界进入高校，潜心学术，我对他深表理解，我认为这就是他应该做的选择，而且是最好的选择。2012 年他开始主编证券行业年度研究报告，已经连续出版 13 年了，令我钦佩的是，这是国内迄今为止唯一列入中国社科院蓝皮书系列的证券行业研究报告。2024 年的报告又增加了证券公司数字化转型、ESG 治理等方面内容，值得学习。同时，我觉得这本报告对监管部门和证券公司的同行们也有参考价值。

我深信直接投融资体系具有间接金融体系无可比拟的优势，我深信资本市场在建设金融强国过程中能够发挥出无与伦比的枢纽性作用，我深信培育一流投资银行和投资机构是资本市场发展建设过程中的一项重要工程，期待《中国证券公司竞争力研究报告》越来越好。

摘　要

　　高质量发展是全面建设社会主义现代化国家的首要任务，金融要为经济社会发展提供高质量服务。2023年10月召开的中央金融工作会议，是我国金融发展史上具有里程碑意义的一次重要会议，会议提出坚持党中央对金融工作的集中统一领导，确保金融工作的正确方向，提出"加快建设金融强国"，为金融高质量发展提供了根本遵循，同时首次提出"培育一流投资银行和投资机构"。我国是金融大国，但不是金融强国。加快建设金融强国，是我国经济社会长远发展的战略抉择，更是在经济全球化进程中维护国家金融安全的需要。资本市场作为金融市场的重要组成部分，在现代经济中发挥着不可替代的作用。2023年我国全面实行股票发行注册制等重大改革，平稳实施机构改革，资本市场各项工作取得新的积极进展。

　　培育一流投资银行和投资机构，能够更好发挥资本市场的枢纽功能，有助于从源头提高上市公司质量，助力资本市场健康发展。证券公司应履行资本市场"守门人"职责，切实保护投资者合法权益。当前，我国证券公司数量众多，业内竞争日趋激烈，处于转型中的证券公司"看天吃饭"特征依然明显；同时，受行业周期性影响，部分券商经营困难，甚至在管理和经营过程中因触碰"红线"而遭受处罚。因此，在防止发生系统性金融风险的大背景下，评价证券公司的竞争力就显得十分重要。

　　本书创新性构建了证券公司竞争力评价体系、数字化转型评价体系和系统重要性评价体系，填补了相关研究领域的空白。根据评价体系中指标分值，对我国证券公司的竞争力、数字化转型和系统重要性进行了排名。在竞

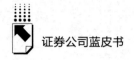

争力评价中,大中小型证券公司的综合竞争力差距在不断扩大;大型证券公司的经营能力和赢利能力远超中小型证券公司,中小型证券公司的微观和宏观风控能力排名相对靠前,且中小型证券公司的成长能力相对较强。在数字化转型评价中,发现我国证券行业尚处于数字化转型的初级阶段,多数证券公司还在起步、探索阶段,且呈现两极分化现象,但整体来看,通过数字化赋能公司发展已成为证券行业共识,本书根据转型过程中存在的问题提出了数字化转型路径。在系统重要性评价中,证券公司"马太效应"特征显著,头部证券公司往往排名靠前,但排名靠前的证券公司个别指标不能达到监管标准,意味着未来监管部门可能会推动行业内的合并重组,以提高头部证券公司的系统重要性。此外,本书还对证券行业进行了详细介绍和总结,发现证券行业呈现增收不增利状态,自营业务成为2023年第一大收入来源,年内案发数量和罚没金额较2022年有所提升,经纪业务和投行业务依然是违规重灾区,查处力度的加大体现了监管层促进券商规范稳健发展的决心。

关键词: 证券公司　竞争力评价　系统重要性　数字化转型　监管处罚

目 录 ⤷

Ⅰ 总报告

Ⅱ 评价篇

Ⅲ 专题篇

证券公司蓝皮书

皮书数据库阅读使用指南

总 报 告

B.1
中国证券公司竞争力研究报告
（2024）

孙国茂　陈国文*

摘　要：　基于证券公司的经营能力、赢利能力、微观风控能力、宏观风控能力和成长能力，本报告对证券公司的竞争力进行了排名。证券公司竞争力评价指标体系以营业收入、总资产和净资产来衡量证券公司的经营能力，以 ROA（资产收益率）、ROE（净资产收益率）和销售利润率来衡量证券公司的赢利能力，以净资本与净资产的比例、净资本与负债的比例和风险覆盖率来衡量证券公司的微观风控能力，以资本杠杆率、流动性覆盖率和净稳定资金率来衡量证券公司的宏观风控能力，以营业收入增长率、营业利润增长率和总资产增长率来衡量证券公司的成长能力。总体而言，大型证券公司的经营能力远超中小型证券公司，中小型

---

*　孙国茂，中央财经大学经济学博士，青岛大学经济学院教授、博士生导师，山东工商学院金融学院特聘教授，山东省亚太资本市场研究院院长，研究方向为公司金融与资本市场理论、制度经济学和数字经济等；陈国文，美国肯塔基大学经济学博士，现就职于联储证券，研究方向为宏观经济。

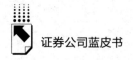

证券公司的微观和宏观风控能力排名相对靠前，且中小型证券公司的成长能力相对较强。

关键词： 证券公司竞争力　经营能力　赢利能力　风控能力　成长能力

2023年是我国资本市场发展史上极为重要的一年。2023年2月，中国证监会系统工作会议强调，要推进建设中国特色现代资本市场，不断健全资本市场功能。① 该会议提出，建设中国特色现代资本市场是一项系统工程，一要提高直接融资比重，二要培育体现高质量发展要求的上市公司群体，三要提升估值定价科学性有效性，四要健全资本市场风险防控长效机制，五要保护中小投资者合法权益，六要打造"治理、生态、文化"三位一体的资本市场软实力。该会议还对2023年重点工作做出了具体部署：一是全力以赴抓好全面实行股票发行注册制改革；二是更加精准服务稳增长大局，增强股债融资、并购重组政策对科创企业的适应性和包容度，推进公募REITs常态化发行；三是统筹推动提高上市公司质量和投资端改革，推动权益类基金高质量发展，引导更多中长期资金入市；四是坚守监管主责主业；五是继续防范化解重大金融风险，稳妥有序化解私募基金、地方交易场所、债券违约等重点领域风险。

2023年7月，中共中央政治局召开会议，提出要活跃资本市场，提振投资者信心。② 2023年10月，中央金融工作会议在北京举行，对实施创新驱动发展战略、推进金融高质量发展、加快建设金融强国等提出了新的要求；该会议指出，要做好科技金融、绿色金融、普惠金融、养老金融、数字

---

① 《中国证监会召开2023年系统工作会议》，中国证券监督管理委员会网站，2023年2月2日，http://www.csrc.gov.cn/csrc/c106311/c7052769/content.shtml。
② 《中共中央政治局召开会议　分析研究当前经济形势和经济工作　中共中央总书记习近平主持会议》，中国共产党新闻网，2023年7月25日，http://cpc.people.com.cn/n1/2023/0725/c64094-40042816.html。

金融"五篇大文章"；要着力打造现代金融机构和市场体系，疏通资金进入实体经济的渠道；要优化融资结构，更好发挥资本市场枢纽功能，推动股票发行注册制走深走实，发展多元化股权融资，大力提高上市公司质量，培育一流投资银行和投资机构。[①]

一　我国证券公司发展概况

2023 年，我国证券公司总数和上市证券公司数量再创新高。根据中国证券业协会网站数据[②]，2023 年证券公司总数达到 145 家，比 2022 年增加5 家；上市证券公司数量达到 44 家，比 2022 年增加 1 家。从上市交易所分布来看，有 30 家证券公司在上海证券交易所上市，其余 14 家在深圳证券交易所上市。从上市日期来看，大部分证券公司于 2020 年及以前上市，2021 年仅有财达证券上市，2022 年仅有首创证券上市，2023 年仅有信达证券上市。从分布来看，不同省份的上市公司数量差异较大，北京、上海和广东的上市证券公司数量最多，均达到 6 家；江苏有 4 家；吉林、山东、山西、广西、新疆、西藏等省份仅有 1 家上市证券公司。从公司性质来看，大部分上市证券公司为央企国资或省属国资，申万宏源、长城证券、中金公司等 11 家证券公司为央企国资，华泰证券、东方证券、兴业证券等 19 家证券公司为省属国资；东吴证券、南京证券、东北证券等 6家证券公司为地市国资，华林证券、国金证券等 4 家证券公司为民营企业（见表 1）。

---

① 《中央金融工作会议在北京举行　习近平李强作重要讲话　赵乐际王沪宁蔡奇丁薛祥李希出席》，中国共产党新闻网，2023 年 11 月 1 日，http：//cpc. people. com. cn/n1/2023/1101/c64094-40107631. html。

② 《中国证券业协会发布证券公司 2022 年度经营数据》，中国证券业协会网站，2023 年 3 月17 日，https：//www. sac. net. cn/hysj/jysj/202303/t20230317_ 54404. html；《中国证券业协会发布证券公司 2023 年度经营数据》，中国证券业协会网站，2024 年 3 月 29 日，https：//www. sac. net. cn/hysj/jysj/202403/t20240329_ 63785. html。

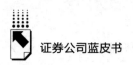

表 1　上市证券公司基本信息（2023 年）

证券代码	证券名称	上市交易所	上市日期	成立日期	省份	公司性质
600837. SH	海通证券	上交所	1994 年 2 月 24 日	1993 年 2 月 2 日	上海	省属国资
000686. SZ	东北证券	深交所	1997 年 2 月 27 日	1992 年 7 月 17 日	吉林	地市国资
000776. SZ	广发证券	深交所	1997 年 6 月 11 日	1994 年 1 月 21 日	广东	其他
000728. SZ	国元证券	深交所	1997 年 6 月 16 日	1997 年 6 月 6 日	安徽	省属国资
000750. SZ	国海证券	深交所	1997 年 7 月 9 日	1993 年 6 月 28 日	广西	省属国资
000783. SZ	长江证券	深交所	1997 年 7 月 31 日	1997 年 7 月 24 日	湖北	其他
600109. SH	国金证券	上交所	1997 年 8 月 7 日	1996 年 12 月 20 日	四川	民营企业
600369. SH	西南证券	上交所	2001 年 1 月 9 日	1990 年 6 月 7 日	重庆	省属国资
600030. SH	中信证券	上交所	2003 年 1 月 6 日	1995 年 10 月 25 日	广东	央企国资
601099. SH	太平洋	上交所	2007 年 12 月 28 日	2004 年 1 月 6 日	云南	民营企业
601788. SH	光大证券	上交所	2009 年 8 月 18 日	1996 年 4 月 23 日	上海	央企国资
600999. SH	招商证券	上交所	2009 年 11 月 17 日	1993 年 8 月 1 日	广东	央企国资
601688. SH	华泰证券	上交所	2010 年 2 月 26 日	1991 年 4 月 9 日	江苏	省属国资
300059. SZ	东方财富	深交所	2010 年 3 月 19 日	2005 年 1 月 20 日	上海	民营企业
601377. SH	兴业证券	上交所	2010 年 10 月 13 日	2000 年 5 月 19 日	福建	省属国资
002500. SZ	山西证券	深交所	2010 年 11 月 15 日	1988 年 7 月 28 日	山西	省属国资
601901. SH	方正证券	上交所	2011 年 8 月 10 日	1994 年 10 月 26 日	湖南	其他
601555. SH	东吴证券	上交所	2011 年 12 月 12 日	1993 年 4 月 10 日	江苏	地市国资
002673. SZ	西部证券	深交所	2012 年 5 月 3 日	2001 年 1 月 9 日	陕西	省属国资
002736. SZ	国信证券	深交所	2014 年 12 月 29 日	1994 年 6 月 30 日	广东	地市国资
000166. SZ	申万宏源	深交所	2015 年 1 月 26 日	1996 年 9 月 16 日	新疆	央企国资
601198. SH	东兴证券	上交所	2015 年 2 月 26 日	2008 年 5 月 28 日	北京	央企国资
600958. SH	东方证券	上交所	2015 年 3 月 23 日	1997 年 12 月 10 日	上海	省属国资
601211. SH	国泰君安	上交所	2015 年 6 月 26 日	1999 年 8 月 18 日	上海	省属国资
002797. SZ	第一创业	深交所	2016 年 5 月 11 日	1998 年 1 月 12 日	广东	省属国资
600909. SH	华安证券	上交所	2016 年 12 月 6 日	2001 年 1 月 8 日	安徽	省属国资
601375. SH	中原证券	上交所	2017 年 1 月 3 日	2002 年 11 月 8 日	河南	省属国资
601881. SH	中国银河	上交所	2017 年 1 月 23 日	2007 年 1 月 26 日	北京	央企国资
601878. SH	浙商证券	上交所	2017 年 6 月 26 日	2002 年 5 月 9 日	浙江	省属国资
601108. SH	财通证券	上交所	2017 年 10 月 24 日	2003 年 6 月 11 日	浙江	省属国资
002926. SZ	华西证券	深交所	2018 年 2 月 5 日	2000 年 7 月 13 日	四川	地市国资
601990. SH	南京证券	上交所	2018 年 6 月 13 日	1990 年 11 月 23 日	江苏	地市国资
601066. SH	中信建投	上交所	2018 年 6 月 20 日	2005 年 11 月 2 日	北京	其他国有
601162. SH	天风证券	上交所	2018 年 10 月 19 日	2000 年 3 月 29 日	湖北	省属国资
002939. SZ	长城证券	深交所	2018 年 10 月 26 日	1996 年 5 月 2 日	广东	央企国资
002945. SZ	华林证券	深交所	2019 年 1 月 17 日	1997 年 6 月 18 日	西藏	民营企业

证券代码	证券名称	上市交易所	上市日期	成立日期	省份	公司性质
601236. SH	红塔证券	上交所	2019 年 7 月 5 日	2002 年 1 月 31 日	云南	央企国资
601696. SH	中银证券	上交所	2020 年 2 月 26 日	2002 年 2 月 28 日	上海	央企国资
600918. SH	中泰证券	上交所	2020 年 6 月 3 日	2001 年 5 月 15 日	山东	省属国资
601456. SH	国联证券	上交所	2020 年 7 月 31 日	1999 年 1 月 8 日	江苏	地市国资
601995. SH	中金公司	上交所	2020 年 11 月 2 日	1995 年 7 月 31 日	北京	央企国资
600906. SH	财达证券	上交所	2021 年 5 月 7 日	2002 年 4 月 25 日	河北	省属国资
601136. SH	首创证券	上交所	2022 年 12 月 22 日	2000 年 2 月 3 日	北京	省属国资
601059. SH	信达证券	上交所	2023 年 2 月 1 日	2007 年 9 月 4 日	北京	央企国资

资料来源：同花顺 iFinD、山东省亚太资本市场研究院。

2014~2023 年，上市证券公司总市值经历了数轮的升降。2014 年上市证券公司的总市值达到 19778 亿元，2015 年上升至 23048 亿元，2018 年下降至 16575 亿元，2020 年达到 36412 亿元，2023 年下降至 27410 亿元。与 2020 年相比，2023 年上市证券公司总市值降低了 9002 亿元（见表2）。上市证券公司平均市值整体呈现下降趋势，一方面是由于新上市的证券公司市值规模较小，拉低了均值；另一方面是由于证券行业总市值有所下降。

表 2 上市证券公司总市值与平均市值（2014~2023 年）

单位：亿元，家

年份	总市值	总市值变化	上市公司家数	平均市值
2014	19778	—	20	988.9
2015	23048	3270	24	960.3
2016	20387	-2661	26	784.1
2017	19865	-522	30	662.2
2018	16575	-3290	35	473.6
2019	25733	9158	37	695.5
2020	36412	10679	41	888.1
2021	33564	-2848	42	799.1
2022	26068	-7496	43	606.2
2023	27410	1342	44	623.0

资料来源：同花顺 iFinD、山东省亚太资本市场研究院。

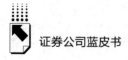

不同上市证券公司的市值规模差异较大。2023年，上市证券公司市值规模最大的是中信证券，达到2864亿元，东方财富紧随其后，其市值规模达到2226亿元。中信建投、中金公司、国泰君安、华泰证券、招商证券、海通证券、申万宏源、中国银河的市值规模均超过1000亿元。山西证券、东北证券和中原证券的市值规模相对较小，均在200亿元以下（见表3）。

从市值变化来看，多数上市证券公司市值在2021年和2022年出现下降，在2023年有所回升。2021年，中金公司的市值下降幅度最大，下降1227亿元，其次是中信建投，下降1221亿元；中信证券、招商证券、中泰证券的市值下降幅度均在600亿元以上；个别公司如财达证券，市值上升243亿元。2022年，东方财富的市值下降幅度最大，下降1283亿元，其次是广发证券，下降575亿元；中信证券、中信建投、中金公司、国泰君安、华泰证券、招商证券、海通证券的市值下降幅度也均在300亿元以上。2023年多数上市证券公司市值与2022年相比有所上升，中国银河的市值上升幅度最大，达到287亿元，华泰证券、申万宏源、方正证券的市值上升幅度也均在100亿元以上。

表3 上市证券公司市值（2021~2023年）

单位：亿元

证券代码	证券名称	2021年	较2020年变化	2022年	较2021年变化	2023年	较2022年变化
600030.SH	中信证券	3191	-602	2798	-393	2864	66
300059.SZ	东方财富	3847	-444	2564	-1283	2226	-338
601066.SH	中信建投	1988	-1221	1620	-368	1616	-4
601995.SH	中金公司	1768	-1227	1368	-400	1310	-58
601211.SH	国泰君安	1482	-221	1131	-351	1229	98
601688.SH	华泰证券	1489	-322	1074	-415	1180	106
600999.SH	招商证券	1434	-771	1074	-360	1086	12
600837.SH	海通证券	1376	-407	985	-391	1033	48
000166.SZ	申万宏源	1193	-204	929	-264	1033	104
601881.SH	中国银河	857	54	724	-133	1011	287
000776.SZ	广发证券	1662	-131	1087	-575	990	-97

续表

证券代码	证券名称	2021 年	较 2020 年变化	2022 年	较 2021 年变化	2023 年	较 2022 年变化
002736.SZ	国信证券	1104	−490	854	−250	821	−33
600958.SH	东方证券	935	−59	702	−233	682	−20
601901.SH	方正证券	645	−190	525	−120	664	139
601788.SH	光大证券	618	−130	614	−4	635	21
601059.SH	信达证券	—	—	—	—	583	—
601377.SH	兴业证券	662	−74	496	−166	507	11
600918.SH	中泰证券	695	−811	447	−248	478	31
601136.SH	首创证券	—	—	476	—	464	−12
002945.SZ	华林证券	369	1	356	−13	408	52
601878.SH	浙商证券	511	−149	385	−126	404	19
601555.SH	东吴证券	444	−17	327	−117	366	39
601108.SH	财通证券	399	−94	331	−68	360	29
601236.SH	红塔证券	562	−317	349	−213	358	9
600109.SH	国金证券	343	−154	324	−19	338	14
002939.SZ	长城证券	402	−76	334	−68	323	−11
000783.SZ	长江证券	417	−166	295	−122	298	3
000728.SZ	国元证券	336	−93	276	−60	298	22
601990.SH	南京证券	365	−158	292	−73	294	2
601696.SH	中银证券	374	−483	294	−80	286	−8
002673.SZ	西部证券	361	−70	272	−89	285	13
601456.SH	国联证券	349	−154	285	−64	273	−12
600369.SH	西南证券	352	−86	249	−103	272	23
601162.SH	天风证券	351	−139	249	−102	268	19
601198.SH	东兴证券	376	−101	250	−126	266	16
601099.SH	太平洋	224	−26	175	−49	252	77
002797.SZ	第一创业	308	−174	237	−71	244	7
600906.SH	财达证券	414	243	246	−168	243	−3
600909.SH	华安证券	254	−61	216	−38	229	13
000750.SZ	国海证券	224	−93	181	−43	226	45
002926.SZ	华西证券	259	−124	198	−61	204	6

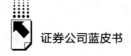

证券代码	证券名称	2021 年	较 2020 年变化	2022 年	较 2021 年变化	2023 年	较 2022 年变化
002500. SZ	山西证券	237	−128	190	−47	193	3
000686. SZ	东北证券	205	−64	152	−53	166	14
601375. SH	中原证券	183	−115	138	−45	144	6

资料来源：同花顺 iFinD、山东省亚太资本市场研究院。

二　证券公司竞争力评价指标体系

本报告构建的证券公司竞争力评价指标体系，主要是基于证券公司的经营能力、赢利能力、微观风控能力、宏观风控能力和成长能力。其中，各项一级指标和二级指标所占权重如下：经营能力一级指标的权重为 25%，在它之下设置的二级指标包括营业收入、总资产和净资产，三者的权重分别为 40%、30% 和 30%；赢利能力一级指标的权重为 30%，在它之下设置的二级指标包括 ROA（资产收益率，即净利润与总资产的比例）、ROE（净资产收益率，即净利润与净资产的比例）和销售利润率（利润总额与营业收入的比例），三者的权重分别为 40%、50% 和 10%；微观风控能力一级指标的权重为 15%，在它之下设置的二级指标包括净资本与净资产的比例、净资本与负债的比例和风险覆盖率（净资本与各项风险资本准备之和的比例），三者的权重分别为 30%、30% 和 40%；宏观风控能力一级指标的权重为 15%，在它之下设置的二级指标包括资本杠杆率（总资产与权益总值的比例）、流动性覆盖率（优质流动性资产与未来现金净流出的比例）和净稳定资金率（可用稳定资金与业务所需稳定资金的比例），三者的权重分别为 35%、35% 和 30%；成长能力一级指标的权重为 15%，在它之下设置的二级指标包括营业收入增长率、营业利润增长率和总资产增长率，三者的权重分别为 30%、30% 和 40%。证券公司竞争力评价指标体系见表 4。

表4 证券公司竞争力评价指标体系

单位：%

一级指标	权重	二级指标	权重
经营能力	25	营业收入	40
		总资产	30
		净资产	30
赢利能力	30	ROA	40
		ROE	50
		销售利润率	10
微观风控能力	15	净资本与净资产的比例	30
		净资本与负债的比例	30
		风险覆盖率	40
宏观风控能力	15	资本杠杆率	35
		流动性覆盖率	35
		净稳定资金率	30
成长能力	15	营业收入增长率	30
		营业利润增长率	30
		总资产增长率	40

资料来源：山东省亚太资本市场研究院。

三 经营能力评价

评价证券公司经营能力时考量的是其营业收入规模、总资产规模和净资产规模。营业收入是企业在生产经营活动中，通过销售产品或者提供劳务而获得的各项收入；总资产是企业拥有或控制的能以货币计量的经济资源，包括各种财产、债权和其他权利；净资产是企业总资产减去负债后的所有者权益。

2014~2023年，上市证券公司营业收入整体呈现上升趋势。表5显示，2014年上市证券公司营业收入为2370亿元，2015年达到5265亿元，2018年下降至2921亿元，2021年营业收入达到6379亿元，2023年下降至4936亿元。2022年，上市证券公司平均营业收入下降幅度较大，主要原因在于整体营业收入有所下降。

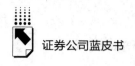

表5 上市证券公司营业收入合计与均值（2014~2023年）

年份	营业收入（亿元）	营业收入增速(%)	上市公司数（家）	平均营业收入(亿元)
2023	4936	1	42	117.5
2022	4870	-24	42	116.0
2021	6379	22	41	155.6
2020	5224	27	40	130.6
2019	4114	41	36	114.3
2018	2921	-11	34	85.9
2017	3282	3	29	113.2
2016	3191	-39	25	127.6
2015	5265	122	23	228.9
2014	2370	—	19	124.7

注：在证券公司排名中，由于数据缺失，剔除了东方财富证券和信达证券，下同。
资料来源：同花顺iFinD、山东省亚太资本市场研究院。

不同上市证券公司的营业收入差异较大。2023年，中信证券的营业收入规模最大，达到601亿元。华泰证券紧随其后，其营业收入规模达到366亿元。国泰君安、中国银河、广发证券、中信建投、海通证券、中金公司和申万宏源的营业收入规模也均在200亿元以上。华林证券的营业收入最低，为10亿元，红塔证券、太平洋证券、首创证券和中原证券的营业收入规模也较低，分别为12亿元、14亿元、19亿元和20亿元（见表6）。

从营业收入变化来看，多数上市证券公司营业收入在2021年和2023年增加，在2022年出现下降。与2020年相比，2021年头部券商营业收入上升幅度较大，如中信证券增加221亿元，中国银河增加123亿元，国泰君安增加76亿元；少数证券公司营业收入有所下降，如东兴证券和西南证券的营业收入分别下降了3亿元和1亿元。2022年，大部分上市证券公司营业收入与2021年相比有所下降，如海通证券下降173亿元，申万宏源下降137亿元，中信证券下降114亿元，招商证券下降102亿元；少数证券公司营业收入有所增加，如浙商证券增加4亿元，山西证券增加2亿元。2023年，多数上市证券公司营业收入有所增加，如华泰证券增加46亿元，中泰证券增加 35 亿元，天风证券增加 17 亿元；部分证券公司营业收入出现下降，如中信证券营业收入下降 50 亿元，中信建投下降 44 亿元，中金公司下降 31 亿元。

表 6　上市证券公司营业收入（2021～2023 年）

单位：亿元

证券代码	证券名称	2021 年	较 2020 年变化	2022 年	较 2021 年变化	2023 年	较 2022 年变化
600030. SH	中信证券	765	221	651	−114	601	−50
601688. SH	华泰证券	379	65	320	−59	366	46
601211. SH	国泰君安	428	76	355	−73	361	6
601881. SH	中国银河	360	123	336	−24	336	0
000776. SZ	广发证券	342	50	251	−91	233	−18
601066. SH	中信建投	299	65	276	−23	232	−44
600837. SH	海通证券	432	50	259	−173	230	−29
601995. SH	中金公司	301	64	261	−40	230	−31
000166. SZ	申万宏源	343	49	206	−137	215	9
600999. SH	招商证券	294	51	192	−102	198	6
601878. SH	浙商证券	164	58	168	4	176	8
002736. SZ	国信证券	238	50	159	−79	173	14
600958. SH	东方证券	244	13	187	−57	171	−16
600918. SH	中泰证券	131	27	93	−38	128	35
601555. SH	东吴证券	92	18	105	13	113	8
601377. SH	兴业证券	190	14	107	−83	106	−1
601788. SH	光大证券	167	8	108	−59	100	−8
601901. SH	方正证券	86	11	78	−8	71	−7
002673. SZ	西部证券	68	16	53	−15	69	16
000783. SZ	长江证券	86	8	64	−22	69	5
600109. SH	国金证券	73	12	57	−16	67	10
601108. SH	财通证券	64	−1	48	−16	65	17
000686. SZ	东北证券	75	9	51	−24	65	14
000728. SZ	国元证券	61	16	53	−8	64	11
601198. SH	东兴证券	54	−3	34	−20	47	13
000750. SZ	国海证券	52	7	36	−16	42	6
002939. SZ	长城证券	78	9	31	−47	40	9

续表

证券代码	证券名称	2021年	较2020年变化	2022年	较2021年变化	2023年	较2022年变化
600909.SH	华安证券	35	1	32	−3	37	5
002500.SZ	山西证券	40	7	42	2	35	−7
601162.SH	天风证券	44	0	17	−27	34	17
002926.SZ	华西证券	51	4	34	−17	32	−2
601456.SH	国联证券	30	11	26	−4	30	4
601696.SH	中银证券	33	1	30	−3	29	−1
601990.SH	南京证券	27	3	20	−7	25	5
002797.SZ	第一创业	33	2	26	−7	25	−1
600369.SH	西南证券	31	−1	18	−13	23	5
600906.SH	财达证券	25	5	16	−9	23	7
601375.SH	中原证券	44	13	19	−25	20	1
601136.SH	首创证券	21	4	16	−5	19	3
601099.SH	太平洋	16	4	12	−4	14	2
601236.SH	红塔证券	67	11	8	−59	12	4
002945.SZ	华林证券	14	−1	14	0	10	−4

资料来源：同花顺iFinD、山东省亚太资本市场研究院。

上市证券公司总资产在2014~2023年总体呈现增长趋势。表7显示，2014年上市证券公司总资产为38016亿元，2015年增幅较大，达到60929亿元，2016年有所下降，为56619亿元，2023年达到118969亿元。从增速看，2015年、2019年、2020年和2021年总资产增速较高，分别达到60%、17%、24%和18%的增速（见表7）。与总资产的变化相同，上市证券公司平均资产总体也呈现增长趋势。

表7 上市证券公司总资产合计与均值（2014~2023年）

年份	总资产（亿元）	总资产增速（%）	上市证券公司数（家）	平均资产（亿元）
2023	118969	7	42	2832.6
2022	111698	6	42	2659.5
2021	105612	18	41	2575.9

年份	总资产（亿元）	总资产增速（%）	上市证券公司数（家）	平均资产（亿元）
2020	89525	24	40	2238.1
2019	72369	17	36	2010.3
2018	61769	3	34	1816.7
2017	59713	5	29	2059.1
2016	56619	−7	25	2264.8
2015	60929	60	23	2649.1
2014	38016	—	19	2000.8

资料来源：同花顺 iFinD、山东省亚太资本市场研究院。

2023 年，不同上市证券公司的总资产规模差异较大。中信证券的总资产规模最大，达到 14534 亿元，太平洋证券总资产规模最小，为 159 亿元。中信证券的总资产规模是太平洋证券的 91.4 倍。国泰君安的总资产规模为 9254 亿元，仅次于中信证券。华泰证券的总资产规模达到 9055 亿元，海通证券的达到 7546 亿元，招商证券、广发证券、中国银河、申万宏源、中金公司的总资产规模也均在 6000 亿元以上。红塔证券、财达证券、第一创业、首创证券、华林证券的总资产规模均在 500 亿元以下（见表 8）。

从总资产的变化来看，2021~2023 年，多数上市证券公司的总资产规模有所增长。2021 年，中信证券的总资产增长规模最大，达到 2257 亿元；中金公司、中国银河、申万宏源的总资产增长规模分别达到 1282 亿元、1144 亿元和 1099 亿元；少数证券公司的总资产规模有所下降，华林证券下降了 42 亿元，太平洋证券下降了 27 亿元。2022 年，总资产增长规模最大的是广发证券，其增幅达到 814 亿元；国泰君安、中国银河、中信建投的总资产增长规模也较大，增幅均在 500 亿元以上；少数证券公司的总资产规模有所下降，如中泰证券下降了 58 亿元，太平洋证券下降了 47 亿元。2023 年，中信证券的总资产增长规模最大，达到 1451 亿元；招商证券紧随其后，增幅达到 842 亿元；国泰君安、广发证券、国信证券的总资产增幅均在 600 亿元以上。

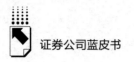

表8　上市证券公司总资产（2021~2023年）

单位：亿元

证券代码	证券名称	2021年	较2020年变化	2022年	较2021年变化	2023年	较2022年变化
600030.SH	中信证券	12787	2257	13083	296	14534	1451
601211.SH	国泰君安	7913	884	8607	694	9254	647
601688.SH	华泰证券	8067	899	8466	399	9055	589
600837.SH	海通证券	7449	508	7536	87	7546	10
600999.SH	招商证券	5972	975	6117	145	6959	842
000776.SZ	广发证券	5359	784	6173	814	6822	649
601881.SH	中国银河	5601	1144	6252	651	6632	380
000166.SZ	申万宏源	6010	1099	6131	121	6354	223
601995.SH	中金公司	6498	1282	6488	-10	6243	-245
601066.SH	中信建投	4528	816	5100	572	5228	128
002736.SZ	国信证券	3623	595	3943	320	4630	687
600958.SH	东方证券	3266	355	3681	415	3837	156
601377.SH	兴业证券	2175	365	2459	284	2736	277
601788.SH	光大证券	2391	104	2584	193	2596	12
601901.SH	方正证券	1726	493	1816	90	2224	408
600918.SH	中泰证券	2047	302	1989	-58	1957	-32
000783.SZ	长江证券	1597	253	1590	-7	1707	117
601555.SH	东吴证券	1243	188	1360	117	1575	215
601878.SH	浙商证券	1253	342	1370	117	1455	85
601108.SH	财通证券	1104	137	1257	153	1338	81
000728.SZ	国元证券	1146	240	1295	149	1329	34
600109.SH	国金证券	885	209	1022	137	1170	148
002939.SZ	长城证券	927	205	1002	75	1156	154
601162.SH	天风证券	966	152	982	16	995	13
601198.SH	东兴证券	990	126	1018	28	993	-25
002673.SZ	西部证券	851	212	957	106	962	5
002926.SZ	华西证券	958	186	977	19	889	-88
601456.SH	国联证券	659	197	744	85	871	127
600369.SH	西南证券	823	31	810	-13	847	37
000686.SZ	东北证券	801	114	789	-12	833	44
600909.SH	华安证券	736	150	739	3	796	57
002500.SZ	山西证券	763	138	829	66	776	-53

证券代码	证券名称	2021 年	较 2020 年变化	2022 年	较 2021 年变化	2023 年	较 2022 年变化
000750. SZ	国海证券	759	33	738	−21	697	−41
601696. SH	中银证券	627	87	643	16	694	51
601990. SH	南京证券	517	71	517	0	585	68
601375. SH	中原证券	537	13	502	−35	517	15
601236. SH	红塔证券	442	59	461	19	470	9
600906. SH	财达证券	453	62	438	−15	467	29
002797. SZ	第一创业	431	25	478	47	453	−25
601136. SH	首创证券	326	61	397	71	432	35
002945. SZ	华林证券	206	−42	207	1	196	−11
601099. SH	太平洋	200	−27	153	−47	159	6

资料来源：同花顺 iFinD、山东省亚太资本市场研究院。

2014~2023 年，上市证券公司净资产总体呈现增长趋势。2014 年上市证券公司的净资产为 7641 亿元，2015 年净资产大幅上涨，达到 12370 亿元；2021 年上市证券公司净资产达到 21682 亿元，2023 年上涨至 25243 亿元（见表 9）。与行业净资产走势一致，上市证券公司平均净资产总体也呈现增长趋势。

表 9　上市证券公司净资产合计与均值（2014~2023 年）

年份	净资产（亿元）	增速（%）	上市证券公司数（家）	平均净资产（亿元）
2023	25243	6	42	601.0
2022	23733	9	42	565.1
2021	21682	12	41	528.8
2020	19378	15	40	484.5
2019	16861	8	36	468.4
2018	15633	3	34	459.8
2017	15146	10	29	522.3
2016	13726	11	25	549.0
2015	12370	62	23	537.8
2014	7641	—	19	402.2

资料来源：同花顺 iFinD、山东省亚太资本市场研究院。

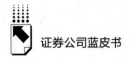

2023 年，不同上市证券公司的净资产规模差别较大。中信证券净资产规模最大，达到 2742 亿元；华泰证券次之，净资产规模达到 1822 亿元。海通证券、国泰君安、广发证券、中国银河、申万宏源、招商证券、国信证券和中金公司的净资产规模也均在 1000 亿元以上。中原证券、首创证券、财达证券、太平洋证券和华林证券的净资产规模较小，均在 150 亿元以下。其中华林证券的净资产规模最小，为 63 亿元（见表 10）。

从净资产变化来看，大部分上市证券公司的净资产呈现增长趋势，少数上市证券公司的净资产下降。2021 年，中信证券的净资产增幅最大，达到 279 亿元；华泰证券次之，净资产增幅达到 197 亿元；中国银河、申万宏源和国信证券的净资产增幅也均在 150 亿元以上；中原证券的净资产下降了 1 亿元。2022 年，中信证券的净资产增幅达到 446 亿元，华泰证券次之，增幅为 158 亿元；国泰君安、广发证券、中金公司等的净资产增幅也在 100 亿元以上；天风证券、东兴证券、红塔证券的净资产有所下降，降幅分别为 21 亿元、6 亿元和 5 亿元。2023 年，中国银河的净资产增幅最大，为 279 亿元；广发证券次之，增幅为 159 亿元；中信证券、华泰证券和申万宏源的净资产增幅也在 100 亿元以上；海通证券的净资产降幅相对较大，下降了 28 亿元。

表 10　上市证券公司净资产（2021~2023 年）

单位：亿元

证券代码	证券名称	2021 年	较 2020 年变化	2022 年	较 2021 年变化	2023 年	较 2022 年变化
600030. SH	中信证券	2138	279	2584	446	2742	158
601688. SH	华泰证券	1521	197	1679	158	1822	143
600837. SH	海通证券	1777	95	1776	−1	1748	−28
601211. SH	国泰君安	1507	45	1638	131	1734	96
000776. SZ	广发证券	1108	85	1248	140	1407	159
601881. SH	中国银河	989	169	1026	37	1305	279
000166. SZ	申万宏源	1070	169	1167	97	1288	121
600999. SH	招商证券	1126	68	1153	27	1221	68
002736. SZ	国信证券	969	159	1069	100	1105	36
601995. SH	中金公司	847	129	995	148	1049	54

续表

证券代码	证券名称	2021 年	较 2020 年变化	2022 年	较 2021 年变化	2023 年	较 2022 年变化
601066.SH	中信建投	800	120	933	133	976	43
600958.SH	东方证券	641	39	774	133	788	14
601788.SH	光大证券	586	54	648	62	679	31
601377.SH	兴业证券	454	46	569	115	610	41
601901.SH	方正证券	421	17	439	18	460	21
600918.SH	中泰证券	372	28	397	25	424	27
601555.SH	东吴证券	375	93	386	11	403	17
000783.SZ	长江证券	310	18	309	−1	347	38
601108.SH	财通证券	252	17	330	78	347	17
000728.SZ	国元证券	323	14	330	7	346	16
600109.SH	国金证券	246	21	314	68	328	14
002939.SZ	长城证券	201	16	280	79	290	10
601878.SH	浙商证券	239	45	273	34	282	9
002673.SZ	西部证券	272	11	272	0	281	9
601198.SH	东兴证券	267	55	261	−6	271	10
600369.SH	西南证券	253	2	249	−4	254	5
601162.SH	天风证券	259	37	238	−21	245	7
601236.SH	红塔证券	236	89	231	−5	233	2
002926.SZ	华西证券	224	11	224	0	228	4
000750.SZ	国海证券	193	2	193	0	227	34
600909.SH	华安证券	196	47	202	6	212	10
000686.SZ	东北证券	187	13	187	0	189	2
002500.SZ	山西证券	177	2	178	1	182	4
601456.SH	国联证券	163	57	168	5	181	13
601990.SH	南京证券	168	9	169	1	175	6
601696.SH	中银证券	157	7	164	7	172	8
002797.SZ	第一创业	149	5	153	4	153	0
601375.SH	中原证券	141	−1	142	1	141	−1
601136.SH	首创证券	97	7	121	24	124	3
600906.SH	财达证券	112	23	111	−1	116	5
601099.SH	太平洋	97	0	92	−5	95	3
002945.SZ	华林证券	62	2	63	1	63	0

资料来源：同花顺 iFinD、山东省亚太资本市场研究院。

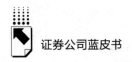

上市证券公司经营能力相关指标排名如表 11 所示。2023 年，营业收入排名前 10 的上市证券公司分别是中信证券、华泰证券、国泰君安、中国银河、广发证券、中信建投、海通证券、中金公司、申万宏源和招商证券。中原证券、首创证券、太平洋证券、红塔证券和华林证券分列最后 5 位。2021~2023 年，上市证券公司营业收入排名整体变化不大，少数证券公司变化相对较大，如天风证券在 2022 年下降 7 个位次，广发证券在 2023 年提高 3 个位次。2023 年，总资产排名前 10 的上市证券公司分别是中信证券、国泰君安、华泰证券、海通证券、招商证券、广发证券、中国银河、申万宏源、中金公司和中信建投。财达证券、第一创业、首创证券、华林证券和太平洋证券分列最后 5 位。2023 年，净资产排名前 10 的上市证券公司分别是中信证券、华泰证券、海通证券、国泰君安、广发证券、中国银河、申万宏源、招商证券、国信证券和中金公司。中原证券、首创证券、财达证券、太平洋证券和华林证券分列最后 5 位。

表 11 上市证券公司经营能力相关指标排名（2021~2023 年）

证券代码	证券名称	营业收入			总资产			净资产		
		2021年	2022年	2023年	2021年	2022年	2023年	2021年	2022年	2023年
600030. SH	中信证券	1	1	1	1	1	1	1	1	1
601688. SH	华泰证券	4	4	2	2	3	3	3	3	2
601211. SH	国泰君安	3	2	3	3	2	2	4	4	4
601881. SH	中国银河	5	3	4	8	6	7	8	9	6
000776. SZ	广发证券	7	8	5	9	7	6	6	5	5
601066. SH	中信建投	9	5	6	10	10	10	11	11	11
600837. SH	海通证券	2	7	7	4	4	4	2	2	3
601995. SH	中金公司	8	6	8	5	5	9	10	10	10
000166. SZ	申万宏源	6	9	9	6	8	8	7	6	7
600999. SH	招商证券	10	10	10	7	9	5	5	7	8
601878. SH	浙商证券	15	12	11	18	18	19	26	23	23
002736. SZ	国信证券	12	13	12	11	11	11	9	8	9
600958. SH	东方证券	11	11	13	12	12	12	12	12	12
600918. SH	中泰证券	16	17	14	15	15	16	17	16	16
601555. SH	东吴证券	17	16	15	19	19	18	16	17	17

续表

证券代码	证券名称	营业收入			总资产			净资产		
		2021年	2022年	2023年	2021年	2022年	2023年	2021年	2022年	2023年
601377.SH	兴业证券	13	15	16	14	14	13	14	14	14
601788.SH	光大证券	14	14	17	13	13	14	13	13	13
601901.SH	方正证券	19	18	18	16	16	15	15	15	15
000783.SZ	长江证券	18	19	19	17	17	17	19	21	19
002673.SZ	西部证券	23	21	20	27	27	26	20	24	24
600109.SH	国金证券	22	20	21	26	22	22	25	20	21
601108.SH	财通证券	25	24	22	21	21	20	24	18	18
000686.SZ	东北证券	21	23	23	29	30	30	32	32	32
000728.SZ	国元证券	26	22	24	20	20	21	18	19	20
601198.SH	东兴证券	27	28	25	22	23	25	21	25	25
000750.SZ	国海证券	28	26	26	31	33	33	31	31	30
002939.SZ	长城证券	20	30	27	25	24	23	29	22	22
600909.SH	华安证券	33	29	28	32	32	31	30	30	31
002500.SZ	山西证券	32	25	29	30	28	32	33	33	33
601162.SH	天风证券	30	37	30	23	25	24	22	27	27
002926.SZ	华西证券	29	27	31	24	26	27	28	29	29
601456.SH	国联证券	37	32	32	33	31	28	35	35	34
601696.SH	中银证券	34	31	33	34	34	34	36	36	36
002797.SZ	第一创业	35	33	34	39	37	39	37	37	37
601990.SH	南京证券	38	34	35	36	35	35	34	34	35
600369.SH	西南证券	36	36	36	28	29	29	23	26	26
600906.SH	财达证券	39	39	37	37	39	38	39	40	40
601375.SH	中原证券	31	35	38	35	36	36	38	38	38
601136.SH	首创证券	40	38	39	40	40	40	41	39	39
601099.SH	太平洋	41	41	40	42	42	42	40	41	41
601236.SH	红塔证券	24	42	41	38	38	37	27	28	28
002945.SZ	华林证券	42	40	42	41	41	41	42	42	42

资料来源：同花顺 iFinD、山东省亚太资本市场研究院。

四　赢利能力评价

赢利能力是公司主营业务赚取利润的能力，公司主营业务赚取利润的能

证券公司蓝皮书

力越强，赢利能力越强。本报告用 ROA（资产回报率）、ROE（净资产收益率）和销售利润率来衡量赢利能力。ROA 是净利润与资产总额的比例，衡量的是每单位资产创造净利润的能力。ROE 是净利润与所有者权益的比例，衡量的是每单位所有者权益创造净利润的能力。销售利润率是利润总额与销售收入的比例，是反映企业销售收入收益水平的重要指标。

在衡量上市证券公司的赢利能力时，ROA、ROE 和销售利润率均与上市证券公司的净利润高度相关。表 12 为上市证券公司在 2021～2023 年净利润的变化和排名情况。整体而言，多数上市证券公司 2023 年的净利润与 2021 年相比有所下降，如中信证券由 240 亿元下降至 205 亿元，国泰君安由 153 亿元下降至 99 亿元。少部分证券公司净利润有所上升，如光大证券由 36 亿元上升至 43 亿元，方正证券由 19 亿元上升至 22 亿元，太平洋证券由 1 亿元上升至 3 亿元。

表 12　上市证券公司净利润的变化和排名情况（2021～2023 年）

单位：亿元

公司名称	2021 年		2022 年		2023 年	
	净利润	排名	净利润	排名	净利润	排名
中信证券	240	1	222	1	205	1
华泰证券	136	4	114	3	130	2
国泰君安	153	2	116	2	99	3
招商证券	117	6	81	5	88	4
中国银河	105	8	78	6	79	5
广发证券	121	5	89	4	79	6
中信建投	102	9	75	8	70	7
国信证券	101	10	61	9	64	8
中金公司	108	7	76	7	62	9
申万宏源	95	11	31	13	55	10
光大证券	36	14	32	12	43	11
东方证券	54	13	30	14	28	12
兴业证券	59	12	33	11	27	13
财通证券	26	16	15	20	23	14
方正证券	19	22	22	15	22	15

020

公司名称	2021 年		2022 年		2023 年	
	净利润	排名	净利润	排名	净利润	排名
中泰证券	33	15	7	26	21	16
东吴证券	24	18	17	16	20	17
国元证券	19	21	17	17	19	18
浙商证券	22	20	17	18	18	19
国金证券	23	19	12	21	17	20
长江证券	24	17	15	19	15	21
长城证券	18	23	9	23	14	22
华安证券	14	29	12	22	13	23
西部证券	14	28	5	33	12	24
中银证券	10	32	8	24	9	25
东兴证券	17	26	5	30	8	26
首创证券	9	35	6	29	7	27
东北证券	17	24	3	38	7	28
南京证券	10	31	6	27	7	29
国联证券	9	34	8	25	7	30
财达证券	7	38	3	37	6	31
西南证券	10	30	3	36	6	32
山西证券	8	37	6	28	6	33
华西证券	17	25	4	34	4	34
国海证券	9	33	4	35	4	35
天风证券	6	39	−15	42	4	36
第一创业	8	36	5	31	4	37
红塔证券	16	27	0	40	3	38
太平洋证券	1	42	−5	41	3	39
中原证券	6	40	1	39	2	40
华林证券	5	41	5	32	0	41
海通证券	137	3	52	10	−3	42

资料来源：同花顺 iFinD、山东省亚太资本市场研究院。

2014~2023 年，上市证券公司平均 ROA 总体呈现下降趋势。表 13 显示了上市证券公司 2014~2023 年平均 ROA 的变化情况。2014 年上市证券公司平均 ROA 为 2.45%，2015 年上涨至 2014~2023 年的高点，达到 3.79%。2018 年下降至 0.89%，2021 年上涨至 1.80%，2023 年下降至 1.05%。平均 ROA 呈现下降趋势，说明上市证券公司赢利能力有所降低。

表 13　上市证券公司平均 ROA（2014~2023 年）

单位：%，个百分点

年份	平均 ROA	增速
2023	1.05	0.18
2022	0.87	-0.93
2021	1.80	0.13
2020	1.67	0.10
2019	1.57	0.68
2018	0.89	-0.80
2017	1.69	-0.39
2016	2.08	-1.71
2015	3.79	1.34
2014	2.45	—

资料来源：同花顺 iFinD、山东省亚太资本市场研究院。

　　不同上市证券公司的 ROA 差别较大。2023 年，财通证券的 ROA 最高，为 1.68%，光大证券、首创证券、华安证券、太平洋证券、国金证券、华泰证券、中信证券、国元证券的 ROA 均在 1.40% 以上。华西证券、天风证券、中原证券、华林证券的 ROA 均在 0.50% 以下，海通证券由于净利润为负，ROA 为-0.04%（见表 14）。

　　从 ROA 变化来看，2022 年上市证券公司 ROA 普遍下降，2021 年和 2023 年出现分化。2021 年，太平洋证券的 ROA 上升幅度最大，达到 4.01 个百分点。其他证券公司如国信证券、东方证券、中原证券的 ROA 均有所上升，财通证券、中信建投、长城证券的 ROA 则有所下降。2022 年，红塔证券的 ROA 下降 3.58 个百分点，太平洋证券的 ROA 下降 3.69 个百分点，天风证券的 ROA 下降 2.10 个百分点。方正证券的 ROA 上升，上涨 0.13 个百分点。2023 年，太平洋证券的 ROA 涨幅最大，达到 4.60 个百分点，天风证券次之，上涨1.90个百分点。华林证券的ROA下降幅度最大，达到2.08个百分点；海通证券、东方证券、国联证券的ROA均出现下降（见表14）。

表14 上市证券公司ROA（2021~2023年）

单位：%，个百分点

证券代码	证券名称	2021年	较2020年变化	2022年	较2021年变化	2023年	较2022年变化
601108.SH	财通证券	2.32	-0.05	1.21	-1.11	1.68	0.47
601788.SH	光大证券	1.49	0.41	1.25	-0.24	1.66	0.41
601136.SH	首创证券	2.63	0.32	1.39	-1.24	1.62	0.23
600909.SH	华安证券	1.88	-0.28	1.56	-0.32	1.62	0.06
601099.SH	太平洋	0.67	4.01	-3.02	-3.69	1.58	4.60
600109.SH	国金证券	2.61	-0.16	1.18	-1.43	1.49	0.31
601688.SH	华泰证券	1.69	0.17	1.34	-0.35	1.44	0.10
600030.SH	中信证券	1.88	0.41	1.69	-0.19	1.41	-0.28
000728.SZ	国元证券	1.67	0.16	1.34	-0.33	1.41	0.07
002736.SZ	国信证券	2.79	0.60	1.54	-1.25	1.39	-0.15
601066.SH	中信建投	2.26	-0.31	1.47	-0.79	1.35	-0.12
601696.SH	中银证券	1.54	-0.10	1.26	-0.28	1.30	0.04
600906.SH	财达证券	1.50	0.14	0.69	-0.81	1.30	0.61
601555.SH	东吴证券	1.94	0.32	1.28	-0.66	1.28	0.00
600999.SH	招商证券	1.95	0.05	1.32	-0.63	1.26	-0.06
601878.SH	浙商证券	1.75	-0.04	1.24	-0.51	1.25	0.01
002673.SZ	西部证券	1.67	-0.10	0.48	-1.19	1.24	0.76
002939.SZ	长城证券	1.99	-0.13	0.91	-1.08	1.23	0.32
601881.SH	中国银河	1.88	0.24	1.24	-0.64	1.19	-0.05
601990.SH	南京证券	1.91	0.08	1.26	-0.65	1.17	-0.09
000776.SZ	广发证券	2.25	-0.10	1.44	-0.81	1.15	-0.29
601211.SH	国泰君安	1.93	0.26	1.35	-0.58	1.07	-0.28
600918.SH	中泰证券	1.61	0.13	0.35	-1.26	1.05	0.70
601901.SH	方正证券	1.08	0.11	1.21	0.13	1.01	-0.20
601995.SH	中金公司	1.66	0.27	1.17	-0.49	0.99	-0.18
601377.SH	兴业证券	2.69	0.16	1.36	-1.33	0.98	-0.38
000783.SZ	长江证券	1.51	-0.04	0.96	-0.55	0.90	-0.06
000166.SZ	申万宏源	1.59	-0.01	0.51	-1.08	0.86	0.35
002797.SZ	第一创业	1.91	-0.25	0.97	-0.94	0.86	-0.11
000686.SZ	东北证券	2.13	-0.01	0.35	-1.78	0.83	0.48
601198.SH	东兴证券	1.67	-0.11	0.51	-1.16	0.83	0.32

续表

证券代码	证券名称	2021 年	较 2020 年变化	2022 年	较 2021 年变化	2023 年	较 2022 年变化
601456.SH	国联证券	1.35	0.08	1.03	−0.32	0.77	−0.26
002500.SZ	山西证券	1.06	−0.16	0.68	−0.38	0.76	0.08
600958.SH	东方证券	1.65	0.72	0.82	−0.83	0.72	−0.10
600369.SH	西南证券	1.25	−0.09	0.38	−0.87	0.71	0.33
601236.SH	红塔证券	3.62	−0.17	0.04	−3.58	0.61	0.57
000750.SZ	国海证券	1.20	0.08	0.51	−0.69	0.60	0.09
002926.SZ	华西证券	1.76	−0.70	0.43	−1.33	0.47	0.04
601162.SH	天风证券	0.62	−0.23	−1.48	−2.10	0.42	1.90
601375.SH	中原证券	1.03	0.84	0.21	−0.82	0.39	0.18
002945.SZ	华林证券	2.34	−0.94	2.24	−0.10	0.16	−2.08
600837.SH	海通证券	1.85	0.12	0.69	−1.16	−0.04	−0.73

资料来源：iFinD、山东省亚太资本市场研究院。

2014~2023 年，上市证券公司平均 ROE 总体呈现下降趋势。2014 年，上市证券公司的平均 ROE 为 11.17%，2015 年上升至 18.32%，为 2014~2023 年的最高值。2018 年下降至 3.21%，为 2014~2023 年的最低值。2021年上升至 7.67%，2023 年下降至 4.39%（见表 15）。平均 ROE 下降，说明上市证券公司所有者权益单位赢利能力下降。

表 15　上市证券公司平均 ROE（2014~2023 年）

单位：%，个百分点

年份	平均 ROE	增速
2023	4.39	0.46
2022	3.93	−3.74
2021	7.67	0.78
2020	6.89	0.76
2019	6.13	2.92
2018	3.21	−3.00
2017	6.21	−1.98
2016	8.19	−10.13
2015	18.32	7.15
2014	11.17	—

资料来源：同花顺 iFinD、山东省亚太资本市场研究院。

从 ROE 变化来看，2022 年上市证券公司 ROE 普遍下降，2021 年和2023 年出现分化（见表16）。2021 年，多数上市证券公司的 ROE 上升，如太平洋证券上涨 9.19 个百分点，东方证券上涨 3.86 个百分点，中信证券上涨 2.88 个百分点；中信建投、华安证券、西南证券、红塔证券的 ROE 出现下降。2022 年，多家证券公司 ROE 下降。天风证券降幅最大，达到 8.41 个百分点，红塔证券、中泰证券、中金公司的 ROE 也出现较大幅度的下降；方正证券 ROE 上升，上涨 0.58 个百分点。2023 年，部分证券公司 ROE 上升，如天风证券上涨 7.80 个百分点，太平洋证券上涨 7.66 个百分点，中泰证券上涨 3.10 个百分点，西部证券上涨 2.57 个百分点；部分证券公司 ROE下降，如华林证券下降 6.80 个百分点，中金公司下降 1.75 个百分点，广发证券下降 1.54 个百分点。

表16　上市证券公司 ROE 变化情况（2021~2023 年）

单位：%，个百分点

证券代码	证券名称	2021 年	较 2020 年变化	2022 年	较 2021 年变化	2023 年	较 2022 年变化
600030. SH	中信证券	11.23	2.88	8.58	−2.65	7.49	−1.09
601066. SH	中信建投	12.79	−1.22	8.06	−4.73	7.23	−0.83
600999. SH	招商证券	10.35	1.37	7.01	−3.34	7.19	0.18
601688. SH	华泰证券	8.95	0.73	6.77	−2.18	7.15	0.38
601108. SH	财通证券	10.16	0.39	4.60	−5.56	6.50	1.90
601878. SH	浙商证券	9.21	0.80	6.23	−2.98	6.45	0.22
601788. SH	光大证券	6.08	1.44	5.00	−1.08	6.33	1.33
600909. SH	华安证券	7.06	−1.44	5.69	−1.37	6.11	0.42
601881. SH	中国银河	10.63	1.71	7.56	−3.07	6.04	−1.52
601995. SH	中金公司	12.76	2.65	7.63	−5.13	5.88	−1.75
002736. SZ	国信证券	10.44	2.26	5.69	−4.75	5.82	0.13
601211. SH	国泰君安	10.16	2.13	7.09	−3.07	5.70	−1.39
601136. SH	首创证券	8.82	1.99	4.57	−4.25	5.67	1.10
000776. SZ	广发证券	10.88	0.35	7.13	−3.75	5.59	−1.54
000728. SZ	国元证券	5.91	1.47	5.26	−0.65	5.40	0.14

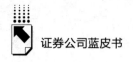

续表

证券代码	证券名称	2021年	较2020年变化	2022年	较2021年变化	2023年	较2022年变化
600109. SH	国金证券	9.40	1.09	3.85	−5.55	5.32	1.47
600906. SH	财达证券	6.10	0.14	2.71	−3.39	5.23	2.52
601696. SH	中银证券	6.13	0.23	4.94	−1.19	5.23	0.29
601555. SH	东吴证券	6.44	0.37	4.51	−1.93	4.99	0.48
002939. SZ	长城证券	9.18	0.92	3.25	−5.93	4.91	1.66
601901. SH	方正证券	4.44	1.47	5.02	0.58	4.88	−0.14
600918. SH	中泰证券	8.88	1.38	1.77	−7.11	4.87	3.10
000783. SZ	长江证券	7.80	0.67	4.96	−2.84	4.43	−0.53
601377. SH	兴业证券	12.91	1.68	5.88	−7.03	4.38	−1.50
002673. SZ	西部证券	5.24	0.90	1.69	−3.55	4.26	2.57
000166. SZ	申万宏源	8.91	0.17	2.69	−6.22	4.25	1.56
601990. SH	南京证券	5.87	0.75	3.86	−2.01	3.90	0.04
601456. SH	国联证券	5.42	−0.13	4.58	−0.84	3.72	−0.86
000686. SZ	东北证券	9.13	0.70	1.46	−7.67	3.68	2.22
600958. SH	东方证券	8.38	3.86	3.89	−4.49	3.50	−0.39
002500. SZ	山西证券	4.59	0.22	3.18	−1.41	3.26	0.08
601198. SH	东兴证券	6.19	−1.08	1.98	−4.21	3.03	1.05
601099. SH	太平洋	1.37	9.19	−5.01	−6.38	2.65	7.66
002797. SZ	第一创业	5.50	−0.59	3.05	−2.45	2.53	−0.52
600369. SH	西南证券	4.06	−0.16	1.23	−2.83	2.36	1.13
000750. SZ	国海证券	4.72	0.47	1.95	−2.77	1.85	−0.10
002926. SZ	华西证券	7.51	−1.39	1.86	−5.65	1.84	−0.02
601162. SH	天风证券	2.31	−0.78	−6.10	−8.41	1.70	7.80
601375. SH	中原证券	3.90	3.18	0.76	−3.14	1.43	0.67
601236. SH	红塔证券	6.78	−3.09	0.09	−6.69	1.22	1.13
002945. SZ	华林证券	7.72	−5.78	7.30	−0.42	0.50	−6.80
600837. SH	海通证券	7.73	0.57	2.93	−4.80	−0.18	−3.11

资料来源：同花顺 iFinD、山东省亚太资本市场研究院。

2014~2023年，上市证券公司平均销售利润率总体呈现下降趋势。2014年上市证券公司平均销售利润率为45.5%，2015年上升至53.6%，为2014~2023年的最高值。2018年下降至13.7%，为2014~2023年的最低值。2021年上升至35.4%，2023年下降至27.0%（见表17）。

表 17　上市证券公司平均销售利润率（2014～2023 年）

单位：%，个百分点

年份	平均销售利润率	增速
2023	27.0	6.2
2022	20.8	-14.6
2021	35.4	2.9
2020	32.5	-0.8
2019	33.3	19.6
2018	13.7	-24.1
2017	37.8	-6.4
2016	44.2	-9.4
2015	53.6	8.1
2014	45.5	—

资料来源：同花顺 iFinD、山东省亚太资本市场研究院。

　　不同上市证券公司的销售利润率差异较大。2023 年，光大证券的销售利润率最高，达到 47.4%。招商证券、中信证券、华安证券、首创证券和财通证券的销售利润率也均在 40%以上。天风证券、海通证券和华林证券的销售利润率较低，分别为 9.4%、6.8%和 4.2%。

　　从销售利润率变化来看，2022 年大部分上市证券公司的销售利润率出现下滑，2021 年和 2023 年出现分化（见表 18）。2021 年，太平洋证券销售利润率涨幅最大，达到 103.1 个百分点；东方证券、中原证券、方正证券、国信证券的涨幅也相对较高，分别上升 13.9 个、11.6 个、10.7 个和 8.6 个百分点；华林证券的销售利润率下降 24.0 个百分点，降幅最大；华西证券和中信建投的降幅也相对较大，分别为 10.3 个和 8.3 个百分点。2022 年，大部分证券公司销售利润率下降；天风证券的销售利润率降幅最大，达到 124.9 个百分点；太平洋证券、红塔证券、华西证券和西南证券的降幅也相对较大，分别为 55.6 个、53.1 个、28.5 个和 27.6 个百分点。2023 年，天风证券、太平洋证券、红塔证券的销售利润率涨幅较大，分别为 118.4 个、67.7 个和 46.7 个百分点；华林证券、海通证券、兴业证券的销售利润率降幅较大，分别为 30.0 个、24.0 个和 10.6 个百分点。

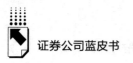

表18 上市证券公司销售利润率（2021~2023年）

单位：%，个百分点

证券代码	证券名称	2021年	较2020年变化	2022年	较2021年变化	2023年	较2022年变化
601788.SH	光大证券	27.9	2.7	35.8	7.9	47.4	11.6
600999.SH	招商证券	46.6	0.0	44.4	-2.2	46.9	2.5
600030.SH	中信证券	41.7	4.1	44.5	2.8	43.6	-0.9
600909.SH	华安证券	51.3	2.7	43.3	-8.0	41.7	-1.6
601136.SH	首创证券	51.2	3.8	41.8	-9.4	41.1	-0.7
601108.SH	财通证券	47.3	4.9	32.8	-14.5	40.1	7.3
002736.SZ	国信证券	53.0	8.6	39.2	-13.8	39.6	0.4
601688.SH	华泰证券	42.9	0.0	38.2	-4.7	38.8	0.6
002939.SZ	长城证券	28.0	1.4	26.3	-1.7	38.6	12.3
000776.SZ	广发证券	43.7	-2.9	41.3	-2.4	37.5	-3.8
601066.SH	中信建投	43.6	-8.3	34.4	-9.2	36.0	1.6
601696.SH	中银证券	35.4	1.0	30.5	-4.9	34.9	4.4
000728.SZ	国元证券	40.0	1.7	38.4	-1.6	34.5	-3.9
601990.SH	南京证券	45.9	2.0	39.2	-6.7	34.1	-5.1
601211.SH	国泰君安	44.6	2.4	39.9	-4.7	33.6	-6.3
600906.SH	财达证券	36.1	1.0	24.1	-12.0	33.2	9.1
600109.SH	国金证券	40.9	0.9	24.1	-16.8	31.6	7.5
601901.SH	方正证券	31.2	10.7	28.9	-2.3	31.2	2.3
601995.SH	中金公司	43.1	6.3	34.7	-8.4	29.7	-5.0
000166.SZ	申万宏源	32.3	0.5	14.8	-17.5	28.3	13.5
601456.SH	国联证券	39.6	-2.4	36.8	-2.8	27.9	-8.9
601377.SH	兴业证券	40.4	5.4	38.4	-2.0	27.8	-10.6
601881.SH	中国银河	35.5	-3.1	23.7	-11.8	24.2	0.5
601099.SH	太平洋	11.7	103.1	-43.9	-55.6	23.8	67.7
000783.SZ	长江证券	37.0	0.6	25.7	-11.3	23.4	-2.3
601236.SH	红塔证券	29.6	-3.6	-23.5	-53.1	23.2	46.7
601555.SH	东吴证券	34.5	3.6	20.9	-13.6	22.8	1.9
600369.SH	西南证券	33.5	-3.8	5.9	-27.6	22.7	16.8
002673.SZ	西部证券	27.8	-1.3	11.0	-16.8	22.2	11.2
002500.SZ	山西证券	25.0	-5.1	16.1	-8.9	22.1	6.0
600918.SH	中泰证券	32.7	1.1	8.4	-24.3	20.0	11.6
601198.SH	东兴证券	37.3	3.1	16.1	-21.2	19.9	3.8
600958.SH	东方证券	25.9	13.9	18.0	-7.9	17.1	-0.9
002797.SZ	第一创业	29.9	-3.6	17.8	-12.1	14.6	-3.2
002926.SZ	华西证券	42.1	-10.3	13.6	-28.5	13.9	0.3

证券代码	证券名称	2021年	较2020年变化	2022年	较2021年变化	2023年	较2022年变化
601878. SH	浙商证券	17.8	−2.6	12.5	−5.3	12.5	0.0
000750. SZ	国海证券	22.2	−1.0	12.4	−9.8	12.3	−0.1
000686. SZ	东北证券	28.0	0.7	3.9	−24.1	11.2	7.3
601375. SH	中原证券	16.2	11.6	6.0	−10.2	10.8	4.8
601162. SH	天风证券	15.9	−4.5	−109.0	−124.9	9.4	118.4
600837. SH	海通证券	42.9	1.7	30.8	−12.1	6.8	−24.0
002945. SZ	华林证券	36.6	−24.0	34.2	−2.4	4.2	−30.0

资料来源：同花顺iFinD、山东省亚太资本市场研究院。

2021～2023年，上市证券公司赢利能力相关指标排名如表19所示。2023年，上市证券公司ROA排名前10位的分别是财通证券、光大证券、华安证券、首创证券、太平洋证券、国金证券、华泰证券、国元证券、中信证券和国信证券；华西证券、天风证券、中原证券、华林证券和海通证券分列最后5位。2023年，上市证券公司ROE排名前10位的分别是中信证券、中信建投、招商证券、华泰证券、财通证券、浙商证券、光大证券、华安证券、中国银河和中金公司；天风证券、中原证券、红塔证券、华林证券和海通证券分列最后5位。2023年，上市证券公司销售利润率排名前10位的分别是光大证券、招商证券、中信证券、华安证券、首创证券、财通证券、国信证券、华泰证券、长城证券和广发证券；东北证券、中原证券、天风证券、海通证券和华林证券分列最后5位。

表19 上市证券公司赢利能力相关指标排名（2021～2023年）

证券代码	证券名称	ROA			ROE			销售利润率		
		2021年	2022年	2023年	2021年	2022年	2023年	2021年	2022年	2023年
601108. SH	财通证券	7	19	1	10	19	5	4	17	6
601788. SH	光大证券	34	16	2	30	16	7	34	13	1
600909. SH	华安证券	17	3	3	24	13	8	2	3	4
601136. SH	首创证券	4	7	4	18	21	13	3	4	5

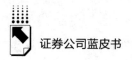

续表

证券代码	证券名称	ROA			ROE			销售利润率		
		2021年	2022年	2023年	2021年	2022年	2023年	2021年	2022年	2023年
601099.SH	太平洋	41	42	5	42	41	33	42	41	24
600109.SH	国金证券	5	21	6	11	25	16	15	23	17
601688.SH	华泰证券	23	11	7	15	9	4	12	11	8
000728.SZ	国元证券	26	10	8	31	14	15	17	10	13
600030.SH	中信证券	18	2	9	4	1	1	14	1	3
002736.SZ	国信证券	2	4	10	7	12	11	1	8	7
601066.SH	中信建投	8	5	11	2	2	2	9	15	11
601696.SH	中银证券	31	14	12	28	18	18	24	19	12
600906.SH	财达证券	33	29	13	29	30	17	22	24	16
601555.SH	东吴证券	13	13	14	26	22	19	25	26	27
600999.SH	招商证券	12	12	15	8	8	3	5	2	2
601878.SH	浙商证券	22	17	16	12	10	6	39	33	36
002673.SZ	西部证券	25	34	17	35	36	25	35	35	29
002939.SZ	长城证券	11	26	18	13	26	20	33	21	9
601881.SH	中国银河	19	18	19	6	4	9	23	25	23
601990.SH	南京证券	15	15	20	32	24	27	6	7	14
000776.SZ	广发证券	9	6	21	5	6	14	8	5	10
601211.SH	国泰君安	14	9	22	9	7	12	7	6	15
600918.SH	中泰证券	29	37	23	17	35	22	27	36	31
601901.SH	方正证券	38	20	24	38	15	21	29	20	18
601995.SH	中金公司	27	22	25	3	3	10	10	14	19
601377.SH	兴业证券	3	8	26	1	11	24	16	9	22
000783.SZ	长江证券	32	25	27	20	17	23	20	22	25
000166.SZ	申万宏源	30	33	28	16	31	26	28	31	20
002797.SZ	第一创业	16	24	29	33	28	34	30	28	34
000686.SZ	东北证券	10	38	30	14	37	29	32	39	38
601198.SH	东兴证券	24	32	31	27	32	32	19	29	32

证券代码	证券名称	ROA			ROE			销售利润率		
		2021年	2022年	2023年	2021年	2022年	2023年	2021年	2022年	2023年
601456.SH	国联证券	35	23	32	34	20	28	18	12	21
002500.SZ	山西证券	39	30	33	37	27	31	37	30	30
600958.SH	东方证券	28	27	34	19	23	30	36	27	33
600369.SH	西南证券	36	36	35	39	38	35	26	38	28
601236.SH	红塔证券	1	40	36	25	40	40	31	40	26
000750.SZ	国海证券	37	31	37	36	33	36	38	34	37
002926.SZ	华西证券	21	35	38	23	34	37	13	32	35
601162.SH	天风证券	42	41	39	41	42	38	41	42	40
601375.SH	中原证券	40	39	40	40	39	39	40	37	39
002945.SZ	华林证券	6	1	41	22	5	41	21	16	42
600837.SH	海通证券	20	28	42	21	29	42	11	18	41

资料来源：同花顺 iFinD、山东省亚太资本市场研究院。

五 微观风控能力评价

本报告把证券公司的风控能力分为微观风控能力和宏观风控能力。微观风控能力由净资本与净资产的比例、净资本与负债的比例和风险覆盖率构成。净资产是指企业的资产总额减去负债以后的净额；净资本是指净资产除去各类风险调整后的净额。净资本与净资产的比例、净资本与负债的比例可以衡量证券公司资本是否充足以及资产的流动状况。风险覆盖率是净资本与各项风险资本准备之和的比例。

2014~2023 年，上市证券公司净资本与净资产的比例的均值呈现先上升后下降的趋势。2014 年，这一数值为 74%，2016 年达到 2014~2023 年的最高点，为 89%，2023 年为 74%（见表 20）。

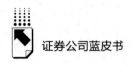
表 20　上市证券公司净资本与净资产的比例的均值（2014~2023 年）

单位：%，个百分点

年份	净资本与净资产的比例的均值	增速
2023	74	0
2022	74	-3
2021	77	-2
2020	79	-1
2019	80	-4
2018	84	-1
2017	85	-4
2016	89	4
2015	85	11
2014	74	—

资料来源：同花顺 iFinD、山东省亚太资本市场研究院。

　　不同上市证券公司的净资本与净资产的比例差异较大。2023 年，首创证券净资本与净资产的比例达到 94.99%，为所有上市证券公司中最高。财达证券次之，达到 94.34%。南京证券、中银证券、国联证券、浙商证券、西部证券、红塔证券、东北证券的这一比例也均在 80% 以上。第一创业、华泰证券、中原证券、中金公司和海通证券的这一比例相对较低，分别为 61.60%、60.67%、59.44%、56.47% 和 52.74%（见表 21）。

　　从净资本与净资产的比例的变化来看，上市证券公司在不同年份的表现存在差异。2021 年，部分上市证券公司净资本与净资产的比例下降幅度较大，如东北证券下降 15.65 个百分点，西南证券下降 12.37 个百分点，中信建投下降 12.02 个百分点；部分上市证券公司这一比例有所上升，如招商证券上升 10.52 个百分点，天风证券上升 9.95 个百分点。2022 年，中信建投、中金公司、浙商证券的净资本与净资产的比例下降幅度较大，分别下降 14.17 个、13.55 个、11.70 个百分点；首创证券和国联证券分别上升 7.24 个和 6.89 个百分点。2023 年，国联证券和海通证券分别下降 13.58 个和

10.21 个百分点，方正证券和东北证券分别上升 5.52 个和 5.09 个百分点（见表 21）。

表 21　上市证券公司净资本与净资产的比例（2021~2023 年）

单位：%，个百分点

证券代码	证券名称	2021 年	较 2020 年变化	2022 年	较 2021 年变化	2023 年	较 2022 年变化
601136. SH	首创证券	87.87	7.82	95.11	7.24	94.99	-0.12
600906. SH	财达证券	93.50	-8.06	98.76	5.26	94.34	-4.42
601990. SH	南京证券	90.47	-3.54	91.52	1.05	89.13	-2.39
601696. SH	中银证券	88.10	-1.69	88.25	0.15	88.18	-0.07
601456. SH	国联证券	92.11	-3.36	99.00	6.89	85.42	-13.58
601878. SH	浙商证券	98.54	-7.75	86.84	-11.70	82.98	-3.86
002673. SZ	西部证券	85.91	-3.03	83.98	-1.93	82.24	-1.74
601236. SH	红塔证券	93.27	-6.69	87.10	-6.17	81.67	-5.43
000686. SZ	东北证券	78.79	-15.65	75.88	-2.91	80.97	5.09
601198. SH	东兴证券	82.04	-2.56	77.36	-4.68	79.38	2.02
601881. SH	中国银河	82.78	-6.92	79.68	-3.10	79.07	-0.61
000750. SZ	国海证券	80.16	-3.71	74.59	-5.57	77.74	3.15
000776. SZ	广发证券	72.02	-3.88	76.19	4.17	77.48	1.29
600109. SH	国金证券	87.96	-0.96	78.94	-9.02	77.39	-1.55
601099. SH	太平洋	77.44	0.27	74.93	-2.51	76.61	1.68
002926. SZ	华西证券	81.64	-2.83	75.91	-5.73	76.58	0.67
000166. SZ	申万宏源	84.64	-1.83	75.45	-9.19	76.54	1.09
002736. SZ	国信证券	80.53	1.44	76.10	-4.43	76.35	0.25
600909. SH	华安证券	66.75	-2.39	65.72	-1.03	75.47	9.75
002939. SZ	长城证券	89.79	0.55	84.69	-5.10	74.59	-10.10
002945. SZ	华林证券	78.13	-2.52	69.55	-8.58	73.49	3.94
600918. SH	中泰证券	77.13	-2.28	74.98	-2.15	72.96	-2.02
601066. SH	中信建投	87.56	-12.02	73.39	-14.17	72.79	-0.60
601162. SH	天风证券	68.47	9.95	67.17	-1.30	72.57	5.40
600999. SH	招商证券	70.20	10.52	67.33	-2.87	72.16	4.83
601108. SH	财通证券	73.30	-3.97	71.51	-1.79	71.30	-0.21
601788. SH	光大证券	73.65	-0.05	74.45	0.80	70.56	-3.89

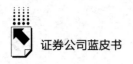

续表

证券代码	证券名称	2021年	较2020年变化	2022年	较2021年变化	2023年	较2022年变化
600958.SH	东方证券	64.25	-3.72	67.29	3.04	70.07	2.78
002500.SZ	山西证券	71.11	-1.35	62.19	-8.92	69.81	7.62
601377.SH	兴业证券	70.58	-4.77	64.57	-6.01	68.71	4.14
000783.SZ	长江证券	78.71	1.68	72.93	-5.78	67.6	-5.33
000728.SZ	国元证券	67.62	-2.28	66.67	-0.95	66.84	0.17
601555.SH	东吴证券	73.50	1.86	69.71	-3.79	66.82	-2.89
601211.SH	国泰君安	72.36	1.17	66.79	-5.57	63.51	-3.28
601901.SH	方正证券	59.55	6.33	57.90	-1.65	63.42	5.52
600030.SH	中信证券	61.88	5.25	64.30	2.42	63.24	-1.06
600369.SH	西南证券	64.57	-12.37	59.72	-4.85	63.21	3.49
002797.SZ	第一创业	70.62	-4.36	64.12	-6.50	61.60	-2.52
601688.SH	华泰证券	64.97	4.32	64.73	-0.24	60.67	-4.06
601375.SH	中原证券	64.75	-9.04	57.14	-7.61	59.44	2.30
601995.SH	中金公司	72.35	-4.91	58.80	-13.55	56.47	-2.33
600837.SH	海通证券	58.97	-2.24	62.95	3.98	52.74	-10.21

资料来源：同花顺iFinD、山东省亚太资本市场研究院。

2014~2023年，上市证券公司净资本与负债的比例的均值呈现波动变化。2014年，上市证券公司净资本与负债的比例的均值为49%，2016年上升至124%，为2014~2023年的最高值，2017年为102%，2023年下降至45%。净资本与负债的比例的均值下降，说明上市证券公司债务风险有所下降（见表22）。

表22　上市证券公司净资本与负债的比例的均值（2014~2023年）

单位：%，个百分点

年份	净资本与负债的比例的均值	增速
2023	45	-10
2022	55	11
2021	44	-1

年份	净资本与负债的比例的均值	增速
2020	45	1
2019	44	−6
2018	50	−52
2017	102	−22
2016	124	78
2015	46	−3
2014	49	—

资料来源：同花顺 iFinD、山东省亚太资本市场研究院。

　　不同上市证券公司净资本与负债的比例差异较大。2023 年，部分上市证券公司净资本与负债的比例较高，如太平洋证券的这一比例达到了 431.76%，为所有上市证券公司中的最高值。红塔证券、华林证券和中银证券的这一比例也较高，分别为 108.08%、91.47% 和 67.13%。中信证券、中金公司和招商证券的这一比例较低，分别为 19.95%、18.78% 和 18.61%（见表 23）。

　　从净资本与负债的比例变化来看，不同上市证券公司在不同年份的升降不一。2021 年，太平洋证券、红塔证券和华林证券这一比例大幅上升，分别上升 106.62 个、61.82 个和 43.65 个百分点；西部证券、方正证券、国金证券和国元证券的降幅最大，分别下降 44.83 个、23.71 个、22.81 个和 22.46 个百分点。2022 年，太平洋证券这一比例大幅上升，上升幅度高达 511.13 个百分点；中银证券次之，上升 36.90 个百分点；红塔证券、第一创业和西部证券的降幅较大，分别下降 32.21 个、15.91 个和 13.46 个百分点。2023 年，太平洋证券这一比例大幅下降，与 2022 年相比下降 279.29 个百分点；中银证券次之，下降了 46.00 个百分点；华林证券和国海证券这一比例上升幅度较大，分别上升 17.04 个和 15.58 个百分点。

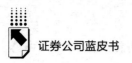

表 23　上市证券公司净资本与负债的比例（2021～2023 年）

单位：%，个百分点

证券代码	证券名称	2021 年	较 2020 年变化	2022 年	较 2021 年变化	2023 年	较 2022 年变化
601099. SH	太平洋	199.92	106.62	711.05	511.13	431.76	−279.29
601236. SH	红塔证券	139.45	61.82	107.24	−32.21	108.08	0.84
002945. SZ	华林证券	84.81	43.65	74.43	−10.38	91.47	17.04
601696. SH	中银证券	76.23	−16.12	113.13	36.90	67.13	−46.00
000750. SZ	国海证券	37.88	−2.81	36.51	−1.37	52.09	15.58
601990. SH	南京证券	63.39	−17.72	64.95	1.56	51.64	−13.31
600906. SH	财达证券	50.17	−1.17	56.35	6.18	49.36	−6.99
601136. SH	首创证券	49.73	−12.29	52.37	2.64	46.77	−5.60
002797. SZ	第一创业	58.79	−4.52	42.88	−15.91	42.95	0.07
002673. SZ	西部证券	56.16	−44.83	42.70	−13.46	42.62	−0.08
600109. SH	国金证券	48.59	−22.81	51.05	2.46	42.19	−8.86
002926. SZ	华西证券	38.67	−11.91	33.93	−4.74	40.51	6.58
601198. SH	东兴证券	45.05	6.16	36.55	−8.50	39.51	2.96
601788. SH	光大证券	46.85	5.40	43.90	−2.95	36.81	−7.09
600909. SH	华安证券	38.46	−2.11	36.76	−1.70	36.54	−0.22
601375. SH	中原证券	36.00	−3.93	36.69	0.69	35.19	−1.50
600369. SH	西南证券	39.20	−8.96	35.46	−3.74	33.99	−1.47
600918. SH	中泰证券	26.79	−2.99	33.00	6.21	33.79	0.79
002939. SZ	长城证券	36.19	−9.94	47.52	11.33	33.50	−14.02
000728. SZ	国元证券	37.21	−22.46	31.94	−5.27	32.50	0.56
000686. SZ	东北证券	32.30	−9.92	33.08	0.78	31.61	−1.47
601555. SH	东吴证券	52.08	10.88	42.70	−9.38	31.33	−11.37
002736. SZ	国信证券	41.08	−0.91	37.32	−3.76	30.25	−7.07
601878. SH	浙商证券	37.37	−8.32	35.19	−2.18	29.54	−5.65
600837. SH	海通证券	34.48	−9.22	36.97	2.49	28.96	−8.01
600958. SH	东方证券	23.99	−1.77	30.78	6.79	27.87	−2.91
002500. SZ	山西证券	29.49	−10.11	24.35	−5.14	27.83	3.48
601162. SH	天风证券	29.12	7.18	26.90	−2.22	27.67	0.77
601108. SH	财通证券	25.91	−4.90	29.69	3.78	27.27	−2.42
601881. SH	中国银河	26.68	−3.29	22.14	−4.54	26.83	4.69
000166. SZ	申万宏源	25.58	−0.04	24.02	−1.56	26.44	2.42
601377. SH	兴业证券	26.42	−6.65	28.68	2.26	25.76	−2.92

证券代码	证券名称	2021 年	较 2020 年变化	2022 年	较 2021 年变化	2023 年	较 2022 年变化
601456. SH	国联证券	39. 60	0. 18	35. 26	-4. 34	25. 22	-10. 04
000776. SZ	广发证券	23. 88	-3. 91	24. 29	0. 41	24. 99	0. 70
000783. SZ	长江证券	27. 13	-3. 73	24. 86	-2. 27	23. 74	-1. 12
601901. SH	方正证券	31. 20	-23. 71	29. 85	-1. 35	22. 89	-6. 96
601066. SH	中信建投	24. 98	-5. 26	22. 50	-2. 48	22. 21	-0. 29
601688. SH	华泰证券	21. 42	-0. 44	23. 14	1. 72	22. 15	-0. 99
601211. SH	国泰君安	24. 65	-5. 68	22. 52	-2. 13	20. 11	-2. 41
600030. SH	中信证券	16. 73	0. 22	23. 94	7. 21	19. 95	-3. 99
601995. SH	中金公司	19. 67	-3. 06	18. 10	-1. 57	18. 78	0. 68
600999. SH	招商证券	20. 10	-0. 18	19. 55	-0. 55	18. 61	-0. 94

资料来源：同花顺 iFinD、山东省亚太资本市场研究院。

2014~2023 年，上市证券公司平均风险覆盖率总体呈现下降趋势。2014 年上市证券公司平均风险覆盖率为 613%，2015 年上升至 712%，为 2014~2023 年的最高值，2023 年下降至 265%（见表 24）。上市证券公司平均风险覆盖率下降，说明上市证券公司应对风险的能力有所下降。

表 24　上市证券公司平均风险覆盖率（2014~2023 年）

单位：%，个百分点

年份	平均风险覆盖率	增速
2023	265	1
2022	264	-6
2021	270	-2
2020	272	10
2019	262	-6
2018	268	3
2017	265	-27
2016	292	-420
2015	712	99
2014	613	—

资料来源：同花顺 iFinD、山东省亚太资本市场研究院。

不同上市证券公司的风险覆盖率差异较大。2023 年，南京证券的风险覆盖率最高，达到 492%；太平洋证券和红塔证券次之，分别为 464% 和 402%。海通证券、中金公司、中信证券、东北证券、招商证券、国联证券、中信建投和天风证券的风险覆盖率较低，均在 200% 以下（见表 25）。

从风险覆盖率变化来看，不同上市证券公司在不同年份的风险覆盖率变化幅度差别较大。2021 年，海通证券、华西证券和西部证券的风险覆盖率下降幅度最大，分别下降 144 个、125 个和 124 个百分点；红塔证券、国信证券和华林证券的上升幅度较大，分别上升 162 个、134 个和 93 个百分点。2022 年，华林证券、华西证券和浙商证券的风险覆盖率下降幅度较大，分别下降 112 个、80 个和 70 个百分点；红塔证券、太平洋证券和光大证券的风险覆盖率上升幅度较大，分别上升 110 个、98 个和 58 个百分点。2023 年，国信证券和财达证券的风险覆盖率下降幅度较大，分别下降 122 个和 107 个百分点；东方证券和兴业证券的风险覆盖率上升幅度较大，分别上升 112 个和 94 个百分点。

表 25　上市证券公司风险覆盖率（2021～2023 年）

单位：%，个百分点

证券代码	证券名称	2021 年	较 2020 年变化	2022 年	较 2021 年变化	2023 年	较 2022 年变化
601990. SH	南京证券	460	−20	492	32	492	0
601099. SH	太平洋	315	80	413	98	464	51
601236. SH	红塔证券	360	162	470	110	402	−68
600109. SH	国金证券	334	−25	328	−6	372	44
601696. SH	中银证券	296	−6	310	14	366	56
600958. SH	东方证券	237	7	253	16	365	112
600369. SH	西南证券	358	22	294	−64	354	60
002945. SZ	华林证券	391	93	279	−112	343	64
601377. SH	兴业证券	196	−36	227	31	321	94
601788. SH	光大证券	284	1	342	58	319	−23
000166. SZ	申万宏源	207	43	257	50	301	44
000750. SZ	国海证券	263	39	237	−26	299	62
002673. SZ	西部证券	319	−124	326	7	292	−34
002736. SZ	国信证券	438	134	413	−25	291	−122

证券代码	证券名称	2021年	较2020年变化	2022年	较2021年变化	2023年	较2022年变化
601136.SH	首创证券	272	39	262	−10	265	3
601198.SH	东兴证券	317	39	317	0	257	−60
600906.SH	财达证券	385	73	360	−25	253	−107
000783.SZ	长江证券	205	4	235	30	252	17
000728.SZ	国元证券	284	−67	230	−54	251	21
601901.SH	方正证券	307	−30	288	−19	249	−39
601375.SH	中原证券	252	−46	221	−31	249	28
601688.SH	华泰证券	246	9	240	−6	248	8
601881.SH	中国银河	219	−32	262	43	244	−18
601555.SH	东吴证券	328	83	274	−54	242	−32
601878.SH	浙商证券	322	−1	252	−70	240	−12
600909.SH	华安证券	249	46	196	−53	236	40
002926.SZ	华西证券	283	−125	203	−80	235	32
000776.SZ	广发证券	198	0	187	−11	233	46
002939.SZ	长城证券	209	14	236	27	231	−5
600918.SH	中泰证券	212	−20	221	9	220	−1
002500.SZ	山西证券	227	−80	160	−67	216	56
002797.SZ	第一创业	296	−13	257	−39	215	−42
601108.SH	财通证券	217	−37	247	30	212	−35
601211.SH	国泰君安	190	−50	186	−4	202	16
600837.SH	海通证券	200	−144	241	41	198	−43
601995.SH	中金公司	152	−11	182	30	192	10
600030.SH	中信证券	175	20	204	29	187	−17
000686.SZ	东北证券	206	−93	187	−19	186	−1
600999.SH	招商证券	266	40	265	−1	177	−88
601456.SH	国联证券	207	−74	192	−15	174	−18
601066.SH	中信建投	282	−27	223	−59	162	−61
601162.SH	天风证券	178	20	124	−54	120	−4

资料来源：同花顺 iFinD、山东省亚太资本市场研究院。

2021～2023年，上市证券公司微观风控能力相关指标的排名如表26所示。2023年，净资本与净资产的比例排名前10的上市证券公司分别是首创证券、财达证券、南京证券、中银证券、国联证券、浙商证券、西部证券、红塔证券、东北证券和东兴证券。第一创业、华泰证券、中原证券、中金公司和海通证券分列最后5位。2021~2023年，个别上市证券公司净资本与净资产的比例排名变化较大，如东方证券由2021年的第39位上升至2023年的第28位，东吴证券由第24位下降至第33位。2023年，净资本与负债的比例排名前10的上市证券公司分别是太平洋证券、红塔证券、华林证券、中银证券、国海证券、南京证券、财达证券、首创证券、第一创业和西部证券；华泰证券、国泰君安、中信证券、中金公司和招商证券分列最后5位。2023年，风险覆盖率排名前10的上市证券公司分别是南京证券、太平洋证券、红塔证券、国金证券、中银证券、东方证券、西南证券、华林证券、兴业证券和光大证券；东北证券、招商证券、国联证券、中信建投和天风证券分列最后5位。

表26 上市证券公司微观风控能力相关指标排名（2021~2023年）

证券代码	证券名称	净资本与净资产的比例			净资本与负债的比例			风险覆盖率		
		2021年	2022年	2023年	2021年	2022年	2023年	2021年	2022年	2023年
601990.SH	南京证券	5	4	3	5	5	6	1	1	1
601099.SH	太平洋	21	19	15	1	1	1	12	3	2
601236.SH	红塔证券	3	6	8	2	3	2	5	2	3
600109.SH	国金证券	8	11	14	11	8	11	7	7	4
601696.SH	中银证券	7	5	4	4	2	4	14	10	5
600958.SH	东方证券	39	28	28	37	27	26	26	20	6
600369.SH	西南证券	38	39	37	16	20	17	6	11	7
002945.SZ	华林证券	20	26	21	3	4	3	3	13	8
601377.SH	兴业证券	31	34	30	32	30	32	38	29	9
601788.SH	光大证券	23	21	27	12	10	14	16	6	10
000166.SZ	申万宏源	12	17	17	34	35	31	33	19	11
000750.SZ	国海证券	17	20	12	19	19	5	22	25	12
002673.SZ	西部证券	11	9	7	7	13	10	10	8	13
002736.SZ	国信证券	16	14	18	14	14	23	2	4	14
601136.SH	首创证券	9	3	1	10	7	8	20	17	15

续表

证券代码	证券名称	净资本与净资产的比例			净资本与负债的比例			风险覆盖率		
		2021年	2022年	2023年	2021年	2022年	2023年	2021年	2022年	2023年
601198.SH	东兴证券	14	12	10	13	18	13	11	9	16
600906.SH	财达证券	2	2	2	9	6	7	4	5	17
000783.SZ	长江证券	19	23	31	29	32	35	35	27	18
000728.SZ	国元证券	34	31	32	21	26	20	17	28	19
601901.SH	方正证券	41	41	35	26	28	36	13	12	20
601375.SH	中原证券	37	42	40	23	17	16	23	32	21
601688.SH	华泰证券	36	33	39	39	37	38	25	24	22
601881.SH	中国银河	13	10	11	31	40	30	28	16	23
601555.SH	东吴证券	24	25	33	8	12	22	8	14	24
601878.SH	浙商证券	1	7	6	20	22	24	9	21	25
600909.SH	华安证券	35	32	19	18	16	15	24	35	26
002926.SZ	华西证券	15	15	16	17	23	12	18	34	27
000776.SZ	广发证券	28	13	13	38	34	34	37	38	28
002939.SZ	长城证券	6	8	20	22	9	19	31	26	29
600918.SH	中泰证券	22	18	22	30	25	18	30	31	30
002500.SZ	山西证券	29	38	29	27	33	27	27	41	31
002797.SZ	第一创业	30	36	38	6	11	9	15	18	32
601108.SH	财通证券	25	24	26	33	29	29	29	22	33
601211.SH	国泰君安	26	30	34	36	38	39	39	39	34
600837.SH	海通证券	42	37	42	24	15	25	36	23	35
601995.SH	中金公司	27	40	41	41	42	41	42	40	36
600030.SH	中信证券	40	35	36	42	36	40	41	33	37
000686.SZ	东北证券	18	16	9	25	24	21	34	37	38
600999.SH	招商证券	32	27	25	40	41	42	21	15	39
601456.SH	国联证券	4	1	5	15	21	33	32	36	40
601066.SH	中信建投	10	22	23	35	39	37	19	30	41
601162.SH	天风证券	33	29	24	28	31	28	40	42	42

资料来源：同花顺 iFinD、山东省亚太资本市场研究院。

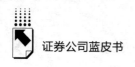
六　宏观风控能力评价

本报告用资本杠杆率、流动性覆盖率和净稳定资金率来衡量上市证券公司的宏观风控能力。资本杠杆率是权益资本与总资产的比例，衡量的是公司的还款能力；流动性覆盖率是优质流动性资产储备与未来资金净流出量的比例，净稳定资金率衡量的是可用的稳定资金与业务所需的稳定资金的比例。

2016~2023 年，上市证券公司平均资本杠杆率总体呈现下降趋势。2016年上市证券公司平均资本杠杆率为 29%，2017 年下降至 27%，2023 年下降至 21%。平均资本杠杆率的下降，说明上市证券公司的债务压力有所上升（见表 27）。

表 27　上市证券公司平均资本杠杆率（2016~2023 年）

单位：%，个百分点

年份	平均资本杠杆率	增速
2023	21	−1
2022	22	−1
2021	23	−1
2020	24	1
2019	23	−2
2018	25	−2
2017	27	−2
2016	29	—

注：由于数据缺失，资本杠杆率等数据开始于 2016 年。
资料来源：同花顺 iFinD、山东省亚太资本市场研究院。

不同上市证券公司的资本杠杆率差别较大。2023 年，太平洋证券的资本杠杆率最高，为 64.86%；红塔证券次之，为 46.31%。中银证券和华林证券的资本杠杆率也在 30% 以上；东方证券、中国银河、广发证券、中金公司和申万宏源的资本杠杆率最低，分别为 12.72%、12.03%、12.03%、

11.44%和11.28%，略高于8%的最低监管要求（见表28）。

从资本杠杆率变化来看，2021~2023年，多数上市证券公司的资本杠杆率呈现下降趋势。部分上市证券公司的资本杠杆率下降幅度较大，如南京证券由2021年的34.52%下降至2023年的28.39%，西部证券由33.84%下降至26.46%，国联证券由25.27%下降至13.76%。少数上市证券公司的资本杠杆率呈现上升趋势，如太平洋证券由2021年的55.75%上升至2023年的64.86%，国海证券由21.44%上升至26.18%，华西证券由24.56%上升至25.53%。

表28　上市证券公司资本杠杆率（2021~2023年）

单位：%，个百分点

证券代码	证券名称	2021年	较2020年变化	2022年	较2021年变化	2023年	较2022年变化
601099.SH	太平洋	55.75	13.69	67.87	12.12	64.86	-3.01
601236.SH	红塔证券	49.72	17.48	45.43	-4.29	46.31	0.88
601696.SH	中银证券	38.00	-5.02	46.38	8.38	36.52	-9.86
002945.SZ	华林证券	37.57	11.65	30.75	-6.82	35.62	4.87
600906.SH	财达证券	30.15	1.57	31.18	1.03	29.20	-1.98
601990.SH	南京证券	34.52	-4.19	33.68	-0.84	28.39	-5.29
002673.SZ	西部证券	33.84	-13.31	28.14	-5.70	26.46	-1.68
000750.SZ	国海证券	21.44	-2.37	19.56	-1.88	26.18	6.62
601198.SH	东兴证券	27.09	4.10	24.14	-2.95	25.83	1.69
600109.SH	国金证券	28.44	-9.04	30.72	2.28	25.60	-5.12
002926.SZ	华西证券	24.56	-4.57	22.68	-1.88	25.53	2.85
601136.SH	首创证券	25.00	-5.10	26.20	1.20	24.51	-1.69
002797.SZ	第一创业	28.47	-0.96	23.25	-5.22	23.11	-0.14
002939.SZ	长城证券	21.11	-3.68	27.90	6.79	22.13	-5.77
000728.SZ	国元证券	23.91	-7.20	21.61	-2.30	21.51	-0.10
601555.SH	东吴证券	27.69	6.41	25.32	-2.37	21.04	-4.28
600909.SH	华安证券	24.04	0.26	23.32	-0.72	20.94	-2.38
601788.SH	光大证券	26.29	0.05	22.55	-3.74	20.08	-2.47

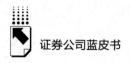

续表

证券代码	证券名称	2021年	较2020年变化	2022年	较2021年变化	2023年	较2022年变化
600369.SH	西南证券	22.65	-1.85	21.58	-1.07	19.58	-2.00
601375.SH	中原证券	18.48	-2.91	18.79	0.31	19.06	0.27
601878.SH	浙商证券	20.41	-1.09	20.64	0.23	18.98	-1.66
600837.SH	海通证券	22.28	-3.75	21.12	-1.16	17.68	-3.44
000686.SZ	东北证券	18.52	-0.62	18.38	-0.14	17.40	-0.98
600030.SH	中信证券	14.22	-0.73	17.79	3.57	16.32	-1.47
601211.SH	国泰君安	20.09	-4.19	17.62	-2.47	16.14	-1.48
601162.SH	天风证券	14.91	2.54	16.99	2.08	15.81	-1.18
600918.SH	中泰证券	15.09	-1.55	14.85	-0.24	15.56	0.71
601108.SH	财通证券	13.81	-1.32	17.71	3.90	15.10	-2.61
601901.SH	方正证券	20.05	-7.25	18.94	-1.11	14.94	-4.00
002500.SZ	山西证券	15.59	-5.99	13.80	-1.79	14.58	0.78
000783.SZ	长江证券	17.47	-2.91	15.67	-1.80	14.38	-1.29
601066.SH	中信建投	15.85	-4.31	14.91	-0.94	14.02	-0.89
601688.SH	华泰证券	15.99	-5.09	14.10	-1.89	13.98	-0.12
601456.SH	国联证券	25.27	1.79	20.33	-4.94	13.76	-6.57
002736.SZ	国信证券	19.66	-3.13	15.97	-3.69	13.55	-2.42
601377.SH	兴业证券	14.71	-4.46	15.42	0.71	13.24	-2.18
600999.SH	招商证券	15.24	-2.14	13.39	-1.85	13.12	-0.27
600958.SH	东方证券	11.77	-0.18	14.38	2.61	12.72	-1.66
601881.SH	中国银河	15.75	-2.37	12.42	-3.33	12.03	-0.39
000776.SZ	广发证券	16.03	-2.21	13.04	-2.99	12.03	-1.01
601995.SH	中金公司	12.81	-1.55	11.24	-1.57	11.44	0.20
000166.SZ	申万宏源	13.11	-2.95	10.89	-2.22	11.28	0.39

资料来源：同花顺 iFinD、山东省亚太资本市场研究院。

2016~2023年，上市证券公司流动性覆盖率均值总体呈现下降趋势。2016年上市证券公司的流动性覆盖率均值为431%，2018年上升至475%，为2016~2023年的最高值；2020年下降至286%，为2016~2023年的最低值；2023 年上升至 307%（见表 29）。流动性覆盖率均值下降，说明上市证券公司的偿债压力有所加大。

表 29 上市证券公司流动性覆盖率均值（2016~2023 年）

单位：%，个百分点

年份	流动性覆盖率均值	增速
2023	307	−47
2022	354	23
2021	331	45
2020	286	−79
2019	365	−110
2018	475	28
2017	447	16
2016	431	—

资料来源：同花顺 iFinD、山东省亚太资本市场研究院。

不同上市证券公司的流动性覆盖率差异较大。2023 年，红塔证券的流动性覆盖率最高，为 915.10%；首创证券次之，达到 857.29%；天风证券、财达证券、太平洋证券的流动性覆盖率均超过了 600.00%。申万宏源、招商证券、国联证券、国海证券、长江证券、山西证券、华泰证券和中信证券的流动性覆盖率较低，均在 170.00% 以下，其中中信证券最低，为 148.28%（见表 30）。

2021~2023 年，不同上市证券公司流动性覆盖率的变化差异较大。红塔证券、财达证券、南京证券的流动性覆盖率有着较大的降幅，分别由 2021 年的 1622.51%、1377.81% 和 608.76%，下降至 2023 年的 915.10%、629.60% 和 307.40%。部分证券公司流动性覆盖率的上升幅度较大，如首创证券由 2021 年的 338.89% 上升至 2023 年的 857.29%，天风证券由 316.43% 上升至 661.91%，西南证券由 176.02% 上升至 345.24%。

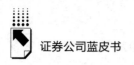

表30　上市证券公司流动性覆盖率（2021~2023年）

单位：%，个百分点

证券代码	证券名称	2021年	较2020年变化	2022年	较2021年变化	2023年	较2022年变化
601236.SH	红塔证券	1622.51	1112.97	1678.14	55.63	915.10	-763.04
601136.SH	首创证券	338.89	-155.35	1068.06	729.17	857.29	-210.77
601162.SH	天风证券	316.43	37.06	615.81	299.38	661.91	46.10
600906.SH	财达证券	1377.81	828.68	721.81	-656.00	629.60	-92.21
601099.SH	太平洋	413.63	-43.14	407.40	-6.23	612.98	205.58
600909.SH	华安证券	333.89	-64.29	504.18	170.29	449.04	-55.14
000728.SZ	国元证券	317.31	-58.61	457.44	140.13	389.81	-67.63
000686.SZ	东北证券	272.75	135.33	258.45	-14.30	378.24	119.79
601696.SH	中银证券	321.50	16.42	266.29	-55.21	347.11	80.82
600369.SH	西南证券	176.02	-139.29	180.30	4.28	345.24	164.94
601878.SH	浙商证券	391.33	136.60	312.72	-78.61	342.81	30.09
600918.SH	中泰证券	282.68	39.06	309.31	26.63	321.51	12.20
002939.SZ	长城证券	312.07	81.49	456.10	144.03	318.06	-138.04
601990.SH	南京证券	608.76	-85.86	544.89	-63.87	307.40	-237.49
002926.SZ	华西证券	388.48	53.10	274.87	-113.61	299.29	24.42
601377.SH	兴业证券	317.21	148.06	245.78	-71.43	294.56	48.78
601881.SH	中国银河	278.65	-2.23	354.93	76.28	289.15	-65.78
601211.SH	国泰君安	248.05	37.10	277.32	29.27	269.72	-7.60
002736.SZ	国信证券	318.25	20.14	236.62	-81.63	267.92	31.30
600109.SH	国金证券	257.84	-3.25	339.85	82.01	254.58	-85.27
002673.SZ	西部证券	311.72	-132.28	693.87	382.15	251.95	-441.92
601198.SH	东兴证券	344.56	108.86	239.35	-105.21	247.07	7.72
601108.SH	财通证券	241.72	-3.91	647.18	405.46	235.94	-411.24
601788.SH	光大证券	244.46	35.29	216.78	-27.68	232.9	16.12
600837.SH	海通证券	259.39	51.28	293.75	34.36	223.69	-70.06
601901.SH	方正证券	151.07	-3.53	139.43	-11.64	222.99	83.56
000776.SZ	广发证券	238.90	31.94	213.79	-25.11	222.43	8.64
601555.SH	东吴证券	314.15	52.38	264.32	-49.83	214.25	-50.07
601066.SH	中信建投	228.96	13.03	235.00	6.04	208.63	-26.37
600958.SH	东方证券	272.45	26.89	218.50	-53.95	203.97	-14.53
601995.SH	中金公司	316.68	68.13	239.71	-76.97	201.13	-38.58
002945.SZ	华林证券	181.07	-76.79	211.14	30.07	199.83	-11.31

续表

证券代码	证券名称	2021 年	较 2020 年变化	2022 年	较 2021 年变化	2023 年	较 2022 年变化
601375. SH	中原证券	170. 42	0. 90	192. 85	22. 43	198. 96	6. 11
002797. SZ	第一创业	234. 52	−119. 72	226. 03	−8. 49	191. 29	−34. 74
000166. SZ	申万宏源	208. 79	3. 72	212. 12	3. 33	169. 61	−42. 51
600999. SH	招商证券	294. 70	16. 25	210. 95	−83. 75	169. 06	−41. 89
601456. SH	国联证券	219. 28	−103. 09	160. 06	−59. 22	167. 36	7. 30
000750. SZ	国海证券	152. 59	−3. 76	154. 43	1. 84	166. 45	12. 02
000783. SZ	长江证券	165. 57	−20. 88	169. 05	3. 48	164. 77	−4. 28
002500. SZ	山西证券	146. 89	−66. 86	134. 65	−12. 24	157. 08	22. 43
601688. SH	华泰证券	169. 68	−60. 63	166. 57	−3. 11	152. 51	−14. 06
600030. SH	中信证券	140. 76	−1. 07	130. 53	−10. 23	148. 28	17. 75

资料来源：同花顺 iFinD、山东省亚太资本市场研究院。

2016~2023 年，上市证券公司的平均净稳定资金率总体呈现上升趋势。2016 年，上市证券公司平均净稳定资金率为 145%，2020 年与 2022 年均达到 166%，2023 年略降至 161%（见表 31）。平均净稳定资金率上升，说明证券公司有更多的稳定资金来支持资产业务的发展。

表 31　上市证券公司平均净稳定资金率（2016~2023 年）

单位：%，个百分点

年份	平均净稳定资金率	增速
2023	161	−5
2022	166	7
2021	159	−7
2020	166	20
2019	146	−14
2018	160	20
2017	140	−5
2016	145	—

资料来源：同花顺 iFinD、山东省亚太资本市场研究院。

不同上市证券公司的净稳定资金率有所差异。2023 年，红塔证券的净稳定资金率最高，达到 284.54%；中银证券次之，为 279.75%。太平洋证券、南京证券、财达证券、华西证券的净稳定资金率也较高，均在 200% 以上。广发证券、中国银河、国泰君安、中信证券和天风证券的净稳定资金率较低，均在 130% 以下（见表 32）。

2021~2023 年，多数上市证券公司的净稳定资金率呈现上升趋势。部分证券公司净稳定资金率上升幅度较大，如红塔证券的净稳定资金率由 2021 年的 219.11% 上升至 2023 年的 284.54%，财达证券由 174.52% 上升至 219.76%，方正证券由 135.08% 上升至 162.26%。部分上市证券公司的净稳定资金率下降幅度较大，如山西证券由 2021 年的 177.78% 下降至 2023 年的 143.76%，海通证券由 157.72% 下降至 141.88%，广发证券由 163.37% 下降至 129.57%。

表 32 上市证券公司净稳定资金率（2021~2023 年）

单位：%，个百分点

证券代码	证券名称	2021 年	较 2020 年变化	2022 年	较 2021 年变化	2023 年	较 2022 年变化
601236.SH	红塔证券	219.11	53.76	269.95	50.84	284.54	14.59
601696.SH	中银证券	288.48	3.48	276.22	-12.26	279.75	3.53
601099.SH	太平洋	194.72	29.84	220.49	25.77	235.25	14.76
601990.SH	南京证券	232.89	-15.29	230.40	-2.49	234.56	4.16
600906.SH	财达证券	174.52	-33.13	184.89	10.37	219.76	34.87
002926.SZ	华西证券	191.20	-6.58	187.32	-3.88	201.37	14.05
002673.SZ	西部证券	151.45	-138.77	180.87	29.42	178.17	-2.70
600369.SH	西南证券	151.66	-35.54	153.94	2.28	174.86	20.92
600909.SH	华安证券	177.95	14.63	178.18	0.23	174.76	-3.42
002797.SZ	第一创业	178.61	1.91	196.40	17.79	171.58	-24.82
000750.SZ	国海证券	149.14	-0.73	144.43	-4.71	168.80	24.37
601198.SH	东兴证券	163.23	-5.14	183.18	19.95	166.75	-16.43
601878.SH	浙商证券	137.46	-3.57	154.31	16.85	165.47	11.16
601555.SH	东吴证券	163.98	7.69	174.76	10.78	164.48	-10.28
601136.SH	首创证券	158.64	-0.31	187.57	28.93	163.76	-23.81

续表

证券代码	证券名称	2021 年	较 2020 年变化	2022 年	较 2021 年变化	2023 年	较 2022 年变化
601901. SH	方正证券	135. 08	−7. 00	139. 10	4. 02	162. 26	23. 16
000783. SZ	长江证券	156. 38	7. 06	179. 03	22. 65	159. 25	−19. 78
000728. SZ	国元证券	152. 79	−6. 19	169. 27	16. 48	157. 65	−11. 62
002945. SZ	华林证券	176. 69	−29. 45	169. 94	−6. 75	153. 84	−16. 10
601066. SH	中信建投	137. 31	−19. 51	141. 47	4. 16	151. 21	9. 74
601375. SH	中原证券	140. 92	−28. 38	158. 54	17. 62	150. 69	−7. 85
002939. SZ	长城证券	143. 29	−26. 64	160. 89	17. 60	149. 28	−11. 61
600918. SH	中泰证券	141. 93	−7. 81	162. 95	21. 02	146. 11	−16. 84
601788. SH	光大证券	155. 69	−8. 56	157. 99	2. 30	145. 75	−12. 24
002500. SZ	山西证券	177. 78	−14. 44	176. 65	−1. 13	143. 76	−32. 89
000686. SZ	东北证券	155. 08	4. 71	146. 05	−9. 03	143. 53	−2. 52
601108. SH	财通证券	143. 43	−17. 00	139. 48	−3. 95	142. 94	3. 46
600837. SH	海通证券	157. 72	0. 56	162. 85	5. 13	141. 88	−20. 97
600109. SH	国金证券	138. 64	−10. 79	144. 51	5. 87	139. 10	−5. 41
600999. SH	招商证券	139. 36	−4. 82	151. 73	12. 37	138. 25	−13. 48
002736. SZ	国信证券	178. 53	12. 19	171. 89	−6. 64	133. 51	−38. 38
601456. SH	国联证券	158. 41	−6. 97	143. 66	−14. 75	133. 48	−10. 18
601377. SH	兴业证券	130. 27	−2. 23	140. 03	9. 76	133. 21	−6. 82
601995. SH	中金公司	136. 45	11. 49	154. 27	17. 82	132. 42	−21. 85
600958. SH	东方证券	132. 24	−18. 82	139. 09	6. 85	131. 89	−7. 20
601688. SH	华泰证券	126. 98	−3. 24	129. 33	2. 35	130. 84	1. 51
000166. SZ	申万宏源	131. 00	−2. 71	136. 74	5. 74	130. 47	−6. 27
000776. SZ	广发证券	163. 37	−15. 78	147. 26	−16. 11	129. 57	−17. 69
601881. SH	中国银河	138. 29	4. 73	129. 89	−8. 40	129. 20	−0. 69
601211. SH	国泰君安	130. 54	−9. 63	130. 09	−0. 45	128. 83	−1. 26
600030. SH	中信证券	126. 45	2. 30	129. 64	3. 19	124. 86	−4. 78
601162. SH	天风证券	121. 82	−8. 73	125. 8	3. 98	121. 91	−3. 89

资料来源：同花顺 iFinD、山东省亚太资本市场研究院。

2021~2023 年，上市证券公司宏观风控能力相关指标排名如表 33 所示。2023 年，资本杠杆率排名前 10 的证券公司分别是太平洋证券、红塔证券、中银证券、华林证券、财达证券、南京证券、西部证券、国海证券、东兴证券和国金证券；东方证券、广发证券、中国银河、中金公司和申万宏源分列最后5位。少数证券公司的资本杠杆率排名变化较大，如国海证券由2021年的第20位上升至2023年的第8位；中泰证券由第35位上升至第27位；广发证券由第29位下降至第39位。2023年，流动性覆盖率排名前10的证券公司分别是红塔证券、首创证券、天风证券、财达证券、太平洋证券、华安证券、国元证券、东北证券、中银证券和西南证券；国海证券、长江证券、山西证券、华泰证券和中信证券分列最后5位。2023年，净稳定资金率排名前10的证券公司分别是红塔证券、中银证券、太平洋证券、南京证券、财达证券、华西证券、西部证券、西南证券、华安证券和第一创业。广发证券、中国银河、国泰君安、中信证券和天风证券分列最后5位。

表33　上市证券公司宏观风控能力相关指标排名（2021~2023年）

证券代码	证券名称	资本杠杆率			流动性覆盖率			净稳定资金率		
		2021年	2022年	2023年	2021年	2022年	2023年	2021年	2022年	2023年
601236. SH	红塔证券	2	3	2	1	1	1	3	2	1
601696. SH	中银证券	3	2	3	10	19	9	1	1	2
601099. SH	太平洋	1	1	1	4	11	5	4	4	3
601990. SH	南京证券	5	4	6	3	7	14	2	3	4
600906. SH	财达证券	7	5	5	2	3	4	11	8	5
002926. SZ	华西证券	15	15	11	6	18	15	5	7	6
002673. SZ	西部证券	6	8	7	18	4	21	23	10	7
600369. SH	西南证券	18	18	19	35	35	10	22	25	8
600909. SH	华安证券	16	13	17	9	8	6	8	12	9
002797. SZ	第一创业	8	14	13	30	27	34	6	5	10
000750. SZ	国海证券	20	22	8	39	39	38	24	30	11
601198. SH	东兴证券	11	12	9	7	24	22	14	9	12
601878. SH	浙商证券	22	20	21	5	14	11	32	23	13
601555. SH	东吴证券	10	11	16	16	20	28	12	14	14
601136. SH	首创证券	14	10	12	8	2	2	15	6	15
601901. SH	方正证券	24	23	29	40	40	26	35	35	16
000783. SZ	长江证券	28	31	31	38	36	39	18	11	17
000728. SZ	国元证券	17	17	15	12	9	7	21	17	18

续表

证券代码	证券名称	资本杠杆率			流动性覆盖率			净稳定资金率		
		2021年	2022年	2023年	2021年	2022年	2023年	2021年	2022年	2023年
002945.SZ	华林证券	4	6	4	34	32	32	10	16	19
601066.SH	中信建投	31	33	32	31	26	29	33	32	20
601375.SH	中原证券	27	24	20	36	34	33	28	21	21
002939.SZ	长城证券	21	9	14	17	10	13	26	20	22
600918.SH	中泰证券	35	34	27	20	15	12	27	18	23
601788.SH	光大证券	12	16	18	27	29	24	19	22	24
002500.SZ	山西证券	33	37	30	41	41	40	9	13	25
000686.SZ	东北证券	26	25	23	22	21	8	20	28	26
601108.SH	财通证券	39	27	28	28	5	23	25	34	27
600837.SH	海通证券	19	19	22	24	16	25	17	19	28
600109.SH	国金证券	9	7	10	25	13	20	30	29	29
600999.SH	招商证券	34	38	37	19	33	36	29	26	30
002736.SZ	国信证券	25	30	35	11	25	19	7	15	31
601456.SH	国联证券	13	21	34	32	38	37	16	31	32
601377.SH	兴业证券	37	32	36	13	22	16	39	33	33
601995.SH	中金公司	41	41	41	14	23	31	34	24	34
600958.SH	东方证券	42	35	38	23	28	30	36	36	35
601688.SH	华泰证券	30	36	33	37	37	41	40	41	36
000166.SZ	申万宏源	40	42	42	33	31	35	37	37	37
000776.SZ	广发证券	29	39	39	29	30	27	13	27	38
601881.SH	中国银河	32	40	40	21	12	17	31	39	39
601211.SH	国泰君安	23	28	25	26	17	18	38	38	40
600030.SH	中信证券	38	26	24	42	42	42	41	40	41
601162.SH	天风证券	36	29	26	15	6	3	42	42	42

资料来源：同花顺 iFinD、山东省亚太资本市场研究院。

七 成长能力评价

上市证券公司的成长能力包括营业收入增长率、营业利润增长率和总资

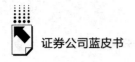

产增长率。

表 34 显示了 2021~2023 年上市证券公司营业收入增长率情况。2023 年，天风证券的营业收入增长率最高，为 100.0%；红塔证券次之，为 50.0%。财达证券、东兴证券、中泰证券、财通证券、西部证券的营业收入增长率也均在 30% 以上。兴业证券等 14 家上市证券公司的营业收入增长率为负，其中海通证券、中金公司、中信建投、山西证券和华林证券的降幅超过 10%。

从营业收入变化来看，2021~2023 年，多数上市证券公司营业收入有所下降。部分证券公司营业收入下降幅度相对较大，如红塔证券营业收入在 2021 年为 67 亿元，2023 年下降至 12 亿元；国信证券由 238 亿元下降至 173 亿元；海通证券由 432 亿元下降至 230 亿元。少数上市证券公司营业收入有所上升，如财通证券由 64 亿元上升至 65 亿元；国元证券由 61 亿元上升至 64 亿元。

表 34　上市证券公司营业收入增长率（2021~2023 年）

单位：亿元，%

证券代码	证券名称	2021 年	2021 年增长率	2022 年	2022 年增长率	2023 年	2023 年增长率
601162. SH	天风证券	44	0.0	17	−61.4	34	100.0
601236. SH	红塔证券	67	19.6	8	−88.1	12	50.0
600906. SH	财达证券	25	25.0	16	−36.0	23	43.8
601198. SH	东兴证券	54	−5.3	34	−37.0	47	38.2
600918. SH	中泰证券	131	26.0	93	−29.0	128	37.6
601108. SH	财通证券	64	−1.5	48	−25.0	65	35.4
002673. SZ	西部证券	68	30.8	53	−22.1	69	30.2
002939. SZ	长城证券	78	13.0	31	−60.3	40	29.0
600369. SH	西南证券	31	−3.1	18	−41.9	23	27.8
000686. SZ	东北证券	75	13.6	51	−32.0	65	27.5
601990. SH	南京证券	27	12.5	20	−25.9	25	25.0
000728. SZ	国元证券	61	35.6	53	−13.1	64	20.8
601136. SH	首创证券	21	23.5	16	−23.8	19	18.8
600109. SH	国金证券	73	19.7	57	−21.9	67	17.5
601099. SH	太平洋	16	33.3	12	−25.0	14	16.7
000750. SZ	国海证券	52	15.6	36	−30.8	42	16.7

续表

证券代码	证券名称	2021 年	2021 年增长率	2022 年	2022 年增长率	2023 年	2023 年增长率
600909. SH	华安证券	35	2.9	32	−8.6	37	15.6
601456. SH	国联证券	30	57.9	26	−13.3	30	15.4
601688. SH	华泰证券	379	20.7	320	−15.6	366	14.4
002736. SZ	国信证券	238	26.6	159	−33.2	173	8.8
000783. SZ	长江证券	86	10.3	64	−25.6	69	7.8
601555. SH	东吴证券	92	24.3	105	14.1	113	7.6
601375. SH	中原证券	44	41.9	19	−56.8	20	5.3
601878. SH	浙商证券	164	54.7	168	2.4	176	4.8
000166. SZ	申万宏源	343	16.7	206	−39.9	215	4.4
600999. SH	招商证券	294	21.0	192	−34.7	198	3.1
601211. SH	国泰君安	428	21.6	355	−17.1	361	1.7
601881. SH	中国银河	360	51.9	336	−6.7	336	0.0
601377. SH	兴业证券	190	8.0	107	−43.7	106	−0.9
601696. SH	中银证券	33	3.1	30	−9.1	29	−3.3
002797. SZ	第一创业	33	6.5	26	−21.2	25	−3.8
002926. SZ	华西证券	51	8.5	34	−33.3	32	−5.9
000776. SZ	广发证券	342	17.1	251	−26.6	233	−7.2
601788. SH	光大证券	167	5.0	108	−35.3	100	−7.4
600030. SH	中信证券	765	40.6	651	−14.9	601	−7.7
600958. SH	东方证券	244	5.6	187	−23.4	171	−8.6
601901. SH	方正证券	86	14.7	78	−9.3	71	−9.0
600837. SH	海通证券	432	13.1	259	−40.0	230	−11.2
601995. SH	中金公司	301	27.0	261	−13.3	230	−11.9
601066. SH	中信建投	299	27.8	276	−7.7	232	−15.9
002500. SZ	山西证券	40	21.2	42	5.0	35	−16.7
002945. SZ	华林证券	14	−6.7	14	0.0	10	−28.6

资料来源：同花顺 iFinD、山东省亚太资本市场研究院。

　　表 35 显示了 2021~2023 年上市证券公司营业利润增长率。2023 年，西南证券营业利润增长率最高，为 400.0%。东北证券和中泰证券次之，分别达到 250.0% 和 225.0%。西部证券、东兴证券、中原证券、申万宏源、财达证券的

增速均在 100.0% 及以上。方正证券等 15 家证券公司的营业利润增长率为负，其中天风证券、太平洋证券和红塔证券的降幅超过 100%。

从营业利润变化来看，2021~2023 年，多数上市证券公司营业利润有所降低。部分上市证券公司营业利润下降幅度相对较大，如中泰证券营业利润由 2021 年的 43 亿元下降至 2023 年的 26 亿元；国信证券由 123 亿元下降至 68 亿元；海通证券由 185 亿元下降至 15 亿元。仅有太平洋证券的营业利润有所增加，由 2021 年的 2 亿元上升至 2023 年的 3 亿元。

表 35　上市证券公司营业利润增长率（2021~2023 年）

单位：亿元，%

证券代码	证券名称	2021 年	2021 年增长率	2022 年	2022 年增长率	2023 年	2023 年增长率
600369. SH	西南证券	10	-16.7	1	-90.0	5	400.0
000686. SZ	东北证券	21	16.7	2	-90.5	7	250.0
600918. SH	中泰证券	43	30.3	8	-81.4	26	225.0
002673. SZ	西部证券	19	26.7	6	-68.4	15	150.0
601198. SH	东兴证券	20	0.0	5	-75.0	11	120.0
601375. SH	中原证券	7	600.0	1	-85.7	2	100.0
000166. SZ	申万宏源	111	18.1	31	-72.1	62	100.0
600906. SH	财达证券	9	28.6	4	-55.6	8	100.0
002939. SZ	长城证券	22	22.2	8	-63.6	15	87.5
601108. SH	财通证券	30	7.1	16	-46.7	26	62.5
600109. SH	国金证券	29	26.1	14	-51.7	21	50.0
002926. SZ	华西证券	22	-8.3	4	-81.8	5	25.0
601688. SH	华泰证券	163	20.7	121	-25.8	147	21.5
000750. SZ	国海证券	12	20.0	5	-58.3	6	20.0
601555. SH	东吴证券	32	39.1	22	-31.2	26	18.2
601136. SH	首创证券	11	37.5	7	-36.4	8	14.3
002500. SZ	山西证券	10	0.0	7	-30.0	8	14.3
601990. SH	南京证券	13	30.0	8	-38.5	9	12.5
002736. SZ	国信证券	123	43.0	61	-50.4	68	11.5
601696. SH	中银证券	12	9.1	9	-25.0	10	11.1
600909. SH	华安证券	18	12.5	14	-22.2	15	7.1
600999. SH	招商证券	138	22.1	88	-36.2	93	5.7

证券代码	证券名称	2021 年	2021 年增长率	2022 年	2022 年增长率	2023 年	2023 年增长率
601878.SH	浙商证券	29	31.8	21	−27.6	22	4.8
000728.SZ	国元证券	24	33.3	21	−12.5	22	4.8
601881.SH	中国银河	129	40.2	79	−38.8	82	3.8
000783.SZ	长江证券	32	14.3	16	−50.0	16	0.0
601066.SH	中信建投	130	6.6	95	−26.9	95	0.0
601901.SH	方正证券	27	68.8	23	−14.8	22	−4.3
600030.SH	中信证券	324	57.3	288	−11.1	261	−9.4
601211.SH	国泰君安	193	28.7	143	−25.9	122	−14.7
000776.SZ	广发证券	150	10.3	104	−30.7	88	−15.4
600958.SH	东方证券	62	129.6	32	−48.4	27	−15.6
002797.SZ	第一创业	10	0.0	5	−50.0	4	−20.0
601456.SH	国联证券	12	50.0	10	−16.7	8	−20.0
601995.SH	中金公司	130	49.4	91	−30.0	71	−22.0
601377.SH	兴业证券	77	24.2	41	−46.8	30	−26.8
601788.SH	光大证券	54	−1.8	39	−27.8	26	−33.3
002945.SZ	华林证券	5	−44.4	5	0.0	3	−40.0
600837.SH	海通证券	185	16.4	79	−57.3	15	−81.0
601162.SH	天风证券	6	−25.0	−19	−416.7	2	−110.5
601099.SH	太平洋	2	−128.6	−5	−350.0	3	−160.0
601236.SH	红塔证券	20	11.1	−2	−110.0	3	−250.0

资料来源：同花顺 iFinD、山东省亚太资本市场研究院。

表 36 显示了 2021~2023 年上市证券公司总资产增长率。2023 年，方正证券的总资产增长率最高，为 22.5%。国信证券、国联证券、东吴证券、长城证券的增速均在 15.0% 以上。中泰证券等 8 家证券公司的总资产增速为负，其中第一创业、华林证券、国海证券、山西证券、华西证券的降幅超过 5.0%。

从总资产变化来看，2021~2023 年，多数上市证券公司总资产有所增加。部分上市证券公司总资产增加幅度相对较大，如中信证券总资产由 2021 年的 12787 亿元，增加至 2023 年的 14534 亿元；国信证券由 3623 亿元

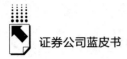

增加至 4630 亿元；方正证券由 1726 亿元增加至 2224 亿元。部分证券公司总资产有所减少，如中原证券由 537 亿元下降至 517 亿元，华林证券由 206 亿元下降至 196 亿元。

表 36　上市证券公司总资产增长率（2021~2023 年）

单位：亿元，%

证券代码	证券名称	2021 年	2021 年增长率	2022 年	2022 年增长率	2023 年	2023 年增长率
601901.SH	方正证券	1726	40.0	1816	5.2	2224	22.5
002736.SZ	国信证券	3623	19.6	3943	8.8	4630	17.4
601456.SH	国联证券	659	42.6	744	12.9	871	17.1
601555.SH	东吴证券	1243	17.8	1360	9.4	1575	15.8
002939.SZ	长城证券	927	28.4	1002	8.1	1156	15.4
600109.SH	国金证券	885	30.9	1022	15.5	1170	14.5
600999.SH	招商证券	5972	19.5	6117	2.4	6959	13.8
601990.SH	南京证券	517	15.9	517	0.0	585	13.2
601377.SH	兴业证券	2175	20.2	2459	13.1	2736	11.3
600030.SH	中信证券	12787	21.4	13083	2.3	14534	11.1
000776.SZ	广发证券	5359	17.1	6173	15.2	6822	10.5
601136.SH	首创证券	326	23.0	397	21.8	432	8.8
601696.SH	中银证券	627	16.1	643	2.6	694	7.9
600909.SH	华安证券	736	25.6	739	0.4	796	7.7
601211.SH	国泰君安	7913	12.6	8607	8.8	9254	7.5
000783.SZ	长江证券	1597	18.8	1590	-0.4	1707	7.4
601688.SH	华泰证券	8067	12.5	8466	4.9	9055	7.0
600906.SH	财达证券	453	15.9	438	-3.3	467	6.6
601108.SH	财通证券	1104	14.2	1257	13.9	1338	6.4
601878.SH	浙商证券	1253	37.5	1370	9.3	1455	6.2
601881.SH	中国银河	5601	25.7	6252	11.6	6632	6.1
000686.SZ	东北证券	801	16.6	789	-1.5	833	5.6
600369.SH	西南证券	823	3.9	810	-1.6	847	4.6
600958.SH	东方证券	3266	12.2	3681	12.7	3837	4.2
601099.SH	太平洋	200	-11.9	153	-23.5	159	3.9
000166.SZ	申万宏源	6010	22.4	6131	2.0	6354	3.6
601375.SH	中原证券	537	2.5	502	-6.5	517	3.0

证券代码	证券名称	2021 年	2021 年增长率	2022 年	2022 年增长率	2023 年	2023 年增长率
000728. SZ	国元证券	1146	26.5	1295	13.0	1329	2.6
601066. SH	中信建投	4528	22.0	5100	12.6	5228	2.5
601236. SH	红塔证券	442	15.4	461	4.3	470	2.0
601162. SH	天风证券	966	18.7	982	1.7	995	1.3
002673. SZ	西部证券	851	33.2	957	12.5	962	0.5
601788. SH	光大证券	2391	4.5	2584	8.1	2596	0.5
600837. SH	海通证券	7449	7.3	7536	1.2	7546	0.1
600918. SH	中泰证券	2047	17.3	1989	−2.8	1957	−1.6
601198. SH	东兴证券	990	14.6	1018	2.8	993	−2.5
601995. SH	中金公司	6498	24.6	6488	−0.2	6243	−3.8
002797. SZ	第一创业	431	6.2	478	10.9	453	−5.2
002945. SZ	华林证券	206	−16.9	207	0.5	196	−5.3
000750. SZ	国海证券	759	4.5	738	−2.8	697	−5.6
002500. SZ	山西证券	763	22.1	829	8.7	776	−6.4
002926. SZ	华西证券	958	24.1	977	2.0	889	−9.0

资料来源：同花顺 iFinD、山东省亚太资本市场研究院。

2021~2023 年，上市证券公司成长能力相关指标排名如表 37 所示。2023 年，营业收入增长率排名前 10 的证券公司分别是天风证券、红塔证券、财达证券、东兴证券、中泰证券、财通证券、西部证券、长城证券、西南证券和东北证券；海通证券、中金公司、中信建投、山西证券和华林证券分列最后 5 位。同年，营业利润增长率排名前 10 的证券公司分别是西南证券、东北证券、中泰证券、西部证券、东兴证券、申万宏源、财达证券、中原证券、长城证券和财通证券；华林证券、海通证券、天风证券、太平洋证券和红塔证券分列最后 5 位。另外，总资产增长率排名前 10 的证券公司分别是方正证券、国信证券、国联证券、东吴证券、长城证券、国金证券、招商证券、南京证券、兴业证券和中信证券。

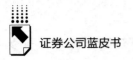

表37 上市证券公司成长能力相关指标排名（2021~2023年）

证券代码	证券名称	营业收入增长率			营业利润增长率			总资产增长率		
		2021年	2022年	2023年	2021年	2022年	2023年	2021年	2022年	2023年
601901.SH	方正证券	25	9	37	3	4	28	2	20	1
002736.SZ	国信证券	11	29	20	7	26	19	18	15	2
601456.SH	国联证券	1	11	18	5	5	33	1	7	3
601555.SH	东吴证券	14	1	22	9	16	15	22	13	4
002939.SZ	长城证券	28	40	8	20	31	9	6	18	5
600109.SH	国金证券	20	17	14	18	27	11	5	2	6
600999.SH	招商证券	18	31	26	21	17	22	19	25	7
601990.SH	南京证券	29	24	11	14	19	18	27	33	8
601377.SH	兴业证券	32	38	29	19	22	36	17	5	9
600030.SH	中信证券	5	13	35	4	2	29	16	26	10
000776.SZ	广发证券	22	25	33	30	15	31	24	3	11
601136.SH	首创证券	15	20	13	10	18	17	12	1	12
601696.SH	中银证券	36	8	30	31	7	20	26	24	13
600909.SH	华安证券	37	7	17	28	6	21	9	32	14
601211.SH	国泰君安	16	15	27	15	9	30	32	16	15
000783.SZ	长江证券	30	23	21	27	25	27	20	35	16
601688.SH	华泰证券	19	14	19	22	8	13	33	21	17
600906.SH	财达证券	13	33	3	16	28	7	28	40	18
601108.SH	财通证券	39	21	6	32	21	10	31	4	19
601878.SH	浙商证券	2	3	24	12	11	23	3	14	20
601881.SH	中国银河	3	5	28	8	20	25	8	11	21
000686.SZ	东北证券	26	28	10	25	39	2	25	36	22
600369.SH	西南证券	40	37	9	39	38	1	39	37	23
600958.SH	东方证券	34	19	36	2	23	32	34	8	24
601099.SH	太平洋	7	22	16	42	41	41	41	42	25
000166.SZ	申万宏源	23	35	25	24	33	6	13	27	26
601375.SH	中原证券	4	39	23	1	37	8	40	41	27
000728.SZ	国元证券	6	10	12	11	3	24	7	6	28
601066.SH	中信建投	9	6	40	33	10	26	15	9	29

续表

证券代码	证券名称	营业收入增长率			营业利润增长率			总资产增长率		
		2021年	2022年	2023年	2021年	2022年	2023年	2021年	2022年	2023年
601236.SH	红塔证券	21	42	2	29	40	42	29	22	30
601162.SH	天风证券	38	41	1	40	42	40	21	29	31
601788.SH	光大证券	35	32	34	37	12	37	37	19	32
002673.SZ	西部证券	8	18	7	17	32	4	4	10	33
600837.SH	海通证券	27	36	38	26	29	39	35	30	34
600918.SH	中泰证券	12	26	5	13	35	5	23	39	35
601198.SH	东兴证券	41	34	4	34	34	5	30	23	36
601995.SH	中金公司	10	12	39	6	13	35	10	34	37
002797.SZ	第一创业	33	16	31	36	24	34	36	12	38
002945.SZ	华林证券	42	4	42	41	1	38	42	31	39
000750.SZ	国海证券	24	27	15	23	30	14	38	38	40
002500.SZ	山西证券	17	2	41	35	14	16	14	17	41
002926.SZ	华西证券	31	30	32	38	36	12	11	28	42

资料来源：同花顺 iFinD、山东省亚太资本市场研究院。

八　证券公司竞争力评价

2023 年上市证券公司竞争力综合排名如表 38 所示。中信证券、华泰证券、招商证券、首创证券、国泰君安、国信证券、光大证券、财达证券、广发证券和中国银河分列排名前 10 位。其中，中信证券、华泰证券、招商证券等规模较大的证券公司，经营能力和赢利能力排名相对靠前，微观风控能力、宏观风控能力和成长能力排名相对靠后。首创证券的赢利能力、宏观风控能力排名相对靠前，经营能力排名相对靠后。东兴证券、国联证券、山西证券、海通证券、华西证券、天风证券、国海证券、中原证券、第一创业和华林证券分列排名最后 10 位。其中，海通证券的经营能力排名较高，而赢利能力等排名相对靠后。

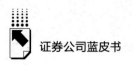

表38 上市证券公司竞争力综合排名（2023年）

单位：分

证券代码	证券名称	经营能力排名	赢利能力排名	微观风控能力排名	宏观风控能力排名	成长能力排名	百分制	排名
600030. SH	中信证券	1	2	38	42	28	100. 00	1
601688. SH	华泰证券	3	4	29	41	14	85. 35	2
600999. SH	招商证券	6	1	40	37	20	80. 46	3
601136. SH	首创证券	40	8	14	2	15	79. 21	4
601211. SH	国泰君安	2	14	35	21	29	76. 02	5
002736. SZ	国信证券	11	9	15	22	16	74. 12	6
601788. SH	光大证券	14	3	9	23	38	72. 47	7
600906. SH	财达证券	39	15	16	4	6	71. 56	8
000776. SZ	广发证券	5	10	28	32	30	71. 02	9
601881. SH	中国银河	7	18	21	19	26	69. 65	10
600909. SH	华安证券	31	6	24	7	17	68. 81	11
601066. SH	中信建投	10	7	41	30	33	68. 68	12
000166. SZ	申万宏源	8	21	13	40	9	66. 79	13
601696. SH	中银证券	34	13	4	6	21	66. 77	14
601108. SH	财通证券	20	5	33	26	10	66. 13	15
601099. SH	太平洋	42	29	1	3	41	65. 57	16
601990. SH	南京证券	35	20	2	9	12	65. 25	17
002939. SZ	长城证券	23	11	27	14	7	63. 61	18
600109. SH	国金证券	22	16	6	20	11	62. 98	19
000728. SZ	国元证券	21	12	18	8	19	61. 56	20
601995. SH	中金公司	9	17	39	35	37	61. 20	21
600369. SH	西南证券	28	33	8	11	1	60. 68	22
600918. SH	中泰证券	16	28	30	15	3	56. 76	23
601236. SH	红塔证券	36	35	3	1	42	54. 63	24
002673. SZ	西部证券	24	27	12	16	4	53. 97	25
601901. SH	方正证券	15	19	26	24	25	53. 71	26
601377. SH	兴业证券	13	26	11	17	34	52. 31	27
601878. SH	浙商证券	19	25	19	12	23	49. 99	28
601555. SH	东吴证券	18	22	25	25	13	49. 80	29
600958. SH	东方证券	12	32	7	34	35	47. 10	30
000686. SZ	东北证券	29	34	34	10	2	46. 03	31

证券代码	证券名称	经营能力排名	赢利能力排名	微观风控能力排名	宏观风控能力排名	成长能力排名	百分制	排名
000783. SZ	长江证券	17	23	22	36	24	45.32	32
601198. SH	东兴证券	25	31	17	18	5	45.03	33
601456. SH	国联证券	30	24	37	38	22	39.81	34
002500. SZ	山西证券	32	30	32	39	32	34.83	35
600837. SH	海通证券	4	41	36	28	40	32.25	36
002926. SZ	华西证券	27	37	20	13	27	31.89	37
601162. SH	天风证券	26	40	42	5	31	29.73	38
000750. SZ	国海证券	33	38	10	33	18	29.41	39
601375. SH	中原证券	37	39	23	31	8	27.59	40
002797. SZ	第一创业	38	36	31	29	36	26.90	41
002945. SZ	华林证券	41	42	5	27	39	17.77	42

资料来源：同花顺 iFinD、山东省亚太资本市场研究院。

参考文献

孙国茂主编《中国证券公司竞争力研究报告（2023）》，社会科学文献出版社，2023。

孙国茂主编《中国证券公司竞争力研究报告（2022）》，社会科学文献出版社，2022。

孙国茂主编《中国证券公司竞争力研究报告（2021）》，社会科学文献出版社，2021。

孙国茂：《中国证券市场宏观审慎监管研究》，中国金融出版社，2020。

孙国茂、张辉、张运才：《宏观审慎监管与证券市场系统性风险测度研究》，《济南大学学报》（社会科学版）2020 年第 6 期。

孙国茂、李猛：《宏观审慎监管下的证券公司系统重要性评价体系研究》，《山东大学学报》（哲学社会科学版）2020 年第 5 期。

綦天佐、孙国茂：《新发展格局下中国式现代金融体系的构建》，《南海学刊》2024 年第 2 期。

评价篇

B.2

中国证券公司经营分析报告（2024）

刘 叶 李宗超*

摘 要: 2023 年，我国证券公司及上市证券公司数量继续增加，行业竞争更加激烈，证券行业"马太效应"明显。上市证券公司作为行业主力军，全年实现增收增利，业绩表现优于整个行业。受监管政策和证券市场影响，全年经纪业务收入、投资银行业务收入和资产管理业务收入均呈现下降态势，而自营业务挑起营业收入大梁，不但成为上市证券公司业绩的重要增长点，还成为上市券商的主要收入来源。年末，上市证券公司资产规模稳定增长，但资产收益率出现下降。上市证券公司经营活动现金流净额由上年正数变为负数，伴随着业务规模扩大以及流动资金需求增加，证券公司融资需求依然较大。随着监管部门对市值管理考核的重视，上市证券公司作为市值管理的专业服务商，自身市值表现更能体现其市值管理水平，2023 年，七成

---

* 刘叶，菲律宾伊密里欧学院博士，研究方向为教育管理；李宗超，山东省亚太资本市场研究院高级研究员，研究方向为证券投资、商业银行。

上市证券公司市值实现增长。

关键词： 证券公司 业务收入 财务指标 自营业务

在资本市场全面深化改革、高水平对外开放提速的背景下，证券行业竞争日趋激烈，大型证券公司凭借较强的资本实力、综合的业务结构、领先的创新能力和全面的风险控制做优做强，中小证券公司依靠股东背景、专业禀赋和区域赋能做精做细。未来，有望形成头部证券公司航母化和中小证券公司精品化共存格局，共同服务于多层次资本市场的参与主体。尽管证券公司呈现出齐头并进、百花齐放局面，但整个行业"马太效应"明显，上市证券公司对整个行业的净利润贡献逾七成，营业收入排名前 10 的上市券商的营收规模占整个行业的七成，资产占比更是接近行业的八成，已成为整个行业的主力军。对比整个行业，2023 年，上市证券公司表现优异。全年证券行业呈现增收不增利状态，经营情况不容乐观，而同期上市证券公司却实现增收且增利状态，营业质量好于整个行业。由于上市证券公司在整个行业中处于优势地位，分析其经营表现既可以反映整个行业的生存状况，又可以反映整个行业所呈现出来的时代特征，在"金融强国"时代背景下更具现实意义。

一 证券公司数量

根据中国证券业协会公布的数据，2023 年，我国证券公司共计 145 家，比上年增加 5 家。2014~2023 年共增长 28 家，平均每年增长近 3 家。近年来，证券公司登陆 A 股市场数量不断增加，由 2014 年的 20 家增至 2023 年的 44 家，上市证券公司数量占比由 2014 年的 17.09%增至 2023 年的 30.34%，共提升 13.25 个百分点（见图 1）。信达证券为 2023 年新上市证券公司；渤海证券、开源证券、东莞证券、财信证券、华龙证券和华宝证券正处于 IPO 进程中。2020 年 9 月，中国证监会颁布的《关于加强上市证券公司监管的规定》中明确提出，上市证券公司具有证券公司与上市公司的双重属性，作为证券公司，要适用证券公司监管相关法规；作为上市公司，要适用上市、发行监管相关法规。

图1 证券公司及上市证券公司数量统计（2014~2023年）

资料来源：中国证券业协会、Wind、山东省亚太资本市场研究院。

二 证券公司财务状况

（一）营业收入小幅上涨

2023年，我国经济总体回升向好，国内生产总值（GDP）超过126万亿元，按不变价格计算，比上年增长5.2%。但整体而言，宏观经济复苏仍显偏弱，尤其是工业生产总体走弱，工业增加值增速不仅低于GDP增速，还低于2020~2022年的平均水平。① 受存款利率下调以及央行两次降息、两

---

① 张平、杨耀武：《"NIFD季报"结构修复、经济韧性与政策支持——2023年度国内宏观经济》，"国家金融与发展实验室"百家号，2024年3月13日，https://baijiahao.baidu.com/s?id=1793410873037220404&wfr=spider&for=pc。

度降准的影响，国债收益率下行明显。继 2022 年上证综指、深证成指、创业板指三大股票指数下跌之后，2023 年三大指数继续下跌，股票成交量及成交额都有所下降；同时，IPO 规模和再融资规模也出现下降。尽管如此，证券公司的整体收入依然呈现增长态势。根据中国证券业协会公布的数据①，2023 年，145 家证券公司实现营业收入 4059.02 亿元，同比增长 2.77%。作为行业主力军的上市证券公司，其营业收入同样实现增长。根据 Wind 合并报表口径数据，2023 年 44 家上市证券公司实现营业收入 5009.76 亿元②，同比增长 1.19%，但合计仍小于中国电信营业收入。③ 如果把 44 家上市券商看作一家上市公司，其营业收入将在全国排第 23 位。2023 年实现营业收入超百亿元的证券公司共 17 家，数量与上年持平。中信证券排在首位，其营业收入达 600.68 亿元，远高于其他证券公司。

与上年相比，2023 年营业收入实现增长的上市证券公司共计 29 家，占比 65.91%。其中，增幅超过 40% 的证券公司有 3 家，分别为天风证券、红塔证券和财达证券，分别增长 99.10%、43.63% 和 40.96%，天风证券成为 2023 年营业收入增幅最高的公司。相反，作为上市证券公司中营业收入最少的华林证券，其营业收入同比下降 27.38%，成为 2023 年营业收入下降幅度最大的证券公司。另外，作为证券行业"一哥"的中信证券，2023 年营业收入同比下降 7.74%。44 家上市证券公司的财务指标见表 1。

2023 年，天风证券营业收入实现大幅增长，主要是因为其自营业务、公允价值变动收益和其他业务收入与 2022 年相比出现较大增长。通过市场预判及风险管理，尽可能地缓解市场波动的不利影响，稳健开展投资业务，天风证券 2023 年实现自营业务收入 20.44 亿元，同比上升 434.82%；"公允

---

① 《中国证券业协会发布证券公司 2023 年度经营数据》，中国证券业协会网站，2024 年 3 月 29 日，https://www.sac.net.cn/hysj/jysj/202403/t20240329_63785.html。

② 由于中国证券业协会和 Wind 统计口径不同，营业收入、净利润、资本规模等财务指标数据存在差异，但不影响分析经营结果。

③ 2023 年中国电信营业收入为 5078.43 亿元，居我国上市公司第 22 名。

表1 上市证券公司财务指标（2023年）

单位：亿元，%

公司简称	总市值	增长	营业收入	增长	净利润	增长	总资产	增长	净资产	增长	ROA	ROE	经营活动现金流净额	增长
中信证券	2863.71	2.33	600.68	-7.74	205.39	-7.35	14533.59	11.09	2741.99	6.13	1.41	7.49	-408.37	-152.01
华泰证券	1179.71	9.81	365.78	14.19	130.36	14.70	9055.08	6.96	1822.17	8.56	1.44	7.15	-314.58	-146.84
国泰君安	1228.77	8.69	361.41	1.89	98.85	-14.94	9254.02	7.52	1733.78	5.83	1.07	5.70	72.04	-85.80
中国银河	1010.97	39.55	336.44	0.01	78.84	1.58	6632.05	6.08	1304.95	27.17	1.19	6.04	-442.61	-243.71
广发证券	989.91	-8.97	233.00	-7.29	78.63	-11.63	6821.82	10.52	1406.76	12.73	1.15	5.59	-89.19	-117.83
中信建投	1615.73	-0.24	232.43	-15.68	70.47	-6.25	5227.52	2.51	975.26	4.54	1.35	7.23	-200.57	-150.16
中金公司	1310.11	-4.24	229.90	-11.87	61.64	-18.84	6243.07	-3.77	1048.97	5.45	0.99	5.88	-105.84	-121.19
海通证券	1033.48	4.90	229.53	-11.54	-3.11	-105.99	7545.87	0.13	1748.00	-1.59	-0.04	-0.18	30.53	-65.38
申万宏源	1032.82	11.13	215.01	4.32	54.75	74.39	6354.37	3.64	1287.94	10.38	0.86	4.25	692.47	86.24
招商证券	1086.17	1.11	198.21	3.13	87.69	8.54	6958.53	13.76	1220.37	5.90	1.26	7.19	271.04	-56.64
浙商证券	404.50	5.04	176.38	4.90	18.24	7.18	1455.28	6.25	282.71	3.52	1.25	6.45	59.10	1029.95
国信证券	820.90	-3.83	173.17	9.08	64.27	5.63	4629.60	17.40	1104.60	3.34	1.39	5.82	-478.56	551.85
东方证券	681.96	-2.87	170.90	-8.75	27.57	-8.43	3836.90	4.24	787.60	1.76	0.72	3.50	214.59	-0.73
中泰证券	478.05	7.02	127.62	36.86	20.61	193.03	1956.59	-1.63	423.28	6.70	1.05	4.87	-7.24	-104.38
东吴证券	366.05	11.94	112.81	7.58	20.12	15.69	1574.95	15.84	402.92	4.44	1.28	4.99	-96.03	-141.50
兴业证券	506.93	2.26	106.27	-0.30	26.68	-20.19	2736.11	11.29	609.71	7.27	0.98	4.38	-103.60	-145.73
光大证券	635.40	3.51	100.31	-6.94	43.01	32.71	2596.04	0.48	678.95	4.80	1.66	6.33	155.81	-14.99
方正证券	663.51	26.33	71.19	-8.46	22.48	2.05	2224.42	22.48	460.91	5.05	1.01	4.88	-83.11	53.66

续表

公司简称	总市值	增长	营业收入	增长	净利润	增长	总资产	增长	净资产	增长	ROA	ROE	经营活动现金流净额	增长
长江证券	297.51	0.94	68.96	8.23	15.41	0.69	1707.29	7.39	347.71	12.67	0.90	4.43	46.70	101.15
西部证券	284.71	4.60	68.94	29.87	11.98	161.61	962.21	0.58	281.23	3.55	1.24	4.26	2.51	-105.28
国金证券	338.17	4.37	67.30	17.39	17.46	44.89	1170.32	14.53	327.97	4.67	1.49	5.32	-56.25	-184.42
财通证券	360.35	8.99	65.17	35.03	22.51	48.44	1337.54	6.41	346.27	5.01	1.68	6.50	-74.60	48.30
东北证券	166.17	9.23	64.75	27.53	6.96	155.30	833.34	5.62	188.99	1.30	0.83	3.68	-18.82	-169.34
国元证券	298.05	7.90	63.55	18.99	18.69	7.73	1328.56	2.61	345.95	4.97	1.41	5.40	-52.95	-238.15
东兴证券	266.03	6.61	47.35	38.08	8.22	58.89	992.80	-2.43	271.08	3.91	0.83	3.03	-11.65	-110.25
国海证券	226.07	24.69	41.88	15.81	4.20	11.52	697.37	-5.56	227.19	17.49	0.60	1.85	4.36	-117.26
长城证券	322.75	-3.38	39.91	27.65	14.28	56.24	1156.42	15.36	290.69	3.53	1.23	4.91	-47.21	-30.28
东方财富	2226.32	-13.15	38.88	-16.01	81.93	-3.71	2395.78	13.07	719.63	10.43	3.42	11.39	-31.38	-345.62
华安证券	229.25	6.32	36.52	15.61	12.92	12.24	795.58	7.67	211.49	4.64	1.62	6.11	-49.72	2209.11
信达证券	583.42	—	34.83	1.33	15.43	17.02	779.24	18.51	183.40	29.32	1.98	8.41	24.18	-68.39
山西证券	193.49	1.70	34.71	-16.58	5.92	4.43	775.90	-6.42	181.53	1.74	0.76	3.26	9.26	-24.53
天风证券	267.77	7.67	34.27	99.10	4.19	-128.77	995.48	1.36	245.86	3.09	0.42	1.70	90.53	-172.72
华西证券	203.70	3.05	31.81	-5.77	4.20	0.52	888.90	-9.06	228.02	1.61	0.47	1.84	6.55	-62.82
国联证券	272.74	-4.38	29.55	12.68	6.75	-12.09	871.29	17.14	181.24	8.13	0.77	3.72	-7.14	-180.83
中银证券	285.86	-2.65	29.40	-0.64	9.02	11.19	694.46	7.95	172.23	4.94	1.30	5.23	-70.23	-200.98
第一创业	244.16	3.20	24.89	-4.70	3.88	-16.65	452.81	-5.28	152.93	0.21	0.86	2.53	36.23	-257.72

续表

公司简称	总市值	增长	营业收入	增长	净利润	增长	总资产	增长	净资产	增长	ROA	ROE	经营活动现金流净额	增长
南京证券	294.17	0.63	24.76	23.30	6.83	5.11	585.08	13.25	175.19	3.97	1.17	3.90	-26.20	-316.71
西南证券	271.78	9.07	23.29	30.33	5.99	95.77	846.75	4.54	254.02	1.87	0.71	2.36	-15.62	-152.61
财达证券	243.38	-0.92	23.17	40.96	6.06	100.35	467.02	6.52	115.86	3.97	1.30	5.23	-6.76	-209.31
中原证券	144.06	4.73	19.68	4.62	2.02	87.86	517.02	3.03	141.50	-0.40	0.39	1.43	-4.67	-123.34
首创证券	463.57	-2.64	19.27	21.33	7.01	26.66	432.01	8.73	123.62	2.07	1.62	5.67	-6.65	-190.62
太平洋证券	252.20	43.97	13.71	16.93	2.51	-154.18	159.24	3.91	94.84	2.59	1.58	2.65	4.24	393.62
红塔证券	358.00	2.57	12.01	43.63	3.12	710.57	470.00	1.86	233.37	0.86	0.66	1.34	-39.89	-315.96
华林证券	407.70	14.57	10.15	-27.38	0.32	-93.18	196.02	-5.50	63.45	-0.36	0.16	0.50	-3.49	2036.20

资料来源：Wind、山东省亚太资本市场研究院。

价值变动收益"贡献了较多额外收入，在其交易性金融资产"池"中，期初余额为367.43亿元，而期末达到了381.80亿元，推动了庞大的公允价值变动额；同时，年内处置长期股权产生了3.63亿元的收益，而2022年该业务收益为零。虽然天风证券营业收入业绩表现亮眼，但年内传统业务收缩，投资贡献增大，未来自营业务的表现将成为影响其业绩的重要因素。

华林证券的主要业务为财富管理、自营业务、投资银行以及资产管理等。2023年，华林证券除资产管理业务收入实现上涨之外，其他业务均出现下滑。作为证券公司业务收入中贡献最大的自营业务，却拖累了华林证券的整体业绩，华林证券全年自营业务收入和营业利润均为负值，分别为-4248.37万元和-1.15亿元，而2022年这两项数据分别为1.43亿元和2330.19万元，由此可见，其自营业务收入同比下降129.66%，"靠天吃饭"特性明显。[①] 此外，年内华林证券因管理不到位产生的纠纷和多次违规遭受的处罚也影响了其业绩。

2023年，中信证券因多次违规被监管部门处罚，导致其业绩在2022年基础上再次下滑，利息净收入、手续费及佣金净收入也同比下降，其中，投资银行业务手续费净收入同比减少23.61亿元，降幅为27.28%。同时，中信证券A股IPO主承销规模同比下降66.61%。

（二）利润优于行业整体

2023年，我国证券市场持续波动，市场低迷造成交易活跃度下降，同业高度竞争下信用业务利差缩水，资管业务和自营业务、直接投资类业务收入波动剧烈且业绩分化，以及严监管环境下投资银行业务增量空间承压，导致证券行业整体增收不增利。根据中国证券业协会公布的数据，2023年，在新增5家证券公司的情况下，整个证券行业实现净利润1378.33亿元，同比下降3.14%。根据Wind合并报表口径数据，2023

---

① 数据来源：《华林证券股份有限公司2023年年度报告》和《华林证券股份有限公司2022年年度报告》。

年，44 家上市证券公司净利润合计 1404.30 亿元，同比增长 1.46%，从整体上来看，上市证券公司利润优于整个行业。如果把上市证券公司看作一家上市公司，其净利润排名位居我国上市公司第 7 名（见图 2）。2023年，共有 11 家上市证券公司净利润超过 50 亿元，其中，中信证券和华泰证券更是超过百亿元，其净利润分别为 205.39 亿元和 130.36 亿元，与上年相比，国泰君安退出了百亿元行列。华林证券净利润不足 1 亿元，仅为0.32 亿元；海通证券成为 44 家上市证券公司中唯一亏损的券商。

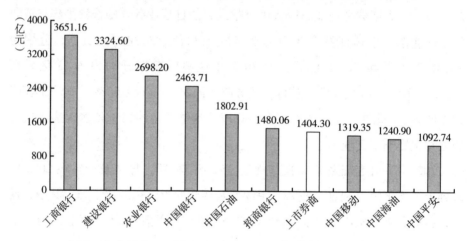

图 2　上市证券公司整体净利润在上市公司中的排名（2023 年）

资料来源：Wind、山东省亚太资本市场研究院。

与 2022 年相比，2023 年有 30 家上市证券公司实现净利润增长，占比达 68.18%，明显好于 2022 年净利润普遍下滑的状态。净利润增幅超一倍的证券公司共有 5 家，分别是红塔证券、中泰证券、西部证券、东北证券和财达证券，增幅分别为 710.57%、193.03%、161.61%、155.30% 和100.35%。其中，红塔证券净利润增幅大幅领先于其他证券公司。相反，海通证券、天风证券和太平洋证券的净利润下跌幅度均超过 100.00%，分别为 105.99%、128.77% 和 154.18%。

红塔证券通过优化大类资产配置体系，加强资产配置能力平台化建设，持续提升非方向性投资收入占比，2023 年净利润出现大幅增长。从收入结构上来看，红塔证券净利润增长主要得益于两大业务：一是利息净收入，通过优化融资结构，减少利息支出，同时增加其他债权投资业务规模，致使利息收入增加，同比增长达 393.85%；二是投资收益，2023 年扩大金融资产投资规模并优化投资结构，实现收益大幅增长，同比增长 88.03%。此外，2020 年，红塔证券与游族网络签订了一份股票质押式回购交易业务合同，由于合同提前终止，红塔证券提起诉讼追讨融资借款，除了约 2.3 亿元的本金，还包括超期利息及合同违约金，由于涉及金额较大，或成为红塔证券 2023 年业绩增长的一个重要因素。

2023 年，海通证券成为营业收入和净利润双降的头部券商，多项业务收入缩水以及子公司海通国际的亏损成为"拖累"海通证券业绩的重要因素，此外，海通证券在合规上也屡踩红线。从收入结构来看，经纪业务和投行业务手续费收入出现大幅下滑，同比下降 19.27%，利息净收入同比下降 34.16%。投资银行业务、资产管理业务、自营业务均出现不同程度下滑，尤其是自营业务亏损达 29.24 亿元。此外，作为海通证券面向全球的主要子公司，海通国际在 2023 年业绩亏损明显，营业收入亏损 15.75 亿港元，净利润亏损高达 81.56 亿港元。海通国际出现大幅亏损的原因，主要在于投资出现问题，包括中资地产美元债投资、股票、股权投资等。2023 年初至 2024 年 2 月，海通证券多项业务因踩红线被监管"关注"，反映出该公司存在合规管理不足、风险控制不当以及内部控制不健全等问题，内部控制机制可能存在缺陷，需要进一步加强。①

（三）总资产稳定增长

总资产是证券公司资本实力的体现，也是衡量头部券商的重要指标。根据中国证券业协会公布的数据，截至 2023 年末，全部证券公司总资产为 11.83 万亿元，同比增长 6.96%，继续维持稳定增长态势。根据 Wind

---

① 《归母净利润大幅缩水八成！头部券商海通证券缘何"掉队"？》，北京商报网，2024 年 4 月 1 日，https://m.bbtnews.com.cn/content/11/9e/344194.html。

合并报表口径数据，2023 年末，44 家上市证券公司总资产为 12.21 万亿元，同比增长 6.64%，增速比整个行业低 0.32 个百分点。如果把上市证券公司看作一家上市公司，其总资产居我国上市公司总资产的第 7 名，居于交通银行之后（见图 3）。中信证券是全部证券公司中唯一总资产过万亿元的券商，达 14533.59 亿元，远高于排名第 2 位的国泰君安（9254.02 亿元）和排名第 3 位的华泰证券（9055.08 亿元）。太平洋证券在上市券商中总资产最少，仅为 159.24 亿元。

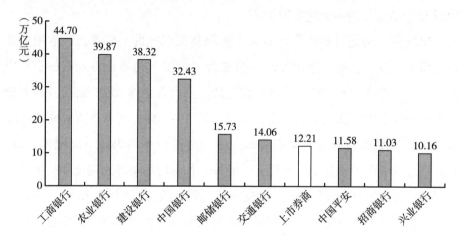

图 3　上市证券公司整体总资产在上市公司中的排名（2023 年）

资料来源：Wind、山东省亚太资本市场研究院。

根据中国人民银行公布的数据[①]，2023 年 4 季度末，我国金融业机构总资产为 461.09 万亿元，同比增长 9.9%，其中，银行业机构总资产为 417.29 万亿元，同比增长 10.0%；保险业机构总资产为 29.96 万亿元，同比增长 10.4%。对比发现，上市证券公司总资产增幅远小于我国金融业机构总资产增幅，更小于银行业机构和保险业机构总资产增幅。从 44 家上市证券公司来看，与 2022 年末相比，36 家券商总资产出现增长，占比

---

① 《2023 年 4 季度末金融业机构资产负债统计表》，中国人民银行网站，2024 年 4 月，http://www.pbc.gov.cn/diaochatongjisi/resource/cms/2024/04/2024041516111543263.htm。

81.82%。总资产增长超过 10%的上市证券公司共计 13 家，其中，方正证券以 22.48%的增速居于首位（见图 4）。相反，2023 年末，在 8 家总资产减少的上市证券公司中，华西证券降幅最大，下降了 9.06%。

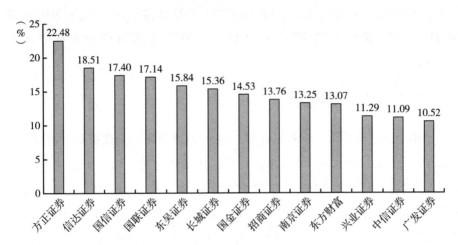

图 4　上市证券公司总资产增幅前 13 名（2023 年）

资料来源：Wind、山东省亚太资本市场研究院。

2023 年，方正证券实现营业收入 71.19 亿元、净利润 22.48 亿元，净利润连续 5 年增长，创 7 年新高。公司总资产、净资产规模持续稳定增长，资产负债结构进一步优化。截至年末，公司总资产 2224.42 亿元，同比增长 22.48%；净资产 460.91 亿元，同比增长 5.05%；财务杠杆倍数为 3.69。从其资产结构来看，年末交易性金融资产达 560.75 亿元，占总资产的 25.21%，同比增长 51.54%，主要是由于年内债券、理财等金融产品投资规模增加；年末买入返售金融资产达 129.44 亿元，占总资产的 5.82%，同比增长 20.38 倍，主要是由于年内债券逆回购规模增加。此外，占总资产比重较大的衍生金融资产、其他权益工具投资、存出保证金、递延所得税资产等均出现较大幅度增长。

2023 年，华西证券实现营业收入 31.81 亿元，净利润 4.20 亿元。截至 2023 年末，公司总资产 888.90 亿元，同比下降 9.06%；净资产 228.02 亿元，同比增长 1.61%。从其资产结构来看，年末交易性金融资产达 239.63

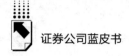

亿元，占总资产的 26.96%，同比下降 18.44%，主要是由于自营投资规模减少；货币资金资产年末达 223.62 亿元，占总资产的 25.16%，同比下降 10.42%。此外，占总资产比重较大的买入返售金融资产、债权投资、存出保证金等均出现不同程度的下降。华西证券的自营业务收入由 2019 年的 14.34 亿元锐减至 2023 年的 0.69 亿元，2023 年其自营业务收益率仅为 1.45%。

（四）净资产稳定增长

根据中国证券业协会公布的数据，截至 2023 年末，全部证券公司净资产为 2.95 万亿元，同比增长 5.73%，维持稳定增长态势，但低于总资产增幅。根据 Wind 合并报表口径数据，2023 年末，44 家上市证券公司净资产为 2.61 万亿元，同比增长 6.53%，增速比整个行业高 0.8 个百分点。如果将上市证券公司看作一家上市公司，其净资产位列我国上市公司净资产排名第 5，居于中国银行之后（见图 5）。根据中国人民银行披露的数据，2023 年末，我国金融业机构净资产为 40.31 万亿元，同比增长 8.1%，其中，银行业机构净资产为 34.16 万亿元，同比增长 8.8%；保险业机构净资产为 2.73 万亿元，同比增长 1.2%。对比发现，上市证券公司净资产增幅小于我国金融机构净资产增幅，也小于银行业机构净资产增幅，但远高于保险业机构净资产增幅。

2023 年，净资产超千亿元的上市证券公司共 10 家，比 2022 年多一家，中金公司新晋千亿元区间。这 10 家证券公司净资产达 1.54 万亿元，占全部上市证券公司的 59.00%。中信证券以 2741.99 亿元的净资产居于首位，也是唯一净资产超两千亿元的证券公司。太平洋和华林证券的净资产均不足百亿元。与 2022 年相比，2023 年有 41 家上市证券公司净资产实现了增长，其中 7 家证券公司增幅超过了 10%，信达证券、中国银河的净资产增幅更是超过了 20%，分别为 29.32%、27.17%；而华林证券、中原证券和海通证券的净资产规模有所下降，分别比 2022 年下降 0.36%、0.40% 和 1.59%。

信达证券的净资产出现大幅增长是由于其在 2023 年进行上市融资、优化资产负债结构等。中国银河经营业绩稳健增长，2023 年，实现营业收入

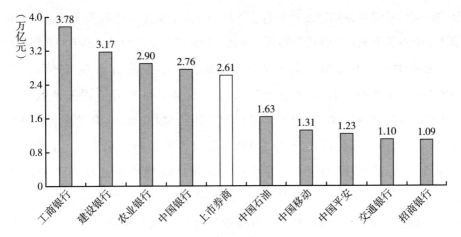

图5　上市证券公司整体净资产在上市公司中的排名（2023年）

资料来源：Wind、山东省亚太资本市场研究院。

336.44亿元，净利润78.84亿元；公司总资产、净资产规模稳定增长，年末总资产6632.05亿元，净资产1304.95亿元，为打造国内一流、国际优秀现代投行的战略目标实现了平稳开局。中国银河净资产的大幅增加主要是通过A股可转债累积转股，有效补充净资产77.81亿元，转股补充资本金后可缓解公司资本金压力，为后续公司转型夯实资金实力，同时也降低负债端成本。海通证券和华林证券净资产下降主要是由于自营等对资产影响较大的业务出现下滑或负债大幅增加。中原证券2023年计提信用减值准备5428.98万元，计提其他资产减值准备1304.41万元，合计6733.39万元，年末总资产同比增长3.03%，负债同比增长4.38%，净资产由此减少。

（五）ROA和ROE均下降

对比欧美等发达地区的证券公司，我国证券公司的资产利用率处于较低水平，开展多层次的资本市场业务有助于提升资产利用率。在证券公司的业务分类中，经纪业务、投行业务和资管业务均属于轻资产业务，依靠牌照来实现收益；自营业务和资本中介类业务属于重资产业务，主要依靠证券公司自身资产的扩张而实现。在新一轮创新周期中，由于佣金率的下滑和去通道政策的影响，

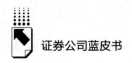

证券公司的经纪业务和通道业务占比下降；而以融资融券和股票质押为代表的资本中介业务不断扩张，成为券商一大核心利润点，也有助于提高资产利用率。

根据中国证券业协会公布的数据，2023 年，证券行业总资产收益率（ROA）为 1.17%，比上年下降 0.12 个百分点；证券行业净资产收益率（ROE）为 5.10%，比上年下降 0.43 个百分点。根据 Wind 合并报表口径数据，44 家上市证券公司 ROA 为 1.15%，略小于整个行业水平；比上年下降 0.06 个百分点，下降速度小于整个行业水平。44 家上市证券公司 ROE 为 5.37%，比上年下降 0.27 个百分点，但高于整个行业 0.27 个百分点。在 44 家上市证券公司中，ROA 大于 1.50% 的证券公司共有 7 家，小于 1.00% 的共有 18 家。年内 ROA 最高的是东方财富，高达 3.42%。除海通证券 ROA 为负值外，华林证券 ROA 最小，为 0.16%。在 44 家上市证券公司中，ROE 大于 6.00% 的共有 11 家，小于 3.00% 的共有 10 家。和 ROA 一样，年内 ROE 最高的是东方财富，高达 11.39%，也是唯一超 10.00% 的上市证券公司。除海通证券 ROE 为负值外，华林证券 ROE 最小，为 0.50%。

根据杜邦等式，杠杆倍数的提升可以有效推动 ROE 的增长。我国证券公司由于发展时间短，且多年来严格的监管限制了证券公司的负债规模，所以杠杆倍数低于国际行业水平。根据中国证监会 2020 年修订的《证券公司风险控制指标管理办法》[①]，要求资本杠杆率不得低于 8%，杠杆率理论上限有所提高，但仍存在软性约束。2023 年 4 月，中国结算引入差异化最低备付金缴纳比例机制，股票类业务最低备付缴纳比例由 16% 下调至 15%。同月，证金公司宣布下调转融通保证金比例，由两档调整为三档。其中，资信优质的公司，保证金比例由 20% 下调至 5%；资信良好的公司，由 20% 下调至 10%；其余公司由 25% 下调至 15%。降低证券公司业务成本的政策不断出台，意味着证券公司能够有更多的资金来从事经营活动，对增加市场流动性以及多空平衡机制都具有重要作用。

---

① 《证券公司风险控制指标管理办法》，中国证券监督管理委员会网站，http://www.csrc.gov.cn/csrc/c106256/c1653957/content.shtml。

（六）经营活动现金流净额

证券公司作为提供直接融资服务的金融机构，负债经营是其本质特征之一。因此，经营活动现金净流入为负仍属于正常现象，与净利润关联程度不高。根据 Wind 合并报表口径数据，2023 年，44 家上市证券公司经营活动现金流净额（以下简称"现金流净额"）为 -1132.78 亿元，而上年现金流净额为 5877.91 亿元。2023 年，仅有 16 家上市证券公司的现金流金额为正，而上年高达 34 家。在这 16 家证券公司中，申万宏源、招商证券、东方证券和光大证券现金流净额超过百亿元，分别为 692.47 亿元、271.04 亿元、214.59 亿元和 155.81 亿元。相反，中信证券、中国银河和国信证券现金流净额为负，分别为 -408.37 亿元、-442.61 亿元和 -478.56 亿元。可以看出，不同证券公司对业务的投入差异较大，也反映了多数证券公司具有融资压力。与上年相比，仅有 9 家证券公司现金流净额出现上涨，其中，浙商证券、太平洋证券和长江证券同比增长均翻倍，分别为 10.30 倍、3.94 倍和 1.01 倍。在现金流净额下降的 35 家证券公司中，红塔证券、南京证券和东方财富的下降幅度较大，分别下降 315.96%、316.71% 和 345.62%。

申万宏源通过统筹各个业务板块协调发展，打造以证券业务为核心的投资控股集团，形成了自身核心竞争力。2023 年，实现营业收入 215.01 亿元，同比增长 4.32%；实现净利润 54.75 亿元，同比增长 74.39%；基本每股收益 0.18 元，同比增长 63.64%；加权平均净资产收益率 4.72%，同比增加 1.79 个百分点；全年现金流净额 692.47 亿元，同比增加 320.66 亿元。

浙商证券发展基础稳固、势头强劲，年内实现逆市增长。2023 年，实现营业收入 176.38 亿元，同比增长 4.90%；实现净利润 18.24 亿元，同比增长 7.18%。在分红方案方面，浙商证券拟给全体股东每 10 股派发现金红利 1.40 元（含税），共派发现金红利 5.38 亿元（含税），占 2023 年合并报表归属于上市公司股东净利润的 30.65%。2023 年现金流净额 59.10 亿元，同比增长 10.30 倍，其中，现金流入 382.20 亿元，主要包括收取利息、手续费及佣金的净额 88.68 亿元，拆入资金净增加 12.50 亿元，为交易目的而持有的金融资产净减少额 14.23 亿元，回购业务资金净增加额 7.59 亿元，收到其他与经营活动有关的现金 259.20 亿元。

（七）七成公司市值增长

2022 年 11 月，中国证监会提出"探索建立具有中国特色的估值体系，促进市场资源配置功能更好发挥"。监管层提出"中国特色估值体系"的初衷，是希望对国有企业控股上市公司估值修复起到一定的积极作用。更重要的是，随着新一轮国企改革，通过资本市场能够进一步完善国企市场化经营机制，逐渐解决历史遗留问题并优化国有经济布局，最终使更多领域的公司在全球具备较强的竞争力，实现党的二十大提出的建立世界一流企业的目标。在此背景下，国务院常务会议强调提升上市公司质量和投资价值的重要性。[①] 国务院国有资产监督管理委员会（以下简称"国务院国资委"）召开会议强调，各中央企业要"推动'一企一策'考核全面实施，全面推开上市公司市值管理考核"。[②] 国务院国资委通过推动央企把上市公司的价值实现相关指标纳入上市公司的绩效评价体系中，有效引导中央企业负责人更加重视所控股上市公司的市场表现，及时通过应用市场化增持、回购等手段传递信心、稳定预期，加大现金分红力度，更好地回报投资者。

根据 Wind 数据，截至 2023 年末，44 家上市证券公司中有 34 家属于国有企业，占比达到 77.27%，其中，中央国企 11 家，地方国企 25 家。市值管理虽不是财务指标，但在国务院国资委的绩效评价体系中，已成为重要考核内容。证券公司作为市值管理的专业服务商，自身市值表现更能体现其市

[①] 《李强主持召开国务院常务会议　研究全面推进乡村振兴有关举措等》，中国政府网，2024 年 1 月 22 日，https://www.gov.cn/yaowen/liebiao/202401/content_ 6927581. htm。

[②] 《国务院国资委召开中央企业、地方国资委考核分配工作会议》，国务院国有资产监督管理委员会网站，2024 年 1 月 29 日，http://www.sasac.gov.cn/n2588020/n2588057/n14985548/n14985587/c29925290/content. html。

值管理水平。

2023 年末，上市证券公司市值合计 2.74 万亿元，同比增长 2.68%。[1]市值表现不但明显优于我国上市公司总市值，也明显优于非银金融行业市值。10 家证券公司市值超千亿元，其中排名第 1、第 2 的中信证券、东方财富市值更是超 2000 亿元，分别为 2863.71 亿元、2226.32 亿元。与上年相比，32 家证券公司市值出现上涨，11 家市值下跌。太平洋证券、中国银河的市值增幅达 43.97%、39.55%，而东方财富却缩水 13.15%。

同其他行业上市公司一样，上市证券公司市值表现也主要与宏观影响、公司业绩、资产重组、合规经营等因素有关。以太平洋证券为例，2023 年 7 月召开的中央政治局会议提出"要活跃资本市场，提振投资者信心"[2]；与此同时，太平洋证券发布了扭亏为盈的年中业绩预报。受多重因素叠加影响，2023 年 7~8 月，太平洋股价出现大幅上涨，截至 8 月 15 日收盘，太平洋报收 4.96 元/股，较 7 月 24 日收盘价的 2.66 元上涨 86.47%，盘中更是一度刷新 2017 年以来新高。尽管后期股价出现回落，但整体市值大幅增长。另一家证券公司东方财富，作为国内稀缺的互联网券商，凭借自身的独特优势，每当行业景气度上升，就会受到投资者的热捧，在行业内有"券茅"之称。从 2021 年开始，A 股指数走弱，东方财富也由此进入下跌通道。受资本市场景气度等因素影响，2023 年，东方财富营业收入和净利润双双下降，全年实现营业收入 38.88 亿元，同比下降 16.01%；实现净利润 81.93 亿元，同比下降 3.71%；基本每股收益 0.52 元，同比下降 3.7%。加之 2023 年 3 月东方财富交易系统出现"宕机"事件，经监管部门调查，存在信息系统升级论证测试不充分、未及时报告网络安全事件的问题。受多重因素影响，2023 年末，东方财富市值下降 13.15%，跌幅位列上市证券公司之首。

---

[1] 已剔除新上市证券公司信达证券。

[2] 《中共中央政治局召开会议　分析研究当前经济形势和经济工作　中共中央总书记习近平主持会议》，中国政府网，2023 年 7 月 24 日，https：//www.gov.cn/yaowen/liebiao/202307/content_6893950.htm。

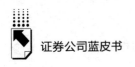

三　证券公司业务收入分析

随着市场波动加剧，2023 年，证券行业整体经营压力有所增加。上市证券公司利润表现内部分化，部分公司因投资风格、业务结构差异等导致净利润波动明显。即使是在上市证券公司内部，依然存在较强的"马太效应"。稳居前列的头部公司多项业务收入保持领先，且波动较小。[①]

（一）经纪业务下滑压力较大

自 2022 年以来，证券市场受疫情影响，悲观情绪涌现，日均股基交易额同比下降 9.90%，证券行业代理买卖证券业务收入随之下滑。2023 年，疫情影响虽有缩小，但经济增长不及市场预期，全年日均股基交易额为 9920.3 亿元，同比下降 2.90%，证券公司代理买卖证券业务收入继续下滑。同受市场活跃度较低影响的代销金融产品业务，2023 年收入同比下降 9.8%，相较于 2021 年下降 34.1%，由此导致经纪业务收入下滑。除市场影响外，证券交易佣金率下降也是造成证券公司经纪业务收入下降的原因之一。2023 年，证券公司普遍下调经纪业务佣金费率，行业平均代理买卖证券业务净佣金率较 2020 年下降 20%，以提高投资者参与市场的积极性。受上述因素影响，中国证券业协会公布的数据显示，2023 年，全部证券公司经纪业务收入 1126.48 亿元，同比下降 12.39%，占营业收入的比重下降 4.80 个百分点。上市证券公司方面，根据 Wind 合并报表口径数据，2023 年，43 家上市证券公司经纪业务收入 1006.25 亿元，同比下降 11.56%。中信证券以 102.23 亿元的经纪业务收入排在第 1 位，并且是唯一经纪业务收入过百亿元的上市证券公司，国泰君安以 67.90 亿元的收入紧随其后，华泰证券以 59.59 亿元收入排在第 3 位（见图 6），红塔证券以 1.73 亿元排在最末位。与 2022 年相比，2023 年上市证券公司经纪业务收入出现了大面积下

[①] 由于 Wind 缺乏东方财富各项业务收入数据，本节仅对另外 43 家上市证券公司进行分析。

滑，下滑数量高达 40 家，占比 93.02%，仅浙商证券、财通证券和首创证券 3 家券商实现同比增长，再现证券公司"靠天吃饭"现象。

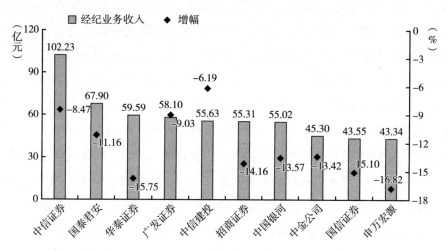

图 6　上市证券公司经纪业务收入前 10 名及增幅（2023 年）

资料来源：Wind、山东省亚太资本市场研究院。

（二）投资银行业务收入下降①

自全面注册制正式实施以来，监管部门对中介机构的"看门人"责任提出了更高要求。2023 年 8 月，为完善一二级市场逆周期调节机制，中国证监会发布了《证监会统筹一二级市场平衡　优化 IPO、再融资监管安排》，明确了阶段性收紧 IPO 节奏、严限多元化投资，并对特定企业再融资行为实施适当限制等相关要求。② 此后，市场整体股权融资节奏放缓，全年 IPO 企业 313 家，IPO 融资 3565.39 亿元，同比分别下降 26.87%、39.25%；再融资企业 505 家，全年融资 7778.91 亿元，同比分别下降 9.01%、29.37%。受此影响，证券公司投资银行业务阶段性收紧，净收入承压。根据中国证券

---

① 此处投资银行业务是指 IPO、股权再融资业务，不包括并购重组业务。

② 《证监会统筹一二级市场平衡　优化 IPO、再融资监管安排》，中国证券监督管理委员会网站，2023 年 8 月 27 日，http://www.csrc.gov.cn/csrc/c100028/c7428481/content.shtml。

业协会公布的数据，2023年，全部证券公司投资银行业务收入542.88亿元，同比下降17.63%，占营业收入的比重下降3.31个百分点。根据Wind合并报表口径数据，2023年，43家上市证券公司投资银行业务收入455.79亿元，同比下降21.75%。头部公司中信证券、中信建投和中金公司投资银行业务收入位居前3名，分别为62.93亿元、47.96亿元和37.02亿元。上市证券公司投资银行业务收入前10名合计收入306.05亿元，占上市券商收入的67.15%（见图7）。头部证券公司投资银行业务链更加完备，在上游具有较强的承揽能力，在下游具有较强的估值、投研、定价与承销能力，同时因承销数量较多而得到市场更多的认可。对企业端而言，IPO与再融资意义重大，因此更愿意承担较高的费率而选择头部证券公司，因此，投资银行业务市场"马太效应"明显，头部券商的业务集中程度较高。首创证券、中原证券和红塔证券的投资银行业务收入均不足亿元，分别为0.96亿元、0.92亿元和0.56亿元。与上年相比，2023年仅有9家证券公司投资银行业务收入实现增长，其中增幅最大的是中银证券，增长128.54%，其次是财通证券，增长68.44%。

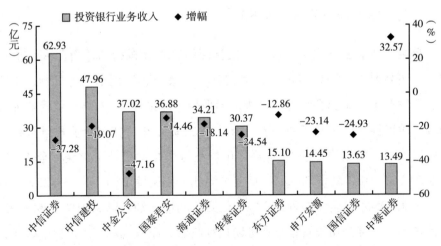

图7 上市证券公司投资银行业务收入前十名及增幅（2023年）

资料来源：Wind、山东省亚太资本市场研究院。

中信证券 2023 年完成 A 股主承销项目 140 单，主承销规模 2779.13 亿元（现金类及资产类），市场份额 24.50%，排名市场第一。其中，公司完成 IPO 项目 34 单，主承销规模 500.33 亿元，市场份额 14.03%，排名市场第 1；再融资项目 106 单，主承销规模 2278.80 亿元，市场份额 29.29%，排名市场第 1，其中现金类定向增发项目 68 单，主承销规模 1277.55 亿元，市场份额 28.42%，排名市场第 1。2023 年，中银证券股权业务主承销金额 59.56 亿元。其中，IPO 项目 3 个，主承销金额 27.56 亿元；再融资项目 3 个，主承销金额 32.00 亿元。此外，公司在审核项目执行方面取得明显进展，为投行业务可持续发展夯实基础。Wind 数据显示，2023 年，中银证券债券业务主承销规模（不含地方政府债）2549.65 亿元，位居行业第 11 名；金融债承销规模 2338.31 亿元，位居行业第 4 名；投资银行业务收入为 2.58 亿元，同比增长 128.54%，成为投资银行业务收入增长表现最佳的公司。

（三）资产管理业务收入基本持平

2023 年的 A 股行情令原本处于转型压力下的证券公司资产管理业务面临更加严峻的考验。在去通道以及强监管背景下，证券公司资产管理业务受托资金规模仍处下行通道，但下行增速放缓。根据中国证券投资基金业协会公布的数据，截至 2023 年 4 季度末，证券公司及其子公司私募资产管理业务规模为 5.93 万亿元，同比下降 13.68%，降幅比上年减少 2.95 个百分点。根据中国证券业协会公布的数据，2023 年，全部证券公司资产管理业务收入为 224.79 亿元，同比下降 17.04%，占营业收入的比重下降 1.32 个百分点。根据 Wind 合并报表口径数据，2023 年，43 家上市证券公司资产管理业务手续费收入 461.62 亿元，同比下降 0.56%。中信证券、广发证券、华泰证券和国泰君安 4 家券商，其资产管理业务收入大幅领先于其他上市证券公司，分别为 98.49 亿元、77.28 亿元、42.56 亿元和 40.97 亿元（见图 8）。此外，国金证券、华西证券等 8 家证券公司的资产管理业务收入不足 1 亿元，其中，西南证券的最低，仅为 0.14 亿元。与 2022 年相比，2023

年有18家上市证券公司资产管理业务收入实现增长，其中，中泰证券、国泰君安、财达证券和国联证券更是实现收入翻倍，分别增长2.60倍、1.49倍、1.47倍和1.29倍；相反，长城证券、东吴证券、华西证券和天风证券的收入降幅较大，分别下降44.08%、44.98%、45.67%和46.87%。

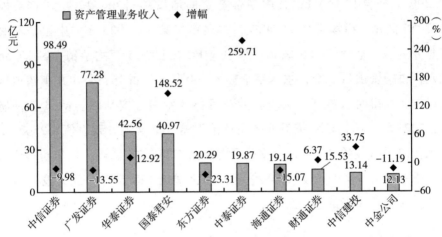

图8　上市证券公司资产管理业务收入前十名及增幅（2023年）

资料来源：Wind、山东省亚太资本市场研究院。

截至2023年末，中信证券资产管理规模合计1.39万亿元，包括集合资产管理计划、单一资产管理计划、专项资产管理计划，规模分别为2977.04亿元、8417.15亿元、2490.42亿元。公司私募资产管理业务（不包括养老业务、公募大集合产品以及资产证券化产品）市场份额13.71%，排名行业第一。与此同时，2023年，中信证券境外财富管理加快全球化布局，境外高净值客户规模增加，财富管理产品销售收入同比翻倍增长。同年，中泰证券成功控股万家基金，业务版图更加完善。截至2023年末，万家基金旗下管理公募基金140只，管理规模3941.94亿元，较上年末增长452.70亿元，增幅12.97%。中泰证券的资管业务结构持续优化，截至2023年末，资产管理规模1220.71亿元，其中，公募基金规模390.57亿元、集合资产管理规模235.11亿元、专项资产管理规模47.77亿元、单一主动资产管理规模547.27亿元。

（四）自营业务收入上涨

2023 年，A 股市场由于受全球宏观环境、风险情绪积累等因素影响，在上半年冲高回落后步入震荡行情，行业轮动频繁，年内除北证 50 指数有较大幅度上涨之外，其他主要指数均出现不同程度的回撤。债券市场资金面波动加剧，利率债大体呈现"N"型震荡下行走势，信用债全年表现偏强，信用利差明显压缩，年内中债新综合财富（总值）指数上涨 4.75%，10 年期国债收益率由 2.8228% 下降至 2.5553%。作为周期性行业，证券公司的经营业绩情况与市场走向密切相关。相较于经纪业务、投资银行等业务呈现的下滑态势，自营业务挑起大梁，成为证券公司 2023 年业绩的重要增长点，也彰显了证券公司的投资交易水平。

根据中国证券业协会公布的数据，2023 年，全部证券公司自营业务收入 1217.13 亿元，同比增长 100.06%，占营业收入的比重比 2022 年提升 14.58 个百分点。根据 Wind 合并报表口径数据，2023 年，43 家上市证券公司自营业务收入 1438.44 亿元（含公允价值变动净收益），同比增长 62.13%。中信证券、华泰证券和中金公司的自营业务收入位居前 3 名，分别为 224.87 亿元、142.55 亿元和 105.90 亿元（见图 9），其他证券公司的自营业务收入均在百亿元之下；需要指出的是，华林证券成为唯一自营业务亏损的证券公司。与 2022 年相比，2023 年上市证券公司自营业务收入呈现大面积增长的局面，有 41 家证券公司实现增长，占比达 95.35%；其中，天风证券、中泰证券、华西证券和海通证券增幅较大，分别为 17.84 倍、15.41 倍、5.40 倍和 5.13 倍，这 4 家证券公司均为自营业务扭亏为盈的券商，华林证券由于投资亏损成为自营业务收入下跌幅度最大的证券公司。

从自营业务收入占营业收入的比重来看，天风证券、长城证券、首创证券、西南证券和山西证券 5 家券商的占比均超过 50%，分别为 81.30%、65.84%、61.92%、52.93% 和 50.36%；相反，兴业证券、浙商证券、海通证券和长江证券的占比均不足 10%，分别为 6.21%、5.88%、4.46% 和

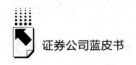
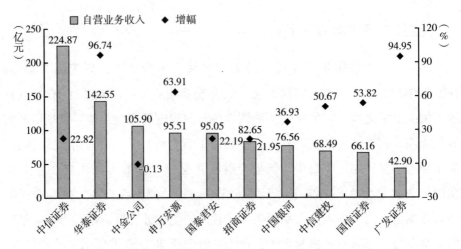

图9 上市证券公司自营业务收入前十名及增幅（2023年）

资料来源：Wind、山东省亚太资本市场研究院。

1.69%。对证券公司来说，除自身运营水平外，业务布局也是影响其发展的重大因素，业务集中度过高或过低都意味着运营风险较为集中，业绩或出现大幅波动，不利于公司的长远发展。由于证券行业"看天吃饭"格局明显，优化业务布局才是证券公司的长远发展之道。

四 证券公司具体业务收入

（一）投资银行业务收入

根据Wind数据，2023年，我国上市证券公司为593家企业提供了股权融资服务，募集资金共计6830.51亿元，承销及保荐费用共计197.66亿元。中信证券和中信建投两家证券公司的市场优势明显，具体数据见表2。

（二）经纪业务收入

在多重因素影响下，2023年，作为证券公司"基本盘"的经纪业务收入整体与2022年相比有所下滑，上市证券公司经纪业务收入1006.25亿元，

表2 上市证券公司投资银行业务统计（2023年）

单位：亿元，家

公司简称	募集资金						保荐家数						承销及保荐费用					
	总计	首发	增发	配股	优先股	可转债	总计	首发	增发	配股	优先股	可转债	总计	首发	增发	配股	优先股	可转债
中信证券	1493.49	473.47	718.42	100.85		200.74	88	30	41	3		14	34.24	28.90	3.77	0.23		1.34
中信建投	840.25	382.91	358.63			98.71	59	30	21			8	23.79	21.89	1.33			0.57
中金公司	737.23	306.22	350.87		50.00	30.15	30	14	10		3	3	11.70	10.57	0.83		0.09	0.20
海通证券	628.77	466.15	146.01			16.61	42	22	16			4	23.79	22.41	1.09			0.29
华泰证券	563.91	149.83	197.75			216.33	50	17	21			12	14.34	11.16	1.89			1.30
国泰君安	530.11	305.94	115.69			108.48	45	18	17			10	16.85	15.33	0.81			0.70
国信证券	264.78	98.81	77.99			87.98	27	12	6			9	7.34	6.27	0.36			0.71
国金证券	186.91	71.34	98.56			17.02	25	12	10			3	7.93	6.29	1.41			0.23
招商证券	166.65	70.51	55.99			40.15	21	6	9			6	6.30	5.23	0.53			0.53
广发证券	159.74	20.33	60.28			79.13	15	3	7			5	2.03	1.38	0.30			0.34
中泰证券	152.01	78.92	61.41			11.69	23	10	10			3	5.92	5.43	0.37			0.12
申万宏源	120.91	77.08	43.83				18	12	6				5.33	4.82	0.50			
东方证券	117.81	66.53	20.00			31.28	11	6	1			4	5.07	4.80	0.13			0.14
东吴证券	90.75	48.88	26.50			15.36	18	10	6			2	4.07	3.45	0.42			0.20
兴业证券	89.72	58.60	1.00			30.13	12	6	1			5	4.65	4.33	0.04			0.28
浙商证券	72.79	31.04	32.47			9.28	11	3	6			2	2.19	1.72	0.35			0.11
长江证券	71.21	61.31	2.20			7.70	10	7	1			2	4.32	4.21				0.10
财通证券	61.67	41.28	5.19			15.20	9	6	1			2	3.02	2.86	0.07			0.09
东兴证券	56.21	20.87	10.56			24.78	9	3	2			4	1.80	1.46	0.07			0.28

续表

公司简称	募集资金						保荐家数						承销及保荐费用					
	总计	首发	增发	配股	优先股	可转债	总计	首发	增发	配股	优先股	可转债	总计	首发	增发	配股	优先股	可转债
光大证券	53.30	43.63	7.24			2.43	10	6	3			1	3.31	3.17	0.11			0.02
方正证券	41.23	3.42	37.82				4	1	3				0.54	0.27	0.26			
长城证券	39.01	27.91	10.00			1.09	6	4	1			1	2.19	2.17				0.02
天风证券	36.12	11.23	24.89				5	2	3				1.17	0.91	0.27			
西部证券	35.41	29.05	2.76			3.60	4	2	1			1	1.48	1.40	0.03			0.05
国元证券	33.55	0.64	29.71			3.20	7	1	5			1	0.21	0.06	0.12			0.03
中银证券	30.84	27.56	3.28				4	3	1				1.87	1.86	0.01			
中国银河	30.81		30.81				4		4				0.28		0.28			
第一创业	25.98		25.98				2		2									
东北证券	18.23	1.68	16.55				5	2	3				0.16	0.14	0.02			
中原证券	15.00		1.80			13.20	3		1			2	0.17		0.03			0.14
华林证券	14.25	9.65				4.60	2	1				1	0.71	0.67				0.04
国海证券	12.71	2.96				9.75	3	2				1	0.23	0.14				0.09
华西证券	8.91	1.45	4.16			3.29	3	1	1			1	0.17	0.14				0.03
南京证券	7.84					7.84	2					2	0.13					0.13
华安证券	6.72		6.72				2		2				0.08		0.08			
西南证券	6.50					6.50	1					1	0.11					0.11
信达证券	5.17		5.17				1		1									
太平洋证券	4.01	1.51	2.50				2	1	1				0.17	0.15	0.02			

注：Wind 资料导出时缺乏东方财富、首创证券、红塔证券、国联证券、财达证券和山西证券数据，导出时间为 2024 年 6 月 19 日。

资料来源：Wind，山东省亚太资本市场研究院。

同比下降 11.56%，各上市证券公司经纪业务收入见表 3。近期，监管部门进一步要求证券公司应聚焦主责主业，加强财富管理能力建设。在此背景下，证券公司应加快向财富管理转型，通过发力代销金融产品、建设买方投顾体系、加强投研部门联动等方式，着力提升经纪业务收入。

表 3　上市证券公司经纪业务收入统计（2023 年）

单位：亿元，%

公司简称	经纪业务收入	增幅
中信证券	102.23	−8.47
国泰君安	67.90	−11.16
华泰证券	59.59	−15.75
广发证券	58.10	−9.03
中信建投	55.63	−6.19
招商证券	55.31	−14.16
中国银河	55.02	−13.57
中金公司	45.30	−13.42
国信证券	43.55	−15.10
申万宏源	43.34	−16.82
海通证券	38.30	−18.06
方正证券	32.74	−9.06
中泰证券	29.53	−19.74
长江证券	27.93	−11.91
东方证券	27.81	−9.85
光大证券	27.70	−16.00
浙商证券	24.72	32.29
兴业证券	22.53	−18.25
国金证券	16.47	−0.07
东吴证券	16.41	−9.92
华西证券	14.81	−15.49
财通证券	11.99	1.34
华安证券	9.66	−5.95
天风证券	9.34	−8.17

续表

公司简称	经纪业务收入	增幅
东北证券	9.31	−15.27
国元证券	9.03	−10.18
中银证券	8.44	−10.57
国海证券	8.00	−6.01
西部证券	7.94	−17.79
长城证券	7.91	−13.75
信达证券	7.79	−15.59
东兴证券	6.33	−17.16
西南证券	5.85	−13.03
财达证券	5.58	−6.60
中原证券	5.32	−15.81
国联证券	5.15	−6.30
山西证券	4.52	−4.50
华林证券	4.34	−19.30
南京证券	4.10	−15.15
第一创业	3.51	−8.63
太平洋证券	3.27	−15.44
首创证券	2.23	0.29
红塔证券	1.73	−16.02

资料来源：Wind、山东省亚太资本市场研究院。

（三）资产管理业务收入

2023 年，上市证券公司资产管理业务规模与收入普遍"双降"，行业分化较大，部分证券公司经营优异，资管业务收入增长翻倍，但也有少数证券公司收入下滑近 50%（见表 4）。随着证券公司向财富管理转型，资产管理业务未来在投资管理、客户与产品发展方面将面临更高的要求，开展公募业务成为证券公司资产管理的重点发展方向。

表 4　上市证券公司资产管理业务收入统计（2023 年）

单位：亿元，%

公司简称	资产管理业务收入	增幅
中信证券	98.49	-9.98
广发证券	77.28	-13.55
华泰证券	42.56	12.92
国泰君安	40.97	148.52
东方证券	20.29	-23.31
中泰证券	19.87	259.71
海通证券	19.14	-15.07
财通证券	15.53	6.37
中信建投	13.14	33.75
中金公司	12.13	-11.19
光大证券	10.09	-32.97
申万宏源	9.75	-22.08
第一创业	9.05	-12.08
招商证券	7.13	-13.99
中银证券	5.43	-27.03
天风证券	5.29	-46.87
首创证券	5.05	-23.39
国信证券	4.96	54.25
华安证券	4.88	0.70
中国银河	4.57	3.73
国联证券	4.43	128.54
浙商证券	4.20	-3.44
东北证券	2.92	-14.11
山西证券	2.45	19.84
信达证券	2.32	-10.65
东兴证券	2.16	5.30
长江证券	2.04	-9.81
国海证券	1.83	-3.30
方正证券	1.81	-23.15
太平洋证券	1.50	1.71
兴业证券	1.48	-7.80
财达证券	1.30	147.49
西部证券	1.18	60.89

证券公司蓝皮书

续表

公司简称	资产管理业务收入	增幅
东吴证券	1.10	-44.98
国元证券	1.05	11.54
国金证券	0.94	-32.07
华西证券	0.92	-45.67
长城证券	0.52	-44.08
华林证券	0.50	26.75
中原证券	0.49	4.02
红塔证券	0.40	-10.67
南京证券	0.35	18.90
西南证券	0.14	-39.88

资料来源：Wind、山东省亚太资本市场研究院。

（四）自营业务收入

自营业务成为影响证券公司2023年业绩表现的关键因素。多数证券公司呈现自营业务收入大幅增长的局面，仅华林证券和中金公司的自营业务收入为负增长（见表5）。证券公司自营业务收入显著增长主要得益于2023年权益市场表现好于2022年。自营业务发展转型的目标可分为两个方面：一方面是证券公司根据自身特征，构建多元化的自营目标和风格；另一方面是转向客户需求型、业务联动型的自营模式，如发展场外衍生品、做市等非方向性业务。

表5　上市证券公司自营业务收入统计（2023年）

单位：亿元，%

公司简称	自营业务收入	公允价值变动收入	增幅
中信证券	189.14	35.74	22.82
中金公司	150.84	-44.93	-0.13
华泰证券	132.81	9.75	96.74

续表

公司简称	自营业务收入	公允价值变动收入	增幅
国泰君安	108.55	−13.50	22.19
申万宏源	77.94	17.58	63.91
海通证券	64.77	−54.52	513.45
招商证券	62.01	20.63	21.95
国信证券	53.27	12.89	53.82
广发证券	53.01	−10.11	94.95
中信建投	46.21	22.28	50.67
中国银河	31.36	45.20	36.93
东方证券	25.44	4.28	15.82
东吴证券	23.41	1.26	215.15
光大证券	21.97	4.17	117.50
长城证券	20.66	5.62	302.42
西部证券	20.24	2.72	128.63
天风证券	20.00	7.86	1784.13
国元证券	17.39	−2.87	321.09
山西证券	16.56	0.92	20.79
东北证券	15.12	0.52	195.68
中泰证券	14.11	14.43	1540.71
国金证券	13.47	3.41	497.37
方正证券	11.36	4.31	53.59
浙商证券	10.96	−0.59	48.98
西南证券	10.73	1.60	192.80
首创证券	9.97	1.96	150.27
信达证券	9.65	1.50	88.53
东兴证券	9.30	−0.30	223.88
财达证券	9.11	2.31	210.21
中原证券	8.73	−0.97	31.07
华安证券	8.27	1.97	61.37
国海证券	7.30	−0.52	237.74
红塔证券	7.29	−3.77	423.42
财通证券	6.11	16.95	165.36
第一创业	5.66	1.87	80.15
国联证券	5.45	6.77	6.06
中银证券	4.07	−0.81	48.24

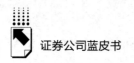

续表

公司简称	自营业务收入	公允价值变动收入	增幅
南京证券	3.54	1.01	60.47
华西证券	3.54	0.11	540.02
太平洋证券	2.34	2.42	65.45
华林证券	1.69	−1.80	−106.00
兴业证券	0.76	5.84	28.27
长江证券	−9.61	10.77	113.54

资料来源：Wind、山东省亚太资本市场研究院。

参考文献

孙国茂主编《中国证券公司竞争力研究报告（2023）》，社会科学文献出版社，2023。

中国人民银行：《2023 年末金融业机构资产负债统计表》，2024 年 4 月。

中信证券：《中信证券股份有限公司 2023 年年度报告》，2024 年 3 月。

中银证券：《中银国际证券股份有限公司 2023 年年度报告》，2024 年 4 月。

中泰证券：《中泰证券股份有限公司 2023 年年度报告》，2024 年 3 月。

申万宏源：《申万宏源集团股份有限公司 2023 年年度报告》，2024 年 3 月。

张平、杨耀武：《“NIFD 季报”结构修复、经济韧性与政策支持——2023 年度国内宏观经济》，"国家金融与发展实验室"百家号，2024 年 3 月 13 日，https：//baijiahao. baidu. com/s？ id＝1793410873037220404&wfr＝spider&for＝pc。

B.3
中国证券公司数字化转型
评价报告（2024）

孙国茂　张　辉*

摘　要：　2023 年，中央金融工作会议首次提出"培育一流投资银行和投资机构"，给证券行业带来了新的发展机遇。随着新一轮科技革命与产业变革的深入推进，以人工智能、区块链、云计算、大数据等为代表的数字技术在证券领域的应用场景不断拓宽，数字化是未来证券公司发展的关键，也是券商提高核心竞争力不可忽视的重要力量。本报告着眼于证券公司数字化转型评价，从数字化战略、数字化业务、数字化治理、数字化能力等方面构建证券公司数字化转型评价体系，对上市证券公司数字化转型情况进行计算和排名，为金融监管部门、行业组织、金融机构和投资者提供决策依据。同时，结合我国券商发展现状提出新时代下证券公司数字化转型的路径，为证券公司用数字技术重塑业务和治理体系提供指引，对实现证券行业高质量发展具有重要意义。

关键词：　上市证券公司　数字化转型　金融科技

一　引言

中央金融工作会议指出，要做好科技金融、绿色金融、普惠金融、养老

---

* 孙国茂，中央财经大学经济学博士，青岛大学经济学院教授、博士生导师，山东工商学院金融学院特聘教授，山东省亚太资本市场研究院院长，研究方向为公司金融与资本市场理论、制度经济学和数字经济等；张辉，中央财经大学博士研究生，研究方向为劳动经济学。

金融、数字金融"五篇大文章"。其实,证券公司是整个金融行业中最早探索数字化转型的金融机构。早在2018年,《中国证监会监管科技总体建设方案》就提出了监管科技建设的原则和目标,明确了证券行业信息化建设的工作内容和工作重点。2019年,央行发布的《金融科技(FinTech)发展规划(2019—2021年)》提出,运用现代科技成果改造或创新金融产品、经营模式、业务流程等,推动金融发展提质增效。在新一轮科技革命和产业变革的背景下,金融科技蓬勃发展,人工智能、大数据、云计算、物联网等信息技术与金融业务深度融合,为金融发展提供源源不断的创新活力。因此,证券公司数字化转型的核心在于提升客户数字服务能力、数字化赋能业务经营以及提高研发效能和交付能力。当前,随着数字技术的广泛应用,证券公司面临业务与技术深度融合的挑战。证券公司应明确其数字化转型的目标,并与业务战略深度协同,包括数字化目标和业务战略导向的双向引领、数字经营平台搭建提高协作效率、系统架构优化、风险管理体系数字化升级等。

2023年7月,中央政治局会议提出,"要活跃资本市场、提振投资者信心",中国证监会及有关机构从投资端、融资端、交易端、改革端等方面综合施策,维护资本市场平稳运行,有效发挥资本市场枢纽功能,也给证券业带来了新的发展机遇。从证券行业来看,中央金融工作会议首次提出"培育一流投资银行和投资机构",中国证监会进一步明确指出"支持头部券商通过业务创新、集团化经营、并购重组等方式做优做强",都为头部券商的高质量发展打开了政策空间。资本市场的发展和金融体系的改革也为证券行业提供了更为广阔的发展空间。在全面注册制改革牵引下,多层次资本市场建设愈发清晰、资本市场基础性制度短板不断补齐、投资端能力建设加快提速,零售、机构、企业三大类客户业务机会全面涌现,证券行业呈现服务综合化、发展差异化、竞争国际化和运营数字化的发展态势,为行业的高质量发展奠定了坚实基础。

回顾证券行业的数字化发展历程,可以发现2000年之前是交易电子化阶段,此后是网上交易阶段,这一阶段证券公司和期货公司围绕集中交易系统(区域集中和大集中)和网上交易大规模系统进行信息化投资和建设,实现了作业（即交易）过程的自动化；但信息化转型并不等同于数字化转型，随着数字技术发展，数字经济时代下证券公司并没有完成彻底的数字化转型，反而银行、保险等行业的数字化程度远超证券行业。2017年起，以大数据、云计算、人工智能和区块链为代表的现代科技蓬勃发展，广泛渗透到各个领域。证券行业积极推动现代科技在金融服务、渠道、产品、投资、信用、风控、合规等领域的全面应用。尽管中国证券业协会先后出台了多项旨在促进证券业数字化转型的文件，并且很多头部证券公司也顺应数字化转型趋势，确立"全面数字化转型"的战略目标，大力推进金融科技、大数据、区块链等技术的应用与推广，积极促进业务转型；但总体来看，与银行、保险等行业相比，证券行业的数字化程度仍有待提高。当前我国证券行业正处在数字化转型的关键时刻，2023年，中国证券业协会发布《证券公司网络和信息安全三年提升计划（2023—2025)》，旨在提升证券公司的网络和信息安全保障水平，为证券行业数字化转型提供有力支撑。

自2023年以来，随着ChatGPT的发布和不断升级，人工智能技术也在更多场景中应用，并影响着券商的运营模式。区块链、云计算、大数据、人工智能等数字技术的创新发展，推动券商对其业务及管理进行转型迭代，将数字化、智能化技术广泛应用于智能投顾、智能投研、风险控制、合规管理等方面。数字化是未来证券公司发展的关键，也是券商提高核心竞争力不可忽视的重要力量。经济高质量发展阶段，产业结构转型升级不断加快，从要素驱动转向创新驱动的趋势日益明显；加快资本市场数字化转型，是提高资源配置效率、深化金融供给侧结构性改革、增强金融服务能力的关键。同时，在证券行业发展关键期内，研究证券公司数字化转型，建立数字化转型评价体系，对提高证券公司核心竞争力、促进券商智能化服务平台发展、降低服务成本、完善服务内容、实现券商高质量发展具有重要意义。一般而言，上市证券公司是优秀券商代表，其市场份额、资产比重、营收比重、净利润比重、净资本比重都占到行业的绝对多数，基本可以代表行业的发展运行状况；并且，非上市证券公司的相关数据较难获得，因而本报告着眼于证券公司数字化转型评价，以服务于中国证券行业的数字化转型。

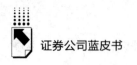

二　证券公司数字化转型评价

（一）证券公司数字化转型目标

2022 年，中国人民银行发布的《金融科技发展规划（2022—2025 年）》提出，要健全安全与效率并重的科技成果应用体制机制，不断壮大开放创新、合作共赢的产业生态，打通科技成果转化"最后一公里"，并明确金融机构未来发展要更注重数据的应用，提高自身数字化水平。结合证券行业的发展现状，证券公司意在通过数字化转型，整合并优化行业公共资源和创新环境，大幅提升行业科技应用与赋能水平，达成"融入产业、走进客户，提供精准、高效、便捷服务，实现集约化、平台化、数字化运营"的总体目标。

一是综合金融服务能力进一步提高。以客户为中心持续推动各项业务全面线上化，优化客户服务流程，改善客户体验，初步形成数字驱动的服务、运营、管理新模式，构建敏捷的业务能力，进一步提升服务实体经济能力。二是客户个性化、数字化服务水平持续提升。坚定贯彻落实新发展理念，走专业化发展之路，优化客户触点，推动智慧网点转型，打造线上线下贯通的O2O 服务，推动智能投顾全面应用，满足零售客户极致体验、机构客户专业化等不同类型的个性化需求。三是行业集约化运作与全面风控水平显著提升。加强账户、清结算基础设施建设，持续强化风控能力和合规意识，显著提升智能风控、并表管理、智能决策等集团化全面风险管理能力。四是内外部开放合作生态建设取得突破。切实提升公司治理的有效性，初步构建行业共建共享的数据治理体系，基本建成行业生态开放的基础设施和运作机制，实现各领域专业能力开放，形成典型案例。五是核心技术掌控和网络安全防护能力全面加强。各机构自主研发能力显著提升，基础设施、数据中台、交易技术等核心架构实现升级。坚持创新发展与合规风控并重，落实网络安全等级保护制度，持续完善信息安全体系建设，包括信息安全管理顶层设计、制度规范、组织机制等，探索构建行业共享的威胁情报中心、态势感知平台，全面提升网络安全的动态防御和主动防御能力。

建立证券公司数字化转型评价体系，有助于帮助券商认清自身在数字化转型中存在的问题。通过数字化转型评价结果，可以清晰地辨别证券公司在数字化转型方面的竞争力，有助于提高头部证券公司的数字化转型意识。对于非头部证券公司来说，可以根据评价结果找到自身需要提高的地方，有针对性地进行查漏补缺。对于国家和地方政府来说，也可以根据评价结果有针对性地进行资源倾斜，对数字化转型顺利的证券公司予以鼓励，对数字化转型有困难的券商适当给予政策扶持，帮助企业进行数字化转型，从而更好地实现证券行业高质量发展。

（二）证券公司数字化转型评价体系

本报告遵循科学性、客观性、全面性原则，选取 4 项一级指标、12 项二级指标，建立证券公司数字化转型评价体系，具体指标及权重见表 1。对于 4 项一级指标，具体描述如下。

1. 数字化战略（S_1）

评价证券公司的数字化转型，首先要看机构是否制定了数字化转型战略、对研发的投入强度以及数字化转型的实施程度。因此，该指标包括数字战略制定（S_{11}）、研发投入强度（S_{12}）、数字转型实施（S_{13}）3 项二级指标。数字化战略得分计算方法：

$$Score(S_1^i) = Score(S_{11}^i) \times 50\% + Score(S_{12}^i) \times 25\% + Score(S_{13}^i) \times 25\%$$

数字战略制定是主导证券公司数字化转型的基本依据，决定着转型的总体规划、方向、时间和目标，评价方法为查询证券公司公布的年度报告，如果内容中有关于数字化发展相关的论述则赋值为 1，没有则赋值为 0。数字战略制定得分计算方法：

$$Score(S_{11}^i) = \begin{cases} 1, \text{证券公司 } i \text{ 有数字战略规划} \\ 0, \text{证券公司 } i \text{ 无数字战略规划} \end{cases}$$

研发投入强度即信息技术投入强度，是证券公司年度信息技术投入与营

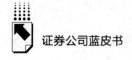

业收入之比，体现了证券公司在布局数字化转型方面的核心战略。研发投入强度得分计算方法：

$$Score(S_{12}^i) = \frac{S_{12}^i}{S_{12}^{max}}$$

数字转型实施采用是否上市作为评价指标，若证券公司上市则赋值为1，未上市则赋值为0。查阅证券公司IPO招股说明书可以发现，众多证券公司上市的目的之一就是通过募集资金，打造更加智能、更加庞大的数字化系统，以支持集团更高质量地在全国开展各项业务。

$$Score(S_{13}^i) = \begin{cases} 1, \text{证券公司 } i \text{ 为上市公司} \\ 0, \text{证券公司 } i \text{ 非上市公司} \end{cases}$$

2. 数字化业务（S_2）

包括平台用户数量（S_{21}）、技术专利数量（S_{22}）和数字系统数量（S_{23}）3项二级指标。数字化业务得分计算方法：

$$Score(S_2^i) = Score(S_{21}^i) \times 40\% + Score(S_{22}^i) \times 40\% + Score(S_{23}^i) \times 20\%$$

平台用户数量即证券公司数字化平台的注册用户数量，表现了数字化业务的用户规模及市场占有率，但由于数据无法直接观测，本报告选取证券公司App下载量作为替代，下载量越高说明平台用户数量越多。平台用户数量得分计算方法：

$$Score(S_{21}^i) = \frac{S_{21}^i}{S_{21}^{max}}$$

技术专利数量即证券公司通过数字技术研发申请的发明专利数量，体现了其技术创新成果，是证券公司数字化转型核心竞争力的重要组成部分。技术专利数量得分计算方法：

$$Score(S_{22}^i) = \frac{S_{22}^i}{S_{22}^{max}}$$

数字系统数量，网站、App、小程序等数字系统都是证券公司数字化业务的实际载体，起到将传统的金融业务、机构管理、内部流程从线下转到线上的作用，本报告用证券公司所注册的软件著作权数量作为该项指标数据。数字系统数量得分计算方法：

$$Score(S_{23}^{i}) = \frac{S_{23}^{i}}{S_{23}^{max}}$$

3. 数字化能力（S_3）

包括信息技术投入（S_{31}）、数字人才数量（S_{32}）和数字化影响力（S_{33}）3 项二级指标。数字化能力得分计算方法：

$$Score(S_{3}^{i}) = Score(S_{31}^{i}) \times 40\% + Score(S_{32}^{i}) \times 30\% + Score(S_{33}^{i}) \times 30\%$$

信息技术投入即证券公司在数字化转型方面上一年度的总体投入，对数字化战略实施、转型进度、目标完成情况有直接影响。信息技术投入得分计算方法：

$$Score(S_{31}^{i}) = \frac{S_{31}^{i}}{S_{31}^{max}}$$

数字人才数量是证券公司实现数字化转型的核心要素之一，数字技术创新、数字系统设计、数字平台开发、数字业务运营都需要数字人才的深度参与，数字人才团队的建立对数字化转型起着决定性作用。数字人才数量得分计算方法：

$$Score(S_{32}^{i}) = \frac{S_{32}^{i}}{S_{32}^{max}}$$

数字化影响力，选取证券公司是否获得"2023 中国证券业 App 君鼎奖"作为具体衡量指标，若证券公司获奖则赋值为 1，未获奖则赋值为 0。

$$Score(S_{33}^{i}) = \begin{cases} 1, 证券公司\ i\ 获得"2023\ 中国证券业\ App\ 君鼎奖" \\ 0, 证券公司\ i\ 未获得"2023\ 中国证券业\ App\ 君鼎奖" \end{cases}$$

4. 数字化治理（S_4）

包括数据标准控制（S_{41}）、风险动态监控（S_{42}）和内部治理质量（S_{43}）3 项二级指标。数字化治理得分计算方法：

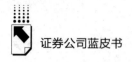

$$Score(S_4^i) = Score(S_{41}^i) \times 40\% + Score(S_{42}^i) \times 30\% + Score(S_{43}^i) \times 30\%$$

数据标准控制，表示证券公司在数据管理、信息披露方面是否制定了完善的标准。因数据无法直接观测，此处选取证券公司年度报告页数作为代理变量。证券公司的年度报告作为中国证监会严格要求必须披露的报告，包括企业介绍、人员情况、财务指标、经营情况、公司治理等内容，是证券公司最具综合性和重要性的报告。数据标准控制得分计算方法：

$$Score(S_{41}^i) = \frac{S_{41}^i}{S_{41}^{\max}}$$

风险动态监控，表示证券公司是否建立了动态信用风险、市场风险、操作风险、流动性风险、信息技术风险、声誉风险、合规风险以及系统性风险的识别、监控与预警系统。若证券公司建立了风险动态监控则赋值为 1，未建立则赋值为 0。

$$Score(S_{42}^i) = \begin{cases} 1, 证券公司\ i\ 建立了风险动态监控 \\ 0, 证券公司\ i\ 未建立风险动态监控 \end{cases}$$

内部治理质量，表示证券公司基于数字化技术的风险控制系统的运行质量，如果证券公司本年度没有出现违规、诉讼、处罚等问题，说明内部治理质量较高，赋值为 1；如果证券公司本年度出现了违规、诉讼、处罚等问题，说明内部治理质量较低，赋值为 0。

$$Score(S_{43}^i) = \begin{cases} 1, 证券公司\ i\ 内部控制质量高 \\ 0, 证券公司\ i\ 内部控制质量低 \end{cases}$$

表 1　证券公司数字化转型评价体系（2023 年）

单位：%

一级指标	权重	二级指标	权重
数字化战略(S_1)	30	数字战略制定(S_{11})	50
		研发投入强度(S_{12})	25
		数字转型实施(S_{13})	25

一级指标	权重	二级指标	权重
数字化业务（S_2）	30	平台用户数量（S_{21}）	40
		技术专利数量（S_{22}）	40
		数字系统数量（S_{23}）	20
数字化能力（S_3）	20	信息技术投入（S_{31}）	40
		数字人才数量（S_{32}）	30
		数字化影响力（S_{33}）	30
数字化治理（S_4）	20	数据标准控制（S_{41}）	40
		风险动态监控（S_{42}）	30
		内部治理质量（S_{43}）	30

资料来源：山东省亚太资本市场研究院。

在表1构建的证券公司数字化转型评价体系中，除特殊说明外，各项指标数据均来自2023年各证券公司披露的年度报告。为了获得这些数据，我们查询了44家上市证券公司的年度报告。

三　证券公司数字化转型评价结果

根据证券公司数字化转型评价体系，本报告以2023年我国44家上市证券公司为样本，对其数字化转型情况进行评价，具体排名结果见附表1。

（一）上市证券公司数字化转型评价结果分析

2023年，我国资本市场全面深化改革持续推进，股票发行注册制改革全面落地，债券注册制改革进一步深化，资本市场对外开放程度进一步扩大，资本市场基础制度和维护资本市场平稳运行的有效机制进一步健全。根据中国证券业协会发布数据，截至2023年末，证券行业总资产为11.83万亿元，净资产为2.95万亿元，净资本为2.18万亿元；2023年，全行业145家证券公司实现营业收入4059.02亿元，实现净利润1378.33亿元，资产质量、资本实力和抗风险能力保持稳健。

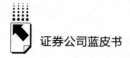

　　全球正在经历数字化和科技创新的浪潮，证券行业也不例外，科技发展正助推证券行业全面向数字化转型。2023年，虽然上市证券公司的经纪、投行和资管业务依旧面临不少压力，但随着国内经济运行企稳回升、资本市场整体表现平稳，自营业务在低基数背景下明显改善，推动上市券商业绩明显修复。上市证券公司围绕科技金融、绿色金融、普惠金融、养老金融、数字金融"五篇大文章"，将更多金融资源用于科技创新、先进制造、绿色发展和中小微企业，金融科技投入力度持续加大，加快提高自身科技水平和数字化转型进程，紧扣业务发展重点，与业务战略深度协同形成合力，打造和提升核心竞争力。AI、大数据、区块链等技术的发展和应用，正深刻改变证券行业在开户、交易、结算等流程上的业态模式，大幅提升业务办理的效率。证券行业正从传统的业务模式朝全面数字化的方向进行转型，通过积极应用金融科技等新兴技术，为客户提供更加专业化、精确化、定制化的产品和服务，扩大客户群体并增加客户的黏性。

　　2023年，全国44家上市证券公司数字化转型综合评价排名和4项一级指标排名结果见附表1。从全行业范围来看，44家上市券商数字化转型综合得分平均值为81.93分，44家上市证券公司中有37家明确制定了数字化转型战略，包括具体的转型方法和路径。从得分区间来看，上市证券公司数字化得分均在60分以上。图1以60分为起点，并以10分为一个区间划分了数字化转型得分，得分在60~70分的有3家，分别是华安证券、太平洋证券和天风证券；得分在70~80分的有16家；得分在80~90分的有17家；得分在90~100分的有7家，分别是华泰证券、国泰君安、中信证券、中信建投、中金公司、海通证券和广发证券。上市证券公司的数字化转型速度也有所不同，两极分化较为明显，只有少数头部券商实现了"数字券商"转型。

　　从4项一级指标来看，平均得分最高的是数字化治理91.27分，其次是数字化战略88.29分，这2项指标的平均得分明显高于数字化转型综合评价得分均值。2023年，44家上市证券公司中有37家制定了数字化战略，在年报中明确表示公司要进行数字化转型。在研发投入方面，2023年，44家上

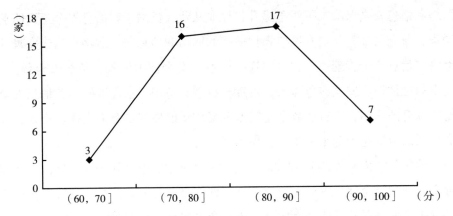

图 1　上市证券公司数字化转型得分区间与数量分布（2023 年）

资料来源：山东省亚太资本市场研究院。

市证券公司信息技术投入合计 283.28 亿元，有 12 家上市证券公司的信息技术投入超过 10 亿元。从增长率来看，有 23 家上市证券公司的信息技术投入增速超过 10%，其中华安证券的增速高达 102.18%，排名第 1；排名第 2 的是国联证券，为 30.07%；排名第 3 的申万宏源信息技术投入增速达 25.91%，投入金额突破 10 亿元。上市券商高度重视信息系统建设和信息技术管理，持续加大信息系统建设的投入，优化信息技术基础设施和架构，加强自主研发队伍建设，提高信息系统服务效率与容量，确保信息系统安全、高效、稳定，提高运营维护的科学性、全面性和严密性，提高后台的服务能力和保障能力。

关于数字化治理，近年来，证券公司加大数字治理力度，高度重视风控体系建设以及公司的合法合规经营，致力于保障信息安全、网络安全。从《金融科技（FinTech）发展规划（2019—2021 年)》到《金融科技发展规划（2022—2025 年)》，侧重点从"强化金融科技监管"到"强化数字化监管能力建设"，"金融科技创新实施穿透式监管"的目标也在不断变换。其中，《金融科技发展规划（2022—2025 年)》将金融数据安全和有序共享作为重点任务之一，强调要健全金融科技治理体系。2023 年，我们要根据《证券公司网络和信息安全三年提升计划（2023-2025）》的要求，实现证券公司网络和信息安全保障水平明显提升；行业从业人员网络和信息安全意识明显增强；建立与证券公司发展愿景相适应的网络和信息安全战略；构建完善的网络和信息安全管理体系、研发管控体系、安全技术体系、数据安全体系、安全运维体系、安全应急体系；发挥科技创新应用不断促进网络和信息安全稳步提升的作用，为行业数字化转型及高质量发展提供有力支撑。未来，证券公司的数字化治理水平将会越来越高。

数字化能力平均得分73.85分、数字化业务平均得分58.69分，远低于数字化转型综合评价得分。由此可见，即使是上市证券公司，其数字化应用程度也较低，尽管行业内大部分上市券商都提出了数字化转型战略，但受资金限制或监管压力等因素影响，信息技术投入规模有限，数字人才、技术专利和软件著作数量偏低，也使得数字化业务成为证券行业数字化转型差距分化最严重的方面。未来，券商要重视数字化业务转型，以用户为中心，提高平台用户数量，同时重视技术专利建设，全方位推进数字化转型。

2023年，上市证券公司数字化转型综合评价排名前3的分别是华泰证券、国泰君安和中信证券。华泰证券致力于将科技打造成公司的核心竞争力之一，深化数字金融应用，夯实金融科技底座，全面推进数字化转型。围绕"成就客户、创新业务、优化运营、赋能员工"四大数字化转型总体目标，构筑差异化竞争优势。"涨乐财富通"重点增强交易服务能力和"千人千面"推荐能力，打造了涨乐智能服务平台i问，向客户提供了基于智能问答的新服务形态；一站式机构客户服务平台"行知"发布了4.0版本，继续深化服务场景拓展，上线场外衍生品、机构理财、ABS、港股簿记等机构业务功能；建设Onboarding平台，推进机构客户、账户、用户的统一管理和服务能力。智能投顾平台"聊TA"重点完善面向投资顾问分类分层、客户运营等方面的精细化运营能力；机构客户销售管理平台"青云"发布了2.0版本，初步实现境内外营销服务一体化整合，积极引入AI技术，提升销售工作效率和体验。自2020年以来，面对证券行业与数字技术加速融合、深度互嵌的发展新趋势，国泰君安在业内首次创造性地提出了打造"SMART投行"的全面数字化转型愿景及"开放证券"生态化发展理念，先后启动集团经营管理驾驶舱、跨界金融科技实验室、新一代信创分布式核心交易系统等项目建设，引领行业数字科技发展潮流。数字科技的持续投入对增强客户体验、推动业务发展、提升管理能力的支撑作用日益显现。近年来，国泰君安以平台化建设为抓手全力推进全面数字化转型，在行业内首家完成新一代信创核心交易系统的全面切换，稳步推进道合销售通、多空收益互换系统、券源通以及投行数智平台等重点项目建设，持续优化以君弘 App 为核心的数字化财富管理平台和以道合 App 为核心的机构客户综合服务平台，正式发布大模型及应用成果"灵犀布道"，数字科技能力不断提升。2023 年末，期末君弘 App 手机终端用户 4044 万户，同比增长 3.7%，平均月活用户排名行业第 2，道合平台用户累计 7.27 万户、覆盖机构和企业客户 9159 家，分别同比增长 14.7% 和 13.8%。2023 年，公司信息技术投入为 21.60 亿元，同比增长 20.1%。2023 年，中信证券积极通过科技赋能全面推进数字化转型，通过信息化、数字化手段优化内部管理，提升新型风险防控和合规管理水平；利用数字化手段，升级财富管理平台，革新财富管理展业模式；通过数字化创新赋能业务发展，依托科技手段提升金融服务水平。

目前，我国证券行业呈现机构化、国际化、数字化三大长期趋势，在数字经济时代的积极政策引导以及技术迭代升级的背景下，推动数字化转型、利用科技赋能业务发展已逐步成为金融行业共识。未来，证券行业要加快数字化转型步伐，无论是头部券商还是中小券商，都要更加注重差异化、特色化发展，落实数字化转型战略，在细分业务、特定区域或行业领域中逐渐形成自身的竞争优势。

（二）上市证券公司数字化转型分项指标评价结果分析

1. 数字化战略

数字化战略得分排名前 3 的分别是华林证券、西南证券和海通证券，这 3 家上市券商均制定了具体的数字化战略，年度信息技术投入占营业收入的比重均超过 10.5%。2023 年，华林证券信息技术专业子公司海豚科技顺利设立并运营，子公司的使命是"以科技创新驱动华林金融业务跨越式发展，引领人工智能时代证券行业发展"，聚焦于 App 产品的优化与迭代，持续优化用户体验，满足客户不同层次的需求。同时，公司持续深化与火山引擎的合作，借助今日头条、抖音渠道的流量，并结合个性化算法、智能推荐技术等，实现精准营销，为 App 用户增长赋能，并制定了精细化的用户分层运营策略，进一步提升用户转化率和延长用户投资生命周期。2023 年，西南证券加快推进"敏捷科技、数字西证"的全面数字化转型战略，成立财富管理数字化转型工作专班和客户服务满意度提升专班，推动财富管理数字化转型落实落地。打造数字化、专业化和个性化的客户服务矩阵，不断提升客户服务水平，以数字技术实现资源整合及共享，赋能牵引业务发展，同时积极推动风险管理数字化转型，为公司高质量发展提供重要支撑。报告期内，海通证券加快金融科技应用，以建设"数字海通 2.0"为目标，开展以"敏捷化、平台化、智能化、生态化"为特点的金融科技平台建设，"e 海通财"打造集团生态、行业生态、用户生态一体化的综合财富服务入口，App 月度活跃数继续保持行业前 4；"e 海方舟"引入多家市场主流算法策略合作伙伴，打造海通特色算法平台；"e 海通衍"打通南北向跨境交易业务，为境内外机构投资者提供多样化、专业化的跨境投资交易及对冲工具。海通证券致力于从业务发展、经营管理、数据应用、科技能力、机制体制等五大领域着手，全面推动数字化转型。

2. 数字化业务

数字化业务是证券公司数字化转型的核心，得分排名前 3 的分别是国泰君安、中信建投和华泰证券。国泰君安 App 下载量排名第 4；软件著作数量排名第 2；发明专利数量排名第 3。中信建投软件著作数量排名第 6；发明专利数量行业排名第 1。华泰证券 App 下载量排名第 2；发明专利数量排名第 4。

3. 数字化能力

数字化能力得分排名前 3 的分别是华泰证券、中信证券和海通证券。2023 年，华泰证券数字人才数量排名行业第 1；信息技术投入 25.80 亿元，排名行业第 1；"涨乐财富通"荣获"中国证券业十大品牌 App 君鼎奖""中国证券业投顾服务 App 君鼎奖"等。2023 年，中信证券分支机构遍布全球 13 个国家，覆盖全球股票总市值 95% 以上的主要市场；同时，信息技术投入和数字人才数量不断增加，通过信息化、数字化手段优化内部管理，提升新型风险防控和合规管理水平。2023 年，海通证券按照科技发展规划扎实推进各项工作，积极践行"一个海通"理念，不断夯实数字化底座。海通证券信息技术投入总额为 24.13 亿元，位居行业第 2，仅次于华泰证券，重点用于新一代核心交易系统三期工程、机构交易服务平台全面升级、推动财富管理数字化转型、助力智慧运营建设等。

4. 数字化治理

数字化治理得分排名前 3 的分别是财通证券、中金公司和华泰证券。2023 年财通证券年度报告页数排名第 1，该公司秉承"规范经营、稳健发展"的经营理念，通过制度治理、数智建设、文化建设，提升合规风控水平和数字化治理能力；持续夯实风控合规基石，建立重大合规风险防控机制；迭代升级"监督一张网"平台，依托合规综合平台自主研发"赋能服务中心"，打造规范化、数字化的中后台服务前台的窗口。中金公司 2023 年的年度报告页数排名第 2，仅次于财通证券。中金公司具有完善的信息技术管理架构和业界领先的自主研发能力，公司构建的基础交易、产品和服务、风控和运营管理三大基础技术体系，能够为客户及各业务部门提供全流程、端到端的复杂金融产品服务。同时，中金公司还具有全面、审慎的风险管理机制，且不断夯实"全员、全程、全覆盖、穿透式"的风控合规体系和运行机制，确保公司形成集中、有效的业务管理和风控支持效应。2023 年华泰证券年度报告页数排名第 3，多年来该集团以"风险为本、数据为基、立体化合规管理"为目标，以"数据驱动、统一平台、赋能业务"为依托，在业内率先推进数字合规建设，塑造专业、高效的数字合规能力基座，并持续加强立体合规建设，积极探索构建跨境一体化合规管控体系；持续提升风险管理前瞻性和有效性，主动防范重点业务风险和强化高风险领域管控，守牢业务风险底线，平台化赋能风险管理提质增效，保障业务稳健发展。

中央金融工作会议强调，要加快建设金融强国，全面加强金融监管，完

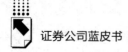

善金融体制，优化金融服务，防范化解风险，坚定不移走中国特色金融发展之路，推动我国金融高质量发展。资本市场改革将持续推进，证券行业作为资本市场重要枢纽仍处于重要战略机遇期。展望未来，证券行业将进一步回归本源，围绕服务实体经济大局提升专业能力，履行资本市场"看门人"职责，助力上市公司质量提升；以投资者利益为本提升投研投顾能力和服务能力，推进数字化转型，拓展服务场景提升服务质效。监管机构将继续加强监管和严控风险，对行业的专业能力、治理能力和经营管理水平提出更高要求，合规管理和风险防范能力将成为证券公司构建差异化优势的重要基础。为适应资本市场改革和金融强国建设，证券公司正加快推进市场化改革、开展创新业务试点、推进数字化转型、打造核心竞争力，预计未来行业竞争将进一步加剧、行业整合将加速推进。

四 证券公司数字化转型路径

（一）证券行业格局和趋势

随着新一轮技术革命和自动化兴起，数字化技术的广泛使用对人们的生活和工作产生了深远影响，也给证券行业带来了前所未有的革命性动力，数据处理、高频交易、投资策略、风险评估等方面均发生了根本性转变。加密货币、区块链技术和人工智能技术应用，都是证券行业在实际发展过程中必须审视和考量的新现实。

第一，资本市场全面深化改革推动证券行业迈入高质量发展的新阶段。我国正处在建设资本市场的关键时期，全面深化资本市场改革推进资本市场高质量发展，是当前的工作重点。随着资本市场新一轮改革的不断深入，多层次资本市场体系建设不断完善，证券市场在提高资源配置效率，推动资源要素向科技创新集聚，畅通科技、产业和资本良性循环方面发挥着日益重要的作用。更好的发挥资本市场功能、助力新质生产力发展；坚持以投资者为本，大力改进投资者服务是当前资本市场的主线任务。推动资本市场行稳致远需要坚持强本强基、严监严管，坚持以改革促发展、保稳定，切实保护投资者合法权益，树立回报投资者的鲜明导向，更好发挥资本市场服务实体经济的功能。资本市场是一个多方参与的复杂生态系统，要依法规范证券发行人、上市公司、证券公司等重要主体的市场活动，大力改进投资者服务，不断深化改革，发挥好资本市场的各项功能，打造一流投资银行和投资机构，充分利用金融科技、人工智能等数字化技术，实现差异化和特色化发展。同时，完善资本市场的并购重组和股权激励等制度，促进行业整合和转型升级，实现证券行业高质量发展。

第二，数字技术创新推动证券行业运营管理模式变革。数字技术创新是新一轮科技革命、产业革命和证券行业高质量发展的核心技术，数字技术有效赋能传统行业，能够催生新业态、新模式，深刻改变着市场参与主体和整个证券行业的市场结构。从美国金融科技公司快速崛起、亚洲移动支付迅速发展到我国证券行业数字化转型，无不体现了数字技术创新的重要性。目前我国证券行业数字化转型进入深水区，5G、大数据和人工智能技术拓展了证券服务的边界，证券公司致力于运用数字化技术提高自身竞争力，引领各项业务运营、管理和发展，不断为客户提供更加快捷、透明的个性化服务。以生成式 AI 为代表的人工智能技术深刻改变着证券行业运营管理模式，从市场数据的抓取、处理、深度分析到客户服务的精准、高效、自动化，人工智能技术不仅能从过去已经发生的事件中学习和发现规律，还能根据模型识别市场投资机会和潜在风险，为客户提供智能化服务。人工智能技术正在促进金融服务商业形态的变革，将不断推动证券行业商业运营模式的变革和创新。

第三，强化抗风险能力是证券行业高质量发展的重要环节。随着数据处理和金融交易的平台化，数据泄漏、网络安全问题层出不穷，风险传播的隐蔽性和不可控性持续增加，对证券行业资产管理安全构成威胁。当前，证券公司数据分析、投资策略、风险评估等更加依赖算法和机器，虽然市场效率大大提高，但往往不够透明，增加了系统性风险发生的可能。数字技术应用对传统证券行业监管提出挑战，现有金融监管体系难以适应数字技术创新水

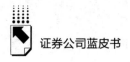

平，导致数字化服务或转型有可能面临无监管规则可用的情形，增加风险监管难度。未来，证券公司要强化风险管理能力，在数字化时代求新求变，全面理解数字化创新金融监管的复杂性，及时调整风险监管战略，持续强化对风险的早识别、早预警、早暴露、早处置，不断提高风险治理能力，以确保行业的健康、可持续发展。

（二）证券公司数字化转型路径

1. 重视全用户生命周期数字化服务

目前，券商大多通过线下销售、研究所、分支机构和线上 App、咨询平台等不同渠道承揽机构和零售客户，综合化的营销意识不突出且业务间各自为战，导致对客户的需求理解不全面，而多元化的客户需求需要券商围绕客户的全生命周期、全流程以及全价值链进行数字化的洞察和管理。因此，提升对客数字服务能力是券商数字化转型的关键任务，即以"客户"为中心，构建前中后台一揽子管理的全生命周期客户服务体系。通过在线平台打破客户办理业务的时空限制，整合线上线下资源，包括 App、微信公众号和网站等渠道，在了解目标客户群的基础上，深挖客户需求，精准匹配产品与服务，推广券商机构业务交叉销售模式，通过计算机新算法计算投资收益，实现客户资产保值增值。不仅要激活客户，还要通过特色业务留住客户，提高客户留存率。同时，除了要促进券商经纪业务和数字技术的融合之外，还要重视自营业务、投行业务等领域的数字化应用，建立数字化投资交易体系，打造投行业务平台，提高自营业务交易效率，促进自营业务发展，支撑自营板块在投资效率、投后管理等方面的优化需求以及行业内投资交易一体化趋势，推动商业模式创新，形成券商投资交易的良性循环。

2. 重视财富管理数字化转型

伴随着多层次资本市场改革和金融普惠化的推进，金融资产占可投资总资产的比重将持续上升，客户对财富管理的需求规模也将逐渐扩大，需求端的推动或将使财富管理业务成为券商数字化转型的先行试验田。考虑到目前经纪业务仍是我国证券公司主营业务之一，并且经纪业务的一大特点就是零售客户较多，所以券商要整合零售资源，建立系统化拓客机制，为零售客户提供个性化服务，根据客户风险偏好、工作性质、收入情况等定制个性化服务，加强客户分层分级管理，优化资源配置，重视用户体验，助力财富管理转型。在这样的背景下，创新服务方式将是券商扩大用户圈层、深挖用户价值和夯实用户基础的关键因素。在扩大用户圈层方面，券商可以利用创新投顾服务方式，拓宽投顾服务半径，打造专业投顾 IP，培育优质内容以加深与客户的连接；而在深挖用户价值和夯实用户基础方面，券商可以探索私域流量经营方式，提升投顾数字化服务能力，动态地提出资产配置建议并提供全旅程客户陪伴的综合服务。

3. 加大 IT 技术研发投入、搭建数字经营平台

目前，数字化转型已成为证券公司做大做强不可或缺的助推器，而 IT 技术是券商业务发展和数字化转型的重要工具。尽管自 2017 年以来，我国证券公司的 IT 技术投入量逐年增加，但和发达国家之间还有一定差距。未来要继续增加 IT 投入，重视 IT 基础设施建设。一般而言，科技行业平均 5~7 年就会更新换代，券商要有大局意识，从公司长远发展的角度入手，改变传统 IT 框架，增强金融服务意识，积极建设以客户体验为驱动的应用前台，以服务为导向的业务中台，以安全、高效、快速、灵活为目标的弹性 IT 加购后台。特别是营业收入较高的龙头券商，更应该结合自身特点、营收水平等要素在公司发展战略中合理增加 IT 投入，进行差异化布局；中小企业资源有限，则应挖掘自身特点打造特色服务，形成差异化竞争优势。

除了加大 IT 投入外，搭建数字经营平台对数字化转型也至关重要，因为数字经营平台有助于提高券商的协作效率。具体而言，券商需要通过科技手段升级业务流程，包括办公协作、展业、研发、运营等各种场景，通过"RPA+AI"等手段，实现数字技术助力组织效能的提升。同时，券商需要通过深度挖掘数字化赋能场景、加强大数据分析与运用、完善配套数字化工具建设，以及重点打造客户服务平台、经营赋能平台和企业级数据中台等手段，全面提升数字化经营能力。

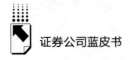

4. 风险管理体系数字化升级

在合规风控方面,基于大数据和智能算法的风险管理体系可以释放数据价值,推动风险防控在实时性和全面性上的升级。同时,在政府监管要求从严、证券业务类型日渐复杂、风险种类多元化的背景下,需要券商实现全面的风险管理体系数字化升级,可以从搭建信息披露系统、完善数据分析与风险预警能力、实现智能合规以及数据资产的合规使用等方面进行部署,积极探索以金融科技手段赋能风险管理的方式,形成与监管合规性要求和风险变化特征相适应的风险管理体系。

附表1 2023年上市证券公司数字化转型评价结果排名

公司简称	数字化转型综合评价排名	数字化战略排名	数字化业务排名	数字化治理排名	数字化能力排名
华泰证券	1	14	3	3	1
国泰君安	2	21	1	8	5
中信证券	3	31	4	4	2
中信建投	4	19	2	7	8
中金公司	5	10	7	2	6
海通证券	6	3	8	15	3
广发证券	7	24	6	17	9
招商证券	8	9	12	20	4
国信证券	9	15	11	18	11
东方财富	10	38	5	44	14
方正证券	11	25	10	19	17
中国银河	12	30	15	5	10
光大证券	13	8	19	14	12
兴业证券	14	35	9	31	22
东北证券	15	12	14	22	16
华西证券	16	13	17	6	21
申万宏源	17	7	26	38	7
长江证券	18	40	22	13	13
东方证券	19	32	21	11	15
财通证券	20	36	28	1	31
中泰证券	21	34	18	10	19
东兴证券	22	18	35	25	20

公司简称	数字化转型综合评价排名	数字化战略排名	数字化业务排名	数字化治理排名	数字化能力排名
第一创业	23	16	36	21	26
西部证券	24	28	27	28	18
中银证券	25	11	37	33	25
首创证券	26	17	39	24	30
财达证券	27	22	42	27	28
信达证券	28	26	41	32	27
国金证券	29	33	25	30	24
山西证券	30	6	13	37	36
中原证券	31	4	16	29	41
红塔证券	32	44	44	9	33
国联证券	33	42	34	23	32
国海证券	34	23	32	12	38
南京证券	35	41	23	36	40
东吴证券	36	29	29	34	34
国元证券	37	27	24	26	37
长城证券	38	20	33	35	39
华林证券	39	1	31	43	29
西南证券	40	2	40	41	23
浙商证券	41	37	30	16	43
华安证券	42	39	20	40	35
太平洋证券	43	5	43	39	42
天风证券	44	43	38	42	44

资料来源：山东省亚太资本市场研究院。

参考文献

孙国茂主编《中国证券公司竞争力研究报告（2023）》，社会科学文献出版社，2023。

孙国茂主编《中国证券公司竞争力研究报告（2022）》，社会科学文献出版社，2022。

孙国茂主编《中国证券公司竞争力研究报告（2021）》，社会科学文献出版社，2021。

孙国茂、徐立波、梁占海、王铁霖：《数字化转型背景下企业司库与企业内生金融

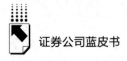

化趋势》,《山东工商学院学报》2023 年第 2 期。

冯利霞:《华泰证券数字化转型对绩效的影响研究》,硕士学位论文,广州大学,2022。

孙越:《从技术赋能业务到全面开放生态 券商加快数字化转型》,《上海证券报》2021 年 8 月 31 日。

向筱、潘娜、莫海峰、谢佳明:《证券公司固定收益业务数字化转型路径研究》,《债券》2021 年第 1 期。

华泰证券课题组、朱有为:《证券公司数字化财富管理发展模式与路径研究》,《证券市场导报》2020 年第 4 期。

潘劲松:《券商经纪业务数字化转型方向与实践》,《金融纵横》2021 年第 5 期。

戚聿东、肖旭:《数字经济时代的企业管理变革》,《管理世界》2020 年第 6 期。

房汉廷:《关于科技金融理论、实践与政策的思考》,《中国科技论坛》2010 年第 11 期。

谷方杰、张文锋:《基于价值链视角下企业数字化转型策略探究——以西贝餐饮集团为例》,《中国软科学》2020 年第 11 期。

肖旭、戚聿东:《产业数字化转型的价值维度与理论逻辑》,《改革》2019 年第 8 期。

许恒、张一林、曹雨佳:《数字经济、技术溢出与动态竞合政策》,《管理世界》2020 年第 11 期。

韦谊成、刘小瑜、何帆:《数字化转型与公司治理水平研究——来自 A 股主板上市公司的经验证据》,《金融发展研究》2022 年第 3 期。

祝合良、王春娟:《"双循环"新发展格局战略背景下产业数字化转型:理论与对策》,《财贸经济》2021 年第 3 期。

李方超、姜仁荣:《金融科技时代下证券公司的数字化转型研究》,《现代商业》2021 年第 22 期。

B.4
中国证券公司系统重要性
评价报告（2024）

孙国茂　张　辉[*]

摘　要：　本报告结合《关于完善系统重要性金融机构监管的指导意见》的相关要求，从机构规模、关联度、不可替代性、复杂性和资产变现等方面选取若干分项指标，建立证券公司系统重要性评价体系，并对上市证券公司系统重要性进行评价和分析。研究结果显示，上市证券公司系统重要性头部集中性特征愈加明显，大型上市券商往往系统重要性排名靠前。目前，机构规模仍是影响我国上市证券公司系统重要性排名的关键指标，但除此之外，关联度的影响也不容小觑，证券行业内"大而不能倒"和"太关联而不能倒"的现象并存。此外，不可替代性、复杂性和资产变现等指标也至关重要，应共同纳入我国宏观审慎监管体系，作为证券市场宏观审慎监管框架的具体内容。加强对证券机构系统重要性的监管、增强防范和化解金融风险的能力、守住不发生系统性金融风险的底线，是我国资本市场面对的重要课题。证券公司坚持合规审慎经营是行业发展的基础，是维持金融市场稳健运行的内在要求，也是提高经营水平、实现高质量发展的必要条件。

关键词：　证券公司　系统重要性　系统重要性识别　宏观审慎监管

---

* 孙国茂，中央财经大学经济学博士，青岛大学经济学院教授、博士生导师，山东工商学院金融学院特聘教授，山东省亚太资本市场研究院院长，研究方向为公司金融与资本市场理论、制度经济学和数字经济等；张辉，中央财经大学博士研究生，研究方向为劳动经济学。

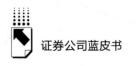
一 引言

中央金融工作会议首次提出，要加快建设金融强国，全面加强金融监管，完善金融体制，优化金融服务，防范化解风险，坚定不移走中国特色金融发展之路，推动我国金融高质量发展。中央金融工作会议后，中国金融改革发展的基础逻辑、主要任务、发展方向、发展重点都发生了变化。党中央对金融业的集中统一领导，客观上要求金融业履行其职能，即服务实体经济、支持科技创新、支撑"一带一路"、支持产业政策；要推动金融资源真正聚集到高质量发展的战略方向、重点领域和薄弱环节，不断满足经济社会发展和人民群众金融服务需求。

中央金融工作会议要求"坚持把防控风险作为金融工作的永恒主题"。回顾历史，自 2008 年国际金融危机爆发并产生严重后果后，世界各国金融监管体系发生了根本性的转变，从以往传统的微观审慎视角逐渐转变为宏观审慎视角，完善宏观审慎政策框架逐渐成为金融监管体制改革的核心内容。其中，加强中央银行对系统重要性金融机构（SIFIs）的监管是强化宏观审慎管理、维护金融稳定的重点内容。一旦 SIFIs 陷入困境或破产，由于风险溢出效应，整个金融体系会遭到重大破坏，甚至会蔓延至实体经济，并最终引发严重的金融危机。因此，有效识别和监管系统重要性金融机构（SIFIs）至关重要。2018 年 11 月，中国人民银行（以下简称"人行"）与中国银行保险监督管理委员会（以下简称"银保监会"）、中国证券监督管理委员会（以下简称"证监会"）联合发布《关于完善系统重要性金融机构监管的指导意见》（以下简称《意见》），对我国 SIFIs 的识别、监管和处置做出了总体性的制度安排。

《关于完善系统重要性金融机构监管的指导意见》指出，系统重要性金融机构是指因规模较大、结构和业务复杂度较高、与其他金融机构关联性较强，在金融体系中提供难以替代的关键服务，一旦发生重大风险事件而无法持续经营，将对金融体系和实体经济产生重大不利影响、可能引发系统性风险的金融机构。为防范风险，世界各地的监管机构和政策制定者呼吁对系统重要性金融机构进行更密切的监控。国内也高度重视系统重要性金融机构的监管工作，自《意见》出台以来，不断完善对 SIFIs 的评估与监管。2020年，《系统重要性银行评估办法》明确我国系统重要性银行的认定规则；2021年，人行、银保监会按照认定规则和评价标准确定我国 19 家系统重要性银行；2021年9月，人行、银保监会发布《系统重要性银行附加监管规定（试行）》，从附加资本、杠杆率、流动性、大额风险暴露、公司治理、恢复处置计划、数据报送等方面，提出附加监管要求，对不同组别的系统重要性银行实施差异化监管。2023年，人行、国家金融监督管理总局发布《系统重要性保险公司评估办法》。对证券行业来说，系统重要性证券机构具有以下特征：一是行业集中度高，核心竞争力强、综合化和国际化经营程度高，客户服务能力强，合规风控水平高，可在行业创新发展中发挥引领作用；二是影响力大，总资产及管理客户资产规模大，有很强市场影响力和就业吸纳能力，在国际市场具有强大的资源配置能力和影响力，拥有一定国际定价权；三是对维护国家安全和稳定具有重要作用。结合《意见》中关于系统重要性金融机构的定义，那些总资产位居行业前列，分支机构多、与其他金融机构资产负债关联性强、业务往来频繁，提供的金融服务特殊或复杂、短时间内难以被替代；金融业务复杂性高、产品创新多，跨境金融活动频繁、对国际金融市场影响力较大的证券机构都应被纳入系统重要性评价体系。

证券市场是企业融资的重要渠道，对降低企业融资成本、支持实体经济发展有着重要作用，同时也关系到投资者的"钱袋子"。证券市场主体在享受市场便利的同时，必须增强法治意识和投资者保护意识，履行维护证券市场秩序的义务。证券行业应以股票市场注册制改革走深走实为契机，切实加强对重大战略、重点领域和薄弱环节的优质金融服务，做好科技金融、绿色金融、普惠金融、养老金融、数字金融"五篇大文章"。在证券市场系统性风险监管方面，监管部门应进一步强化现代监管，严把上市关、严格持续监管、加大退市监管力度，持续从重从严惩处违法行为，着重强化系统重要性

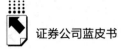

证券机构的监管，更好发挥资本市场的功能作用，服务金融强国建设。受各种因素制约，非上市证券公司数据较难获得，本报告根据《意见》要求，从机构规模、关联度、不可替代性、复杂性和资产变现等方面选取若干分项指标建立证券公司系统重要性评价体系，并对上市证券公司系统重要性进行评价和分析。一般而言，上市证券公司是优秀券商代表，其市场份额、资产比重、营收比重、净利润比重、净资本比重都占到行业的绝对多数，基本可以代表行业发展运行状况。建立证券公司系统重要性评价体系，分析上市证券公司的资产情况、风险情况等，能够为监管部门制定证券机构系统重要性监管决策提供依据，对确保金融系统稳定、增强金融服务实体经济能力、防范系统性风险也具有重要意义。

二 证券公司系统重要性评价体系构建

（一）指标构成

结合我国证券公司发展现状及《意见》对于金融机构系统重要性的评估和指导，本报告选取机构规模、关联度、不可替代性、复杂性和资产变现作为证券公司系统重要性评价体系的一级指标，同时确定了13项二级指标（见表1）。

1. 机构规模

由营业收入、总资产和净资产构成。一般而言，大型金融机构因其资产规模巨大而在金融体系中占据重要地位，大型机构体量庞大、分支机构众多，尤其是头部机构在行业内往往具有示范效应，"大而不能倒"的问题要求金融机构系统重要性评估必须重视机构规模，大型证券公司一旦出现风险暴露的情况，不仅容易引发市场恐慌，还会使风险迅速在行业内蔓延，甚至引发危机。

2. 关联度

由金融机构间资产、金融机构间负债和杠杆率构成，其中，金融机构间资产包括交易性金融资产、衍生金融资产、买入返售金融资产、存出保证金和可供出售金融资产；金融机构间负债包括拆入资金、交易性金融负债、衍生金融负债、卖出回购金融资产款和应付债券；关于杠杆率，本报告参考巴曙松等[1]的定义，用合并报表净资产/总资产表示。除了"大而不能倒"之外，"太关联而不能倒"也是评估证券机构系统重要性的主要影响因素，金融机构间通过资产负债紧密连接，链条越长、参与机构越多，关联度越强，一旦某个环节出现问题，风险溢出效应会迅速引发行业多米诺骨牌效应。

3. 不可替代性

由经纪业务收入、投资银行业务收入、资产管理业务收入构成。若一个机构由于破产或倒闭以至于无法正常运转，而该机构提供的金融服务或产品在短时间内又无法被替代，则该机构也具有系统重要性特征。这类机构的系统重要性无关乎机构规模和关联度，但从不可替代性方面来讲，是其他机构短时期内难以比拟的。

4. 复杂性

由融资融券业务利息收入和股票质押业务利息收入构成。证券机构在金融交易过程中提供的产品或服务越复杂，与其他机构建立的金融网络也越复杂，当市场产生风险时，造成的影响就越大。

5. 资本变现

由净资本、净资本/净资产构成，反映了证券公司能够快速利用自有资金抵抗风险的能力。

表1 证券公司系统重要性评价体系

单位：%

一级指标		权重(Q)	二级指标		权重(q)
机构规模	D_1	20	营业收入	$d_{1,1}$	100/3
			资产规模	$d_{1,2}$	100/3
			净资产	$d_{1,3}$	100/3

---

① 巴曙松、王璟怡、刘晓依、郑铭：《全球系统重要性银行：更高的损失吸收能力》，《中国银行业》2016 年第 6 期。

续表

一级指标		权重(Q)	二级指标		权重(q)
关联度	D_2	20	金融机构间资产	$d_{2,1}$	100/3
			金融机构间负债	$d_{2,2}$	100/3
			杠杆率	$d_{2,3}$	100/3
不可替代性	D_3	20	经纪业务收入	$d_{3,1}$	100/3
			投资银行业务收入	$d_{3,2}$	100/3
			资产管理业务收入	$d_{3,3}$	100/3
复杂性	D_4	20	融资融券业务利息收入	$d_{4,1}$	50
			股票质押业务利息收入	$d_{4,2}$	50
资产变现	D_5	20	净资本	$d_{5,1}$	50
			净资本/净资产	$d_{5,2}$	50

资料来源：山东省亚太资本市场研究院。

（二）评价方法

本报告采用国际通用的等权重法①对我国证券公司系统重要性进行计算，根据表1所示的证券公司系统重要性评价体系，具体计算方法如下。

证券公司系统重要性与定量因素 D_i 存在函数关系，即：

$$F = f(D_1, D_2, D_3, D_4, D_5) \tag{1}$$

式（1）中，F 为证券公司系统重要性得分；D_i 为机构规模、关联度、不可替代性、复杂性、资产变现（$i = 1, 2, 3, 4, 5$）。证券公司系统重要性单项指标得分和综合得分的计算公式分别为：

$$F = \sum_{i=1}^{5} D_i Q_i \tag{2}$$

$$D_i = \sum_{j=1}^{n} d_{i,j} q_{i,j} \tag{3}$$

---

① 等权重法，是指标的指数采用等权重编制方法，赋予每个指数成份股相同的权重，并通过定期调整，确保单个成份股保持权重的相等。

式（2）中，Q_i 为各指标权重；式（3）中，$d_{i,j}$ 和 $q_{i,j}$ 为决定前述各项指标的因素与权重。

三　上市证券公司系统重要性评价结果分析

中国证券业协会数据显示，截至 2023 年 12 月 31 日，全行业 145 家证券公司总资产 11.83 万亿元、净资产 2.95 万亿元、净资本 2.18 万亿元、客户交易结算资金余额（含信用交易资金）1.76 万亿元，受托管理资金本金总额 8.83 万亿元。145 家证券公司 2023 年度实现营业收入 4059.02 亿元，各主营业务收入包括代理买卖证券业务净收入（含交易单元席位租赁）984.37 亿元、证券承销与保荐业务净收入 480.03 亿元、财务顾问业务净收入 62.85 亿元、投资咨询业务净收入 49.90 亿元、资产管理业务净收入 224.79 亿元、利息净收入 531.50 亿元、证券投资收益（含公允价值变动）1217.13 亿元；2023 年度实现净利润 1378.33 亿元。根据证券公司系统重要性评价体系，本报告对 2023 年全国 44 家上市证券公司系统重要性进行评价，并根据评价的分数对其进行排名和分析。

（一）上市证券公司系统重要性排名总体分析

根据 Wind 资讯统计，截至 2023 年末，A 股上市公司数量已超 5300 家，2023 全年 IPO 募资总额超 3500 亿元。在助力产业创新转型及完善居民财富配置方面，资本市场的枢纽作用更加凸显，推动了实体经济的高质量发展。证券行业将积极融入国家发展大局，坚持金融服务实体经济，畅通科技、资本与实体经济的良性循环，为中国式现代化做出更大贡献。

2023 年，上市证券公司系统重要性排名结果见表 2。上市证券公司系统重要性头部集中性特征明显，大型证券公司往往系统重要性排名靠前，中信证券、国泰君安、广发证券位居行业前 3。中信证券已连续多年系统重要性行业排名第 1，广发证券也连续多年居于系统重要性行业排名前 3 位。长期以来，中信证券致力于打造一流投资银行和投资机构，助力资本市场功能提升，服务经济高质量发展。2023 年，中信证券各项经营管理工作稳步推进，净资本、净资产和总资产等规模优势显著，是国内首家总资产规模突破万亿元的证券公司，营业收入和净利润连续多年行业排名第 1。投资银行、财富管理、资产管理、金融市场等各项业务多年保持市场领先地位，在国内市场积累了广泛的声誉和品牌优势。多年来，获得了亚洲货币、《英国金融时报》、福布斯、沪深证券交易所等境内外机构颁发的各类奖项。

2023 年，国泰君安设立 ESG 及可持续发展委员会，将可持续发展理念全面融入公司战略，重构公司融资体系、投资体系、产品体系和风险管理体系，全面推进数字化转型和平台化建设，持续提升公司治理能力、竞争能力、创新能力、抗风险能力和回报能力，综合服务平台优势持续显现，经营业绩位居行业前列，连续 16 年获得 AA 级行业最高监管评级，MSCI ESG 评级跃升至 BBB，获得十二届中华慈善奖荣誉，公司品牌和社会影响力稳步提升。资本规模、赢利能力、业务实力和风险管理能力一直位居行业领先水平。截至 2023 年末，集团总资产为 9254.02 亿元，较上年末增加 7.52%；归属上市公司所有者的权益为 1669.69 亿元，较上年末增加 5.87%。2023 年度，集团实现营业收入 361.41 亿元，同比增加 1.89%；实现归母净利润 93.74 亿元。

2023 年，广发证券聚焦核心业务发展，深入优化业务结构，持续推动变革创新，公司经营业绩取得了稳定发展，主要经营指标稳居行业前列。截至 2023 年 12 月 31 日，集团总资产为 6821.82 亿元，同比增加 10.52%；归属于上市公司股东的所有者权益为 1357.18 亿元，同比增加 12.96%；集团营业总收入为 233.00 亿元，同比减少 7.29%；营业总支出为 145.05 亿元，同比减少 1.22%；业务及管理费为 138.85 亿元，同比增加 0.55%；营业利润为 87.95 亿元，归属于上市公司股东的净利润为 69.78 亿元。该公司是中国证监会选定的首批试点合规管理券商之一、行业内最早推行全面风险管理战略的券商之一，也是 20 世纪 80 年代末至 90 年代初成立的第一批券商中为数不多的未经历过因经营亏损而接受注资和重组的主要券商之一。

表 2　上市证券公司系统重要性排名（2023 年）

公司简称	系统重要性排名	公司简称	系统重要性排名
中信证券	1	红塔证券	23
国泰君安	2	长江证券	24
广发证券	3	太平洋证券	25
海通证券	4	西部证券	26
华泰证券	5	天风证券	27
中信建投	6	长城证券	28
申万宏源	7	东兴证券	29
中国银河	8	国海证券	30
招商证券	9	华西证券	31
国信证券	10	西南证券	32
中金公司	11	第一创业	33
东方证券	12	华安证券	34
东方财富	13	中银证券	35
光大证券	14	国联证券	36
兴业证券	15	南京证券	37
中泰证券	16	东北证券	38
浙商证券	17	信达证券	39
国金证券	18	首创证券	40
方正证券	19	山西证券	41
国元证券	20	中原证券	42
东吴证券	21	财达证券	43
财通证券	22	华林证券	44

资料来源：山东省亚太资本市场研究院。

（二）上市证券公司系统重要性分项指标得分前二十名分析

依据《意见》，本报告从机构规模、关联度、不可替代性、复杂性和资产变现等方面选择若干分项指标构建证券公司系统重要性评价体系，其中各分项指标前 20 名结果见表 3。

从表 3 可以看出，中信证券不仅系统重要性综合排名第 1，各分项指标排名也位居第 1，这表明它已经成为证券行业的"领头羊"。2023 年，中信证券实现营业收入 600.67 亿元，净利润 205.39 亿元，总资产规模达 1.45 万亿元，同比增长 11.06%，各项业务均保持行业领先。国泰君安的各项排名相对来说较为稳定，机构规模、不可替代性和复杂性排名第 2；关联度排名第 3；资产变现排名第 6。广发证券的不可替代性和复杂性排名第 3。

表 3　上市证券公司系统重要性分项指标前 20 名（2023 年）

机构规模排名		关联度排名		不可替代性排名		复杂性排名		资产变现排名	
1	中信证券	1	中信证券	1	中信证券	1	中信证券	1	中信证券
2	国泰君安	2	太平洋证券	2	国泰君安	2	国泰君安	2	中国银河
3	华泰证券	3	国泰君安	3	广发证券	3	广发证券	3	国信证券
4	海通证券	4	华泰证券	4	华泰证券	4	海通证券	4	广发证券
5	广发证券	5	红塔证券	5	中信建投	5	中信建投	5	招商证券
6	招商证券	6	招商证券	6	中国银河	6	申万宏源	6	国泰君安
7	中国银河	7	海通证券	7	海通证券	7	浙商证券	7	东方财富
8	申万宏源	8	中国银河	8	招商证券	8	国元证券	8	华泰证券
9	中金公司	9	广发证券	9	申万宏源	9	国金证券	9	中信建投
10	中信建投	10	申万宏源	10	中金公司	10	西部证券	10	首创证券
11	国信证券	11	国信证券	11	东方证券	11	华泰证券	11	财达证券
12	东方证券	12	中金公司	12	中泰证券	12	中国银河	12	光大证券
13	兴业证券	13	中信建投	13	国信证券	13	招商证券	13	海通证券
14	光大证券	14	东方财富	14	东方财富	14	红塔证券	14	东方证券
15	东方财富	15	第一创业	15	光大证券	15	兴业证券	15	西部证券
16	方正证券	16	国海证券	16	浙商证券	16	天风证券	16	南京证券
17	中泰证券	17	西部证券	17	方正证券	17	国联证券	17	东兴证券
18	长江证券	18	光大证券	18	长江证券	18	中金公司	18	中银证券
19	东吴证券	19	西南证券	19	财通证券	19	方正证券	19	红塔证券
20	浙商证券	20	华林证券	20	兴业证券	20	首创证券	20	长江证券

资料来源：山东省亚太资本市场研究院。

（三）上市证券公司系统重要性分项指标排名分析

1. 机构规模排名情况

Wind 数据显示，2023 年，国内 44 家上市证券公司营业收入合计5009.76 亿元、总资产合计 122144.27 亿元、净资产合计 26146.17 亿元。其中，机构规模排在前 20 名的上市证券公司营业收入合计 4148.88 亿元，占全部上市证券公司营业收入的 82.82%；机构规模排在前 20 名的上市证券公司总资产合计 103738.90 亿元，占全部上市证券公司总资产的 84.93%；机构规模排在前 20 名的上市证券公司净资产合计 21108.22 亿元，占全部上市证券公司净资产的 80.73%。

机构规模排名前 3 的分别是中信证券、国泰君安和华泰证券。2023 年，中信证券实现营业收入 600.67 亿元，同比减少 7.74%；总资产规模达 1.45万亿元，同比增长 11.06%；净资产规模达 2741.99 亿元，同比增长 6.13%。无论是营业收入、总资产规模还是净资产规模，中信证券都以绝对优势排在行业第 1 位。2023 年，国泰君安资管业务手续费净收入同比增加 24.48 亿元，增幅为 148.52%，拉动营业收入增加，实现营业收入 361.41 亿元，同比增加 1.89%；总资产 9254.02 亿元，同比增加 7.52%，且资产流动性良好、结构合理；净资产 1733.78 亿元，同比增加 5.82%。2023 年，华泰证券的资产规模与赢利能力稳居行业头部，实现营业收入 365.78 亿元，同比增长14.19%；总资产规模 9055.08 亿元，同比增长 6.96%；归属于上市公司股东的净资产 1791.08 亿元，同比增加 8.49%；归属于上市公司股东的净利润127.51 亿元，同比增长 15.35%。同时，公司整体业务规模也稳步增长，服务客户规模超 2100 万户，客户账户资产近 5 万亿元，基金托管与服务业务规模超过 1 万亿元，客户质量不断提升，平台化、一体化服务优势凸显。

2. 关联度排名情况

关联度排名由金融机构间资产、金融机构间负债和杠杆率构成。Wind数据显示，2023 年，国内 44 家上市证券公司金融机构间资产合计 54289.81亿元、金融机构间负债合计 33721.64 亿元。关联度排在前 20 名的上市证券公司金融机构间资产合计 43114.91 亿元，占全部上市证券公司金融机构间资产的 79.42%；关联度排在前 20 名的上市证券公司金融机构间负债合计 26335.49 亿元，占全部上市证券公司金融机构间资产的 78.10%。关联度排名前 3 的分别是中信证券、太平洋证券和国泰君安。

2023 年，中信证券金融机构间资产规模 7821.92 亿元、金融机构间负债规模 4554.38 亿元，行业排名第 1，资产负债结构稳定。公司业务高度依赖于中国及业务所处其他地区的整体经济及市场状况，中国及国际资本市场的波动，都将对集团经营业绩产生重大影响。对此，中信证券相应建立了全面的风险管理体系，从组织架构、制度规范、管理机制、信息技术等方面进行防范，持续优化业务流程和风险管控措施，以确保公司风险可测、可控、可承受。2023 年，公司进一步完善风险偏好管理，优化风险偏好指标体系，持续推进以风险偏好引领业务发展的管理机制；持续加强国别风险管理，完善配套制度流程，优化国别风险评估与评级工具，丰富国别风险识别与监控手段，提升国别风险限额管控能力；继续坚持对风险的主动管理，深化行业研究与评估，紧跟市场变化调整风险管理策略，增强前瞻性风险研判；不断加大风险排查广度与深度、加强重点持仓评估分析，及时发现潜在风险隐患并有效应对，保障公司资产安全。

2023 年，太平洋证券金融机构间资产规模 159.24 亿元，杠杆率达 59.56%，行业排名第 1，因而其行业关联度影响不容小觑。太平洋证券按照《证券公司全面风险管理规范》建立健全全面风险管理体系，公司董事会、经营层以及全体员工共同参与包括新业务在内的各项业务的风险管理，履行相应的风险管理职责。该公司高度重视风险管理体系建设，关于新业务的风险管理提出了新的标准，规范新业务类型的可行性研究、风险评估、验收、报告等风险管理工作，要求对非标准化业务项目建立更加严格的授权标准，以加强新业务的风险管理。

2023 年，国泰君安金融机构间资产规模 5087.01 亿元、金融机构间负债规模 3148.87 亿元，行业排名第 3。国泰君安十分重视风险管理体系建设，自成立以来，已建立了全面有效的风险管理和内部控制体系，通过完善的风险管理制度、科学的风险管理模式和方法、先进的风险管理手段，准确识别和有效管理风险，推动集团长期的全面发展。2023 年，集团进一步优化风控合规机制，加强风险数据采集与治理，强化重点部位风险管控，完善问责制度体系，合规风控能力持续提升。截至 2023 年末公司已连续 16 年获评中国证监会 A 类 AA 级分类评价，连续 3 年获得行业文化建设实践评估最高评级。

3. 不可替代性排名情况

Wind 数据显示，2023 年，国内 44 家上市证券公司经纪业务收入合计 1052.79 亿元、投资银行业务收入合计 455.95 亿元、资产管理业务收入合计 461.23 亿元。其中，不可替代性排在前 20 名的上市证券公司经纪业务收入合计 875.76 亿元，占全部上市证券公司经纪业务收入的 83.18%；不可替代性排在前 20 名的上市证券公司的投资银行业务收入合计 376.00 亿元，占全部上市证券公司投资银行业务收入的 82.47%；不可替代性排在前 20 名的上市证券公司的资产管理业务收入合计 405.02 亿元，占比 87.81%。不可替代性排名前 3 的分别是中信证券、国泰君安和广发证券。

2023 年，中信证券公司零售客户超过 1400 万户；企业与机构客户超过 10 万家，分布在国民经济主要领域，对主要央企、民企、重要地方国企、有影响力上市公司做到了深度覆盖。公司在境内设立了 400 多家分支机构、12 个投行区域分部，广泛分布在各省区市。公司经纪业务实现营业收入 152.01 亿元，同比下降 7.81%；资产管理业务实现营业收入 108.46 亿元，同比下降 10.99%；证券投资业务实现营业收入 193.95 亿元，同比增长 22.97%。无论是经纪业务收入、投资业务收入，还是资产管理业务收入，中信证券均排名行业第 1。

截至 2023 年末，国泰君安君弘 App 用户 4044.07 万户，同比增长 3.7%；平均月活 1796.33 万户，同比增长 10.1%。2023 年，国泰君安金融产品销售额 7444 亿元、同比增长 1.2%，金融产品月均保有量 2423 亿元，同比增长 13.3%。境内股基交易份额 4.76%，较上年提升 0.23 个百分点。"以客户为中心"业务组织体系日臻完善，"投研+投行+投资"为市场带来更多优质公司，"1+N"模式服务中长期资金入市，以买方投顾转型为核心形成"财富管理+"普惠金融新模式。2023年，国泰君安实现经纪业务收入67.90亿元，同比减少11.6%，行业排名第2，仅次于中信证券；投资银行业务收入36.87亿元，同比减少14.16%，行业排名第4；资产管理业务收入40.96亿元，同比增加148.52%，行业排名第4。

2023年，广发证券开展包括调整组织架构在内的系列改革，推进落实平台化转型，加强线上获客运营，积极开拓多渠道流量，发布全新Z世代App；加快推动机构业务高质量发展，推出"广发智汇"机构综合服务平台。截至2023年12月末，广发证券代销金融产品保有规模较上年末增长13.98%；2023年代销的非货币市场公募基金保有规模在券商中位列第3。①报告期内，广发证券实现经纪业务收入58.10亿元，行业排名第4；资产管理业务收入98.48亿元，行业排名第2，仅次于中信证券。

4.复杂性排名情况

2023年，股票发行注册制全面实行，北交所融资融券业务上线，上市企业数量和质量持续提升，市场活力不断增强，全市场融资融券规模整体保持正增长，证券行业融资融券业务面临较好发展机遇。根据中国证券业协会统计，截至2023年末，市场融资融券余额16508.96亿元，同比增长7.17%。其中，融资余额15792.99亿元，同比增长9.3%；融券余额715.97亿元，同比下降25.3%。证券行业股票质押回购融出资金2035.36亿元，同比下降3.2%。复杂性排名前3的分别是中信证券、国泰君安和广发证券。

中信证券自获得融资融券资格以来，始终围绕以客户需求为中心的经营理念，加强覆盖核心客群和丰富业务场景，市场份额保持领先，依托产品能力和服务能力，持续提升策略研发和交易服务供给效率；股票质押业务坚持服务实体经济的宗旨，信用资产质量持续优化，规模增速市场领先。2023年，实现融资融券业务利息收入1158.11亿元，排名行业第1；集团融资融

---

① 数据来源：中国证券投资基金业协会。

券业务存量负债客户平均维持担保比例为 275%、约定购回式证券交易业务规模为 0.15 亿元，平均履约保障比例为 288%；自有资金出资的股票质押式回购业务规模为 386.51 亿元，平均履约保障比例为 223%；集团管理的资管产品股票质押式回购业务规模为 110.33 亿元。[①]

2023 年，国泰君安证券融资融券余额 889.26 亿元，同比增长 2.10%，市场份额 5.39%，维持担保比例为 255.80%；其中，融资余额 833.46 亿元、市场份额 5.28%，同比下降 0.29 个百分点；融券余额 55.79 亿元、市场份额 7.79%，同比提升 0.81 个百分点。机构客户累计开户数 3744 户，同比增长 12.70%；机构客户融资融券余额 215.67 亿元，占本集团融资融券余额的 24.25%。股票质押业务待购回余额 265.31 亿元，同比增长 1.10%，其中，融出资金余额 262.45 亿元，平均履约保障比 256.10%；集团管理的资管产品股票质押回购业务规模 2.86 亿元；约定购回业务期末待购回余额 18.10 亿元，同比下降 22.7%。

广发证券立足业务本源，坚持客户中心导向，在做好客户服务、合规风控的同时，促进业务健康有序发展。截至 2023 年末，广发证券融资融券业务期末余额为 889.89 亿元，较 2022 年末增加 7.18%，市场占有率 5.39%。2023 年，广发证券市场股票质押业务规模较上年末呈下降态势，年内审慎开展股票质押业务，持续强化股票质押业务的风控准入，优化项目结构，股票质押业务规模有所上升。截至 2023 年末，广发证券通过自有资金开展场内股票质押式回购业务余额为 123.26 亿元，行业排名第 4。

5. 资产变现排名情况

Wind 数据显示，2023 年，国内 44 家上市证券公司净资本合计 15918.88 亿元、净资产合计 26146.17 亿元。其中，资产变现排在前 20 名的上市证券公司净资本合计 12405.54 亿元，占全部上市证券公司净资本的 79.93%；资产变现排在前 20 名的上市证券公司净资产合计 21038.83 亿元，占全部上市证券公司净资产的 80.47%。资产变现排名前 3 的分别是中信证券、中国银河

---

① 中信证券：《中信证券股份有限公司 2023 年年度报告》。

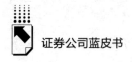

和国信证券。报告期内中信证券净资本1396.15亿元，行业排名第2。中国银河净资本1001.00亿元，仅次于中信证券，行业排名第2；净资产1304.95亿元，行业排名第6，但净资本/净资产排名行业第2，故中国银河资产变现排名行业第2。2023年，国信证券实现净资本821.40亿元、净资产1075.78亿元。[①]

（四）证券公司系统重要性结构分析

本报告通过计算各分项指标与系统重要性得分的相关系数（见表4），进一步分析机构规模、关联度、不可替代性、复杂性和资产变现与证券公司系统重要性排名的关系，为证券公司高质量发展以及系统重要性金融机构监管提供决策依据。通过表4可以看出，机构规模与系统重要性排名相关性最高，这说明机构规模仍是影响上市券商系统重要性排名最重要的因素，这也解释了为什么大型上市券商系统重要性排名均靠前，也证实了目前我国证券行业确实面临"大而不能倒"的问题。未来，在证券公司的发展与监管过程中，除了要通过并购重组不断提高头部证券公司规模外，必须关注"大而不能倒"问题，防止因大型证券机构倒闭而引发系统性风险。

除了机构规模之外，从表4可以看出，关联度对系统重要性排名的影响也不可忽视。2008年国际金融危机爆发，也让各国监管部门认清"大而不能倒"与"太关联而不能倒"的现象并存，关联度越强的机构，通过资产负债表相连的公司越多、涉及的业务范围越广泛，一旦某个环节出现问题，可能会引发"多米诺骨牌"效应，产生一系列连锁反应，且短时期内难以修复，并最终导致金融风险，破坏金融体系、危害实体经济。综上，机构规模与系统重要性排名相关性最强，其次是关联度，分析监管证券机构系统重要性，除了要关注"大而不能倒"外，还要重视"太关联而不能倒"，机构规模不是系统重要性排名的唯一判定标准。

---

① 国信证券：《国信证券股份有限公司2023年年度报告》。

另外，不可替代性和复杂性对系统重要性排名的影响程度也较高。与机构规模和关联度相关的是业务类型、公司结构以及所持有的金融产品的复杂性。一家金融服务和产品更为复杂的金融机构出现问题，会对金融体系和实体经济发展带来更严重的损害。除了机构规模、关联度和复杂性，"大而不能倒"的金融机构也为市场提供了重要的特殊金融服务，其倒闭可能会造成某项业务的缺失或瘫痪，这就是这类机构所具有的不可替代性。

表4　分项指标与系统重要性得分相关系数

相关系数	机构规模	关联度	不可替代性	复杂性	资产变现
系统重要性	0.9653	0.9502	0.8064	0.8859	0.7322

资料来源：各证券公司2023年报、山东省亚太资本市场研究院。

中央金融工作会议提出加快建设金融强国，意味着证券行业将迎来全面发展的新时期。证券行业将坚持以习近平新时代中国特色社会主义思想为指导，切实把思想和行动统一到党中央对形势的科学判断和决策部署，进一步突出稳字当头、稳中求进，紧紧围绕打造一个安全、规范、透明、开放、有活力、有韧性的资本市场的总目标，聚焦主责主业，以股票发行注册制改革全面落地为契机进一步畅通"科技—产业—金融"良性循环，不断提升证券公司核心竞争力。要不断探索构建证券业务与金融科技融合的创新机制，进一步巩固推进证券行业文化建设，努力构建集约型、专业化、高质量的行业发展新格局，推进证券行业高质量发展。尤其是对系统重要性证券机构来说，不仅要做大做强，还要建立完善的风控体系；未来要在证券行业站稳脚跟，赢得发展的主动权，必须结合自身优势，合理配置资源，以用户为中心，提供个性化、特色化服务，不断提高核心竞争力，为促进中国特色现代资本市场建设做出积极贡献，走好中国特色金融发展之路，助力实现中国式现代化。

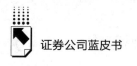

四　系统重要性证券机构监管

（一）中央金融工作会议提出五大监管

中央金融工作会议提出加强党对金融工作的集中统一领导，把"加强金融监管"列入重点工作，要求全面加强金融监管，有效防范化解金融风险。在资本市场发展方面，提出优化融资结构，更好发挥资本市场枢纽功能，推动股票发行注册制走深走实，发展多元化股权融资，大力提高上市公司质量，培育一流投资银行和投资机构；在金融监管方面，提出要继续深化金融监管，明确将所有金融活动全部纳入监管，全面强化机构监管、行为监管、功能监管、穿透式监管、持续监管，消除监管空白和盲区，严格执法，严厉打击非法金融活动。中央金融工作会议召开后，国家金融监管总局确定"三定"（定职责、定机构、定编制）方案，继续深化金融监管机构改革。"三定"方案明确监管职能转变的方向：一是加强和完善现代金融监管，转变监管理念和监管方式，坚持既管合法又管非法，持续提升监管的前瞻性、精准性、有效性，强化中央和地方监管协同，加强金融消费者权益保护，加大对违法违规行为的查处力度，牢牢守住不发生系统性金融风险的底线；二是加强金融监管内部治理，强化对权力运行的有效制衡，规范政策制定、市场准入、稽查执法、行政处罚、风险处置等工作流程，强化对重点岗位和关键环节的监督制约，打造一支政治过硬、专业精湛、清正廉洁的"监管铁军"。

这次金融监管体制创新工作意义深远，从之前"所有的金融业务"纳入监管，到如今"所有的金融活动"纳入监管，一词之差却体现了监管逻辑和本质的变化：此次监管体系的调整，突出了功能监管以及完善金融监管统筹协调之需求，是持续深化金融体系改革的体现，实现了金融监管全覆盖。具体来看，本次金融监管体制改革将产生以下积极效益。一是有利于统筹监管日益交叉混业的金融业，进一步增强金融监管工作的科学性、合理性和有序性。有效调整中央和地方政府金融监管职责，规范金融市场运行秩序，更好地支持金融创新，控制金融风险。更为重要的是，将非正规金融活动也纳入监管范围之内，实现了"兜底监管"。二是进一步强化金融服务实体经济的功能。统一债券发行规范，提升资本市场融资效率等，将有助于加快完善中国多层次资本市场体系建设，有效提高直接融资占比。三是有利于中国人民银行行使职能。改革后，中国人民银行的法律地位更加突出，与其他监管部门职责分工更加清晰，货币信贷政策传导更加高效，现代中央银行建设步伐将会加快，其宏观性、系统性、基础性和社会性职能将得到强化。四是加强对投资者的保护。集中监管、维护金融消费者的合法权益，将有助于推动中国财富管理行业规范运行，促进财富管理市场蓬勃发展。五是提高金融管理的效能，从宏观管理、监管体系、构建网络、隐患排查、体制保障等方面筑起制度"防火墙"，将金融监管的关口前移、下移，降低风险。六是有利于统筹监管工作人员与队伍，防止金融系统内部出现问题，将工作人员全部纳入国家公务员管理，消除灰色收入带来的隐患。

（二）系统重要性证券机构监管

防范化解系统重要性金融机构风险是 2008 年全球金融危机的重要教训，金融稳定理事会（FSB）于 2011 年发布《金融机构风险有效处置机制核心要素》，明确了系统重要性金融机构（SIFIs）的基本特征，要求各经济体对SIFIs 进行有序处置。我国于 2018 年发布《关于完善系统重要性金融机构监管的指导意见》，对我国系统重要性金融机构评估、监管和处置机制建设做出了规定，标志着我国系统重要性金融机构监管框架的初步建立。2020 年12 月，中国人民银行、中国银行保险监督管理委员会发布《系统重要性银行评估办法》，明确系统重要性银行是因规模较大、结构和业务复杂度较高、与其他金融机构关联性较强，在金融体系中提供难以替代的关键服务，一旦发生重大风险事件而无法持续经营，可能对金融体系和实体经济产生不利影响的银行，并根据银行的系统重要性得分，将系统重要性银行分为五组。2021 年 5 月，中国人民银行、中国银保监会公布了我国首批 19 家系统重要性银行名单；同年10月，人民银行、银保监会发布《系统重要性银行附加监管规定（试行）》，从附加资本、杠杆率、流动性、大额风险暴露、公司治理、恢复处置计划、数据报送等方面，提出附加监管要求，对不同组别的系统重要性银行开展差异化监管。2022年，政府设立金融稳定保障基金，并出台《中华人民共和国金融稳定法（草案征求意见稿）》，从事前、事中和事后设置风险处置机制；同年9月，央行发布《完善中国特色宏观审慎政策框架筑牢系统性金融风险防线》一文，进一步强调建立与完善系统重要性保险公司和证券机构的评估与监管制度，进一步增强风险防控能力。

党的二十大之后，我国金融监管体系和政策进行了系统调整，对系统重要性证券机构的监管以及证券行业的未来发展将产生直接而重大的影响。在总体监管基调上，党中央要求"切实提高金融监管有效性"。可以预见的是，下一阶段围绕强监管严监管，金融监管部门将持续提升监管的前瞻性、精准性、有效性和协同性。具体到证券行业来说，监管部门将全面强化对主干行业、对系统重要性证券机构的全链条监管和穿透式监管，加大对财务造假、欺诈发行、操纵市场等违法违规行为的打击力度，可以从以下几方面入手。

一是加强金融监管的全面性。依法将系统重要性证券机构的所有金融活动全面纳入监管。监管部门要坚持市场化、法治化原则，要对各类违法违规行为实行"零容忍"，系统重要性证券机构的所有金融活动必须全面纳入监管，所有金融业务必须持牌经营，实现机构、业务和风险监管全覆盖，扭转重发展、弱监管和风险"击鼓传花""捂盖子"的积弊，消除监管空白和盲区。

二是强化"五大监管"，强化机构监管、行为监管、功能监管、穿透式监管、持续监管。在机构监管方面，监管当局将对不同的系统重要性金融机构分别实施监管，通过设置"防火墙"，避免各金融机构间的风险传导，严格控制系统重要性证券机构与其他金融机构的风险传导，避免引发系统性风险。在行为监管方面，强化对系统重要性证券机构日常活动的监管，继续强化个人金融信息保护、促进公平交易、打击操纵市场及内幕交易、规范债务催收等。在功能监管方面，不同类型系统重要性金融机构开展相同性质的金融业务时，将面临相同的监管标准和监管主体，可有效减少监管缺失，还有利于促进市场的公平和良性竞争。在穿透式监管方面，将坚持"实质重于形式"原则，监督金融市场中的所有参与者，包括金融机构、市场参与者和投资者，以确保市场的公平、透明和合规运作。在持续监管方面，将坚持围绕金融机构全周期、金融风险全过程、金融业务全链条，强化持续监管。

三是继续优化金融科技监管。先进数字技术与金融融合可能带来诸多风险，如何在保证金融体系稳定的同时促进技术与金融融合、以创新技术驱动金融发展是各国监管者面临的重要问题。我国的金融与科技融合进程以市场和商业模式为驱动力，巨大的市场需求和有待完善的现有金融服务体系，为科技推动金融创新发展提供了广阔的应用空间。近年来，我国高度重视科技与金融的融合，形成了以数字经济引领的经济发展格局，颁布了相关的法律法规以防范信息问题可能带来的福利损失，但新技术的面世与金融的创新性融合均是动态发展的，对金融与技术融合的监管，监管者在监管理念和监管技术上都需要进行转变和提高，以持续防范与化解潜在的风险。对系统重要性证券机构的监管也是如此，要更加深入理解和研究金融科技的潜在风险，特别是分布式和智能化发展趋势对现有证券监管体系的挑战。未来应定期开展压力测试，评估风险敞口，在风险暴露之前发现风险并识别脆弱性，以制定和更新风险处置和恢复计划，及时进行逆周期监管，提高系统重要性证券机构风险抵御能力和风险处置能力，防止发生系统性风险。此外，还可以更多地应用数字技术来武装系统重要性证券机构监管系统，提高监管针对性和有效性。

四是加强中央和地方监管协同。一方面，加强中央金融监管机构与地方金融监管机构的协作，建立信息共享机制，通过中央金融监管机构的业务指导和必要协助，增强金融监管行为的协同性，提高地方金融有效监管的水平和能力，强化对地方金融监管的监督与问责。另一方面，各地金融监管部门之间也要互相合作，消除金融监管壁垒，互通有无，利用部门协

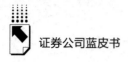

调机制和区域协调机制，进一步完善地方金融监管体系，有效加强现代金融监管。

五是注重权责对等。监管当局将加大有关金融监管责任人的追责力度，加强对监管行为的再监督，既对金融监管的直接责任人和管理人员进行问责，也对因故意或过失、不履行或不正确履行职责的监管人员进行责任追究。通过加大责任追究力度，增强金融监管责任人和执行人在法律规定的范围内履行监管职责的监管能力。

五　结论

2023年是全面贯彻落实党的二十大精神的开局之年，也是金融行业具有重要意义的变革之年。中央金融工作会议首次提出加快建设金融强国的目标，强调坚定不移走中国特色金融发展之路，把金融工作上升到了国家战略的新高度，擘画了金融高质量发展的路线图。中国证监会系统谋划推进中国特色现代资本市场建设，顺利完成全面实行股票发行注册制等重大改革，平稳实施机构改革，全力维护市场平稳运行和功能正常发挥，依法全面加强监管，坚决打击欺诈发行、财务造假等市场乱象，有效防范化解重点领域风险，资本市场各项工作取得新的积极进展。本报告结合《意见》要求，从机构规模、关联度、不可替代性、复杂性和资产变现等方面选取若干分项指标，建立证券公司系统重要性评价体系，对上市证券公司系统重要性进行评价和分析。研究结果显示，上市证券公司系统重要性头部集中性特征明显，大型证券公司往往系统重要性排名靠前，如中信证券、国泰君安、广发证券分列前3名（见附表1）。

在结构分析中，通过计算各项一级指标得分与系统重要性得分的相关系数，发现目前机构规模仍是影响我国系统重要性排名的关键指标。除此之外，关联度的影响也不容小觑，机构规模不是系统重要性排名的唯一判定标准，证券行业内"大而不能倒"和"太关联而不能倒"的现象并存。此外，不可替代性、复杂性和资产变现等指标也至关重要，应同时纳入证券机构系统重要性的评估与监管工作。

防控金融风险是金融工作的永恒主题，加强对证券机构系统重要性的监管、增强防范和化解金融风险的能力、守住不发生系统性金融风险的底线，是我国资本市场面对的重要课题。证券公司坚持合规审慎经营是行业发展的基础，是维持金融市场稳健运行的内在要求，也是提高经营水平、实现高质量发展的必要条件。

附表 1　中国上市证券公司系统重要性排名（2023 年）

公司名称	系统重要性排名	机构规模排名	关联性排名	不可替代性排名	复杂性排名	资产变现排名
中信证券	1	1	1	1	1	1
国泰君安	2	2	3	2	2	6
广发证券	3	5	9	3	3	4
海通证券	4	4	7	7	4	13
华泰证券	5	3	4	4	11	8
中信建投	6	10	13	5	5	9
申万宏源	7	8	10	9	6	35
中国银河	8	7	8	6	12	2
招商证券	9	6	6	8	13	5
国信证券	10	11	11	13	36	3
中金公司	11	9	12	10	18	40
东方证券	12	12	22	11	39	14
东方财富	13	15	14	14	23	7
光大证券	14	14	18	15	21	12
兴业证券	15	13	23	20	15	33
中泰证券	16	17	39	12	41	26
浙商证券	17	20	44	16	7	28
国金证券	18	23	21	21	9	22
方正证券	19	16	33	17	19	44
国元证券	20	22	31	33	8	37
东吴证券	21	19	25	22	25	29
财通证券	22	21	28	19	27	36
红塔证券	23	38	5	44	14	19
长江证券	24	18	42	18	22	20

续表

公司名称	系统重要性排名	机构规模排名	关联性排名	不可替代性排名	复杂性排名	资产变现排名
太平洋证券	25	44	2	42	43	27
西部证券	26	25	17	32	10	15
天风证券	27	27	35	23	16	34
长城证券	28	24	30	31	26	24
东兴证券	29	26	27	29	37	17
国海证券	30	35	16	35	30	30
华西证券	31	28	34	24	24	25
西南证券	32	29	19	39	42	39
第一创业	33	40	15	28	28	43
华安证券	34	32	32	26	26	32
中银证券	35	36	36	25	25	18
国联证券	36	31	43	27	27	21
南京证券	37	37	24	41	41	16
东北证券	38	30	41	30	30	31
信达证券	39	33	40	34	34	23
首创证券	40	42	26	38	38	10
山西证券	41	34	38	36	36	38
中原证券	42	39	29	40	40	42
财达证券	43	41	37	37	37	11
华林证券	44	43	20	43	43	41

资料来源：山东省亚太资本市场研究院。

参考文献

孙国茂主编《中国证券公司竞争力研究报告（2023）》，社会科学文献出版社，2023。

孙国茂主编《中国证券公司竞争力研究报告（2022）》，社会科学文献出版社，2022。

孙国茂主编《中国证券公司竞争力研究报告（2021）》，社会科学文献出版社，2021。

孙国茂、李猛：《宏观审慎监管下的证券公司系统重要性评价体系研究》，《山东大学学报》（哲学社会科学版）2020年第5期。

闻岳春、夏婷：《我国证券系统重要性机构评估探讨》，《西部金融》2016年第6期。

巴曙松、王璟怡、刘晓依、郑铭：《全球系统重要性银行：更高的损失吸收能力》，《中国银行业》2016 年第 6 期。

常健、王清粤：《系统重要性金融机构有限责任制度的修正：基本理论和制度建构》，《上海财经大学学报》2023 年第 1 期。

陈少凌、李杰、谭黎明、杨海生：《中国系统性金融风险的高维时变测度与传导机制研究》，《世界经济》2021 年第 12 期。

张军：《金融宏观审慎之设计、执行与检验》，《金融发展研究》2021 年第 11 期。

余博、邹宇翔、管超：《我国金融机构的系统风险重要性研究——基于 Clayton Copula 函数方法和 MST 网络模型》，《保险研究》2021 年第 6 期。

张兴敏、傅强、张帅、季俊伟：《金融系统的网络结构及尾部风险度量——基于动态半参数分位数回归模型》，《管理评论》2021 年第 4 期。

张鑫：《金融机构有效处置机制：国际准则、改革进展与启示》，《国际金融》2021 年第 2 期。

路妍、刘旭磊：《宏观经济不确定性、宏观审慎政策与资本异常流动》，《国际金融研究》2024 年第 6 期。

金成晓、蒋润南：《影子银行内生脆弱性、宏观审慎政策与系统性金融风险防范》，《金融市场研究》2024 年第 6 期。

邵之晗、屠堃泰：《金融科技、网络关联性与系统性风险》，《华北金融》2024 年第 5 期。

专题篇

B.5
中国证券行业发展报告（2024）

孙国茂　李宗超*

摘　要： 　2023 年，我国顺利完成全面实行股票发行注册制等重大改革，平稳实施机构改革，维护市场平稳运行和功能正常发挥；依法全面加强监管，坚决打击欺诈发行、财务造假等市场乱象，有效防范化解重点领域风险，资本市场各项工作取得新的积极进展。证券一级市场上，国内 IPO 活动趋缓，数量和融资规模均出现下降；股权再融资额也降至自 2015 年以来的最低；与低迷的股权市场相比，全年债券发行数量及发行规模均平稳增长；并购市场相对稳定，国有上市公司成为主力军。证券二级市场上，受弱势行情影响，股票成交规模下降，"退市新规"下强制退市股票数量创历史新高。"深改 19 条"落地后，北交所表现出积极向上的局面，服务创新型中小企业的"主阵地"效果更加明显。2023 年，证券行业营业收入和净利

---

* 孙国茂，中央财经大学经济学博士，青岛大学经济学院教授、博士生导师，山东工商学院金融学院特聘教授，山东省亚太资本市场研究院院长，研究方向为公司金融与资本市场理论、制度经济学和数字经济等；李宗超，山东省亚太资本市场研究院高级研究员，研究方向为证券投资、商业银行。

润变化较小，业绩相对稳定，自营业务成为主要收入来源，头部券商国际业务表现亮眼。证券公司积极践行 ESG 发展理念，服务实体经济质效提升。

关键词： 证券市场　证券公司　北交所　并购重组

2023 年，中央金融工作会议的召开是我国金融发展史上具有里程碑意义的重大事件，会议提出坚持党中央对金融工作的集中统一领导，确保金融工作的正确方向，并首次提出建设"金融强国"，为金融高质量发展提供了根本遵循。从金融大国到建设金融强国，是我国经济社会长远发展的战略抉择，更是在经济全球化进程中维护国家金融安全的需要。资本市场是金融市场的重要组成部分。2023 年，我国顺利完成全面实行股票发行注册制等重大改革，平稳实施机构改革，全力维护市场平稳运行和功能正常发挥；依法全面加强监管，坚决打击欺诈发行、财务造假等市场乱象，有效防范化解重点领域风险，资本市场各项工作取得新的积极进展。证券公司是资本市场的重要中介机构，中央金融工作会议提出要"培育一流投资银行和投资机构""支持国有大型金融机构做优做强"。为贯彻落实中央金融工作会议精神，全面加强机构监管，进一步完善证券公司风险控制指标体系，中国证监会修订风险控制指标计算标准，提升证券公司服务质量，尤其是提升服务高水平科技自立自强企业的能力；同时，还有利于优质券商发展，行业格局将向头部进一步集中。

一　证券市场运行情况

（一）证券一级市场

1. 股票发行注册制全面落地实施

我国的股票发行注册制，最早可以追溯到 2013 年 11 月召开的党的十

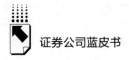

八届三中全会通过的《中共中央关于全面深化改革若干重大问题的决定》，党的十八届三中全会提出"健全多层次资本市场体系，推进股票发行注册制改革，多渠道推动股权融资，发展并规范债券市场，提高直接融资比重"①，这是股票发行注册制首次被列入中央文件。2015年，全国人大常委会审议通过了股票发行注册制改革的授权决定。2018年，习近平总书记在首届中国国际进口博览会开幕式上宣布，在上海证券交易所（以下简称"上交所"）设立科创板并试点注册制，标志着注册制改革进入启动实施阶段。2019年，首批科创板公司上市交易，承担起资本市场注册制改革"试验田"的重要使命。2020年，创业板改革并试点注册制后的首批企业集体上市。2021年，北京证券交易所（以下简称"北交所"）揭牌开市，同步试点注册制。2023年，股票发行注册制全面落地实施。

2023年2月初，中国证监会就全面实行股票发行注册制涉及的就《首次公开发行股票注册管理办法》《上市公司证券发行注册管理办法》等主要制度规则草案向社会公开征求意见，涉及注册制安排、保荐承销、并购重组等方面（见表1）。② 同年4月10日，沪深交易所主板注册制首批10家企业正式在交易所上市，资本市场真正进入全面注册制时代，这意味着经过4年的试点，股票发行注册制将在全市场全面推开。经过试点，市场各方对注册制的基本架构、制度规则总体认同，资本市场服务实体经济特别是科技创新的功能明显提升，法治建设取得重大突破，发行人、中介机构合规诚信意识逐步增强，市场优胜劣汰机制更加完善，市场结构和生态显著优化，具备了向全市场推广的条件。

---

① 《中共中央关于全面深化改革若干重大问题的决定》，中国政府网，2013年11月15日，https：//www.gov.cn/zhengce/2013-11/15/content_5407874.htm。

② 《中国证监会就全面实行股票发行注册制主要制度规则向社会公开征求意见》，中国证券监督管理委员会网站，2023年2月1日，http：//www.csrc.gov.cn/csrc/c100028/c7047626/con tent.shtml。

表 1　中国证监会关于全面实行股票发行注册制主要制度规则草案

监管部门	制度规则草案名称
中国证监会	《首次公开发行股票注册管理办法(征求意见稿)》
	《上市公司证券发行注册管理办法(征求意见稿)》
	《证券发行上市保荐业务管理办法(修订草案征求意见稿)》
	《证券发行与承销管理办法(修订草案征求意见稿)》
	《优先股试点管理办法(修订草案征求意见稿)》
	《北京证券交易所向不特定合格投资者公开发行股票注册管理办法(修订草案征求意见稿)》
	《北京证券交易所上市公司证券发行注册管理办法(修订草案征求意见稿)》
	《非上市公众公司监督管理办法(修订草案征求意见稿)》
	《非上市公众公司重大资产重组管理办法(修订草案征求意见稿)》
	《上市公司重大资产重组管理办法(修订草案征求意见稿)》
	《存托凭证发行与交易管理办法(试行)(修订草案征求意见稿)》
	《公开发行证券的公司信息披露内容与格式准则第 X 号——招股说明书(征求意见稿)》等
	《公开发行证券的公司信息披露内容与格式准则第 46 号——北京证券交易所公司招股说明书(修订草案征求意见稿)》等
	《公开发行证券的公司信息披露内容与格式准则第 26 号——上市公司重大资产重组(修订草案征求意见稿)》等

资料来源：中国证监会、山东省亚太资本市场研究院。

2. IPO 融资额下降

2023 年，在世界经济增长乏力、宏观不确定性突出和国际市场波动性加大的背景下，我国经济下行压力较大，这对我国股市造成一定影响，上证综指、深证成指等重要股票指数承压走低。2023 年 7 月，中央政治局会议提出"要活跃资本市场，提振投资者信心"；当月，中国证监会召开的证监系统年中工作会议也强调"科学合理保持 IPO、再融资常态化，统筹好一二级市场动态平衡"。[①] 受一系列政策影响，2023 年尤其是下半年我国 IPO 活动趋缓。

---

① 《中国证监会 2023 年系统年中工作座谈会》，中国证券监督管理委员会网站，2023 年 7 月 25 日，http://www.csrc.gov.cn/csrc/c106311/c7421903/content.shtml。

2023 全年发审委共审核首发上会企业 308 家，其中，279 家通过，12 家被否，其他情况（暂缓、暂缓后撤回、取消审核）17 家；262 家企业被终止（撤回、未通过、审查、注册）；年内名义通过率为 90.58%；真实通过率为 48.95%，不到五成。而 2022 年的名义通过率为 90.22%，真实通过率为 66.41%（见表 2）。与 2022 年相比，2023 年的真实通过率大幅下降。在审核从严情况下，2023 年 IPO 家数为 313 家①，同比跌幅高达 26.87%，IPO 数量已连续两年下跌（见图 1）。

表 2 全国 IPO 审核情况（2022~2023 年）

单位：家，%

年份	审核总数	通过	终止家数	名义通过率	真实通过率
2022	583	526	209	90.22	66.41
2023	308	279	262	90.58	48.95

资料来源：Wind、山东省亚太资本市场研究院。

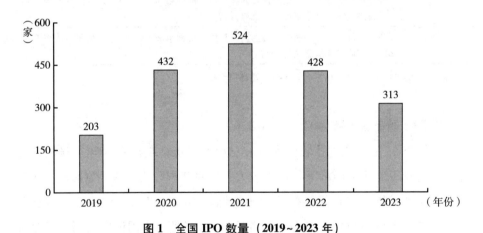

图 1 全国 IPO 数量（2019~2023 年）

资料来源：Wind、山东省亚太资本市场研究院。

尽管 2023 年我国 IPO 数量有所下降，但放眼全球依然是重要的市场区域。根据普华永道统计数据，2023 年我国 A 股 IPO 不论是数量还是融资额

① 本报告 IPO 数量均以上市日期为准。

均超过全球其他各大资本市场，其中，上交所、深圳证券交易所（以下简称"深交所"）的 IPO 融资额分别位列全球第 1 和第 2①，北交所也进入快速发展期。随着全面注册制的稳步推进，我国资本市场将展示出强劲活力。2023 年，313 家 IPO 企业合计融资 3565.39 亿元，同比下降 39.25%，平均融资额较上年减少 2.32 亿元/家（见图 2）。值得关注的是，2023 年是自 2018 年提出"设立科创板并试点注册制"以来 IPO 融资额首次出现下降。这反映出监管部门贯彻落实中央金融工作会议精神，推动我国金融高质量发展，在防范化解金融风险特别是系统性风险的大背景下，金融监管环境更趋严厉和规范。

图 2 全国 IPO 融资额（2019~2023 年）

资料来源：Wind、山东省亚太资本市场研究院。

我国自改革开放以来的经济发展经验表明，一个地区的经济实力和发展水平往往可以通过多个指标来衡量。上市公司作为地区经济形象和财政收入的代表，其数量的多少已经成为衡量地区经济发展的重要参考指标，它能够从侧面反映各地区的经济实力。同往年一样，2023 年我国 IPO 企业主要集中在东部沿海地区的省份；江苏、广东、浙江的 IPO 数量分别为 58 家、51

---

① 《2023 年 A 股 IPO 融资数量和融资额领跑全球》，普华永道中国网站，https：//www. pwccn. com/zh/press-room/press-releases/pr-020124. html。

家、47家，位居全国前3。上海、北京、山东位居第二梯队，IPO数量分别为26家、20家、18家，与前3名相比存在明显的数量差距（见图3）。在IPO融资额方面，江苏、广东、上海位居全国前3，融资额均超过500亿元，分别为587.37亿元、574.84亿元、540.99亿元。除浙江外，其他省市的IPO融资额和前3名之间均存在明显差距（见图4）。

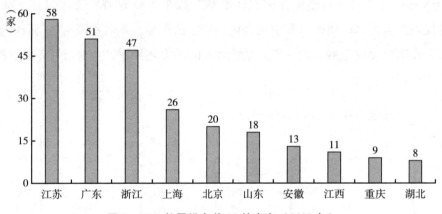

图3 IPO数量排名前10的省市（2023年）

资料来源：Wind、山东省亚太资本市场研究院。

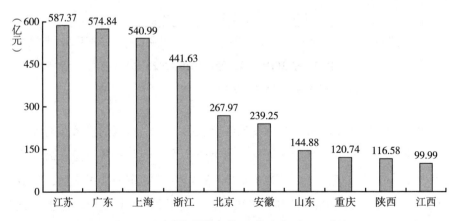

图4 IPO融资额排名前10的省市（2023年）

资料来源：Wind、山东省亚太资本市场研究院。

从 IPO 企业分属上市板块来看，主板共计 59 家，合计融资 756.12 亿元，其中，上证主板 36 家企业融资 497.65 亿元，深证主板 23 家企业融资 258.47 亿元；创业板共计 110 家，合计融资 1223.11 亿元；科创板共计 67 家，合计融资 1438.84 亿元；北交所共计 77 家，合计融资 147.33 亿。作为科技创新的"排头兵"，科创板融资额领跑反映了其坚持金融服务实体经济本源、主动融入发展新格局、推动培育新质生产力，从而助力经济与产业的转型升级。按照申万一级行业标准来看，共有 7 种行业 IPO 数量在 20 家及以上（见图 5），8 种行业 IPO 融资额超百亿元（见图 6）。机械设备行业以 62 家 IPO 家数位居行业第 1，其融资额为 512.80 亿元，位居行业第 2；电子行业 IPO 家数为 43 家，仅次于机械设备行业，但其以 990.00 亿元的融资额位居行业之首。此外，银行、房地产和石油石化行业全年没有首发上市公司。

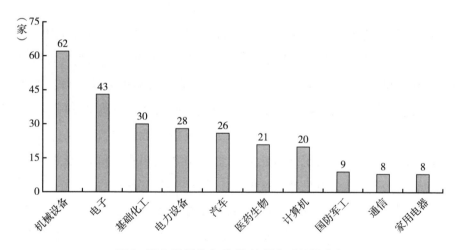

图 5　IPO 数量排名前 10 的行业（2023 年）

资料来源：Wind、山东省亚太资本市场研究院。

2023 年，在 313 家 IPO 企业中，融资额超过 50 亿元企业共计 7 家，合计融资 693.03 亿元，占 IPO 融资总额的 19.44%。其中，华虹公司和芯联集成的融资额分别为 212.03 亿元和 110.72 亿元，是 2023 年仅有的 IPO 融资额超百亿元的企业；排名第 3 的晶合集成融资 99.6 亿元，接近百亿元。需

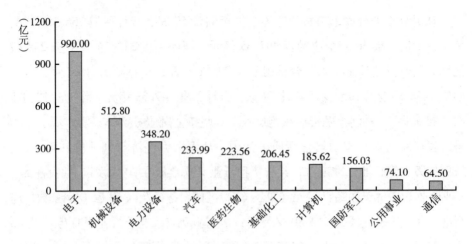

图 6　IPO 融资额排名前 10 的行业（2023 年）

资料来源：Wind、山东省亚太资本市场研究院。

要指出的是，这 3 家公司均是与半导体有关的企业。根据财联社统计，2023 年，一级市场共发生投融资事件 8370 起，其中半导体领域的投融资事件达到了 1058 起，为所有行业领域之最。① 从新股上市后的表现来看，上市首日收盘封至涨停板的股票共计 20 只，且这 20 家公司均为 2023 年一季度上市的公司，其中，四川黄金 "一" 字涨停板天数最多，高达 13 天。从新股上市后 3 个月的表现来看，与开盘价格相比出现上涨的股票共计 62 只，其中 5 只股票涨幅超过开盘价格一倍多，它们分别是四川黄金、鼎智科技、富恒新材、百利天恒-U 和开特股份，涨幅分别为 2.56 倍、1.73 倍、1.50 倍、1.20 倍和 1.18 倍。如果剔除上市日期等因素，至 2023 年末，IPO 新股中 107 只股票股价实现上涨，占比 35.31%，其中，坤博精工股价涨幅最高，高达 5.68 倍；与之相反，在 206 只股价下跌的新股中，至年末下降最多的是立方控股，跌幅为 76.06%。2023 年，我国 IPO 真实通过率大幅下降，除了企业主动撤回外，企业上市板块定位不清晰、信息

---

① 《半导体投资 2023 年透视：投融资事件最多的行业　但新创业项目减少　三大细分方向值得关注》，"财联社" 百家号，2023 年 12 月 29 日，https：//baijiahao.baidu.com/s? id =1786611547657477332&wfr=spider&for=pc。

披露不充分、内部控制制度不明晰、持续经营能力弱和业务真实性较差也成为其被否的原因，虽然我国一级市场步入新发展阶段，但注册制下的审核制度并不意味着上市要求放松。

3.债券发行规模平稳增长

2023 年，我国宏观经济运行平稳，货币政策精准有力，债券市场规模稳定增长，债券托管量稳步上升。根据 Wind 数据，按照发行起始日统计，2023 年，我国共计发行各类债券 51040 只，同比增长 7.53%；发行金额合计 71.05 万亿元，同比增长 15.47%。其中，国债发行 190 只，比上年增加 7 只，发行金额 11.10 万亿元，同比增长 14.20%；地方政府债发行 2174 只，比上年增加 29 只，发行金额 9.33 万亿元，同比增长 26.77%，逆转了上年度的减少趋势；政策银行债发行 881 只，比上年减少 15 只，发行金额 5.88 万亿元，同比增长 0.68%；商业银行债发行 183 只，比上年增加 24 只，发行金额 1.32 万亿元，同比增长 9.09%（见表 3）。国债、地方政府债、政策银行债、商业银行债是中央结算公司 2023 年发行量最大的 4 类券种，占比分别为 41%、35%、19% 和 3%，合计超过 97%。[①] 在地方政府债中，全国发行金额最高的是广东省，其发行额达 6871 亿元，其次是山东省的 6311 亿元。[②] 2023 年，我国新增地方政府专项债券额度 3.8 万亿元，优先支持成熟度较高的项目和在建项目，适当扩大专项债券投向领域和用作项目资本金范围，将城中村改造、5G 融合设施等纳入投向领域，将供热、供气等纳入用作项目资本金范围，鼓励和吸引社会资本参与，推动一批交通、水利、能源等利当前惠长远的重大项目建设。[③] 财政部提前下达部分 2024 年新增地方政府债务限额，支持重大项目建设，推动形成实物工作量，充分发挥地方政府债券对经济的拉动作用。

[①] 《重磅丨2023 年债券业务统计分析报告》，搜狐网，2024 年 4 月 8 日，https：//business. sohu. com/a/770029706_121123914。

[②] 《2023 年 12 月地方政府债券发行和债务余额情况》，http：//yss. mof. gov. cn/zhuantilan mu/dfzgl/sjtj/202401/t20240130_3927707. htm。

[③] 《2023 年中国财政政策执行情况报告》，中华人民共和国财政部网站，2024 年 3 月 7 日，http：//www. mof. gov. cn/zhengwuxinxi/caizhengxinwen/202403/t20240307_3930117. htm。

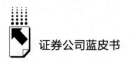

表3　债券发行统计（2023年）

类别	发行数量（只）	只数占比（%）	发行金额（亿元）	金额占比（%）
国债	190	0.37	111010.40	15.63
地方政府债	2174	4.26	93253.68	13.13
央行票据	12	0.02	600.00	0.08
同业存单	26892	52.69	256936.00	36.16
金融债	2026	3.97	99891.48	14.06
政策银行债	881	1.73	58790.30	8.27
商业银行债	183	0.36	13195.00	1.86
商业银行次级债券	124	0.24	11157.90	1.57
保险公司债	23	0.05	1121.70	0.16
证券公司债	501	0.98	10466.63	1.47
证券公司短期融资券	285	0.56	4529.70	0.64
其他金融机构债	29	0.06	630.25	0.09
企业债	269	0.53	2007.80	0.28
一般企业债	269	0.53	2007.80	0.28
集合企业债	0	0.00	0.00	0.00
公司债	4863	9.53	38553.95	5.43
一般公司债	1347	2.64	14497.36	2.04
私募债	3516	6.89	24056.59	3.39
中期票据	3191	6.25	29666.47	4.18
一般中期票据	3191	6.25	29666.47	4.18
集合票据	0	0.00	0.00	0.00
短期融资券	5217	10.22	48390.16	6.81
一般短期融资券	702	1.38	5290.71	0.74
超短期融资债券	4515	8.85	43099.45	6.07
定向工具	1224	2.40	7513.78	1.06
国际机构债	9	0.02	210.00	0.03
政府支持机构债	21	0.04	1930.00	0.27
资产支持证券	4782	9.37	18755.34	2.64
交易商协会ABN	628	1.23	3212.15	0.45
银保监会主管ABS	487	0.95	3485.19	0.49
证监会主管ABS	3667	7.18	12058.00	1.70
可转债	141	0.28	1411.60	0.20
可分离转债存债	0	0.00	0.00	0.00
可交换债	29	0.06	334.06	0.05
合计	51040	100.00	710464.72	100.00

　　资料来源：Wind、山东省亚太资本市场研究院。

推动绿色发展，促进人与自然和谐共生，是全面建设社会主义现代化国家的内在要求。绿色债券作为重要的绿色金融工具，已成为助力我国绿色低碳发展的重要融资渠道。根据央行发布的《2023 年金融机构贷款投向统计报告》，截至 2023 年末，本外币绿色贷款余额 30.08 万亿元，同比增长 36.5%，占全部贷款余额的 12.66%。随着绿色发展理念的深入和市场需求的增加，我国绿色债券发行持续保持高位。根据 Wind 数据，2023 年我国共发行 801 只绿色债券，总规模达 11177.49 亿元；2022 年我国发行绿色债券规模为 11705.70 亿元，已连续 2 年发行规模超万亿元。2023 年，在 801 只绿色债券中，绿色金融债共计 60 只，发行额度达 3988 亿元，发行规模占比 35.68%。其中，工商银行 2023 年境外累计发行绿色金融债券 199 亿美元，境内累计发行 800 亿元绿色金融债券，绿色投融资的各项主要指标均保持市场领先。2023 年 12 月出台的《中国证监会　国务院国资委关于支持中央企业发行绿色债券的通知》（证监发〔2023〕80 号）①，提出了 4 方面共 13 项举措，包括支持中央企业发行绿色债券，对优质中央企业发行绿色债券优化审核安排，鼓励市场投资机构以绿色指数为基础开发公募基金等绿色金融产品，支持中央企业开展绿色领域基础设施 REITs 试点等。国有企业是绿色债券发行的"大户"，2023 年中央国有企业共计发行绿色债券 227 只，发行规模达 4069.73 亿元，占比 36.41%；地方国有企业共计发行绿色债券 351 只，发行规模达 2931.91 亿元，占比 26.23%。与国有企业相比，当前民营企业、外资企业的绿色债券发行量还比较有限。在推动国有企业发行绿色债券的同时，扩大民企、外企的绿色债券市场势在必行。未来，绿色债券市场有望持续高质量扩容，助力绿色投资蓬勃发展。

2023 年，我国将企业债券发行审核职责划入中国证监会。2023 年 3 月，十四届全国人大一次会议表决通过了关于国务院机构改革方案的决定，其中提到"中国证券监督管理委员会调整为国务院直属机构。中国证券监督管

---

① 《中国证监会　国务院国资委关于支持中央企业发行绿色债券的通知》，中国证券监督管理委员会网站，2023 年 12 月 8 日，http://www.csrc.gov.cn/csrc/c100028/c7448198/content.shtml。

理委员会由国务院直属事业单位调整为国务院直属机构。强化资本市场监管职责，划入国家发展和改革委员会的企业债券发行审核职责，由中国证券监督管理委员会统一负责公司（企业）债券发行审核工作。"2023 年 10 月 20 日，中国证监会对相关制度进行修订，将企业债券纳入公司债券法规制度体系。[①] 同时，上交所、深交所和北交所发布配套指引文件。

4. 股权再融资额明显下降

2023 年 8 月，中国证监会发布《统筹一二级市场平衡 优化 IPO、再融资监管安排》，明确了当前再融资监管的总体要求。[②] 11 月，沪深交易所发布优化再融资监管安排的具体措施，该措施围绕从严从紧的把关要求，把握好再融资节奏，对再融资募集资金的合理性、必要性从严把关。[③④] 受政策从严影响，同 IPO 融资一致，股票市场股权再融资规模出现下降。

2023 年，全国共有 505 家上市公司实施了股权再融资[⑤]，合计融资 7778.91 亿元，比上年减少 3234.11 亿元，同比下降 29.37%，也是自 2015 年以来再融资额最低的年份。再融资上市公司家数比 2022 年减少 50 家，同比下降 9.01%，是自 2020 年以来再融资家数最少的年份（见图 7）。在 5 种再融资方式中，增发是主要的融资方式，其中又以定向增发为主。2023 年，增发融资均为定向增发融资，融资家数 331 家，占再融资家数的 65.54%；融资额 5789.51 亿元，占再融资额的 74.43%。发行可转债也是重要的再融资方式，全年发行家数为 138 家，占再融资家数的 27.33%；融资额 1405.74 亿元，占再融资额的 18.07%。对于增发和可转债 2 种再融资方式，

---

① 详见中国证监会发布的《公开发行证券的公司信息披露内容与格式准则第 24 号—公开发行公司债券申请文件（2023 年修订）》《中国证监会关于企业债券过渡期后转常规有关工作安排的公告》《关于修改〈公开募集基础设施证券投资基金指引（试行）〉第五十条的决定》。

② 《证监会统筹一二级市场平衡 优化 IPO、再融资监管安排》，中国证券监督管理委员会网站，2023 年 8 月 27 日，http：//www.csrc.gov.cn/csrc/c100028/c7428481/content.shtml。

③ 《上交所有关负责人就优化再融资监管安排相关情况答记者问》，上海证券交易所网站，2023 年 11 月 8 日，http：//www.sse.com.cn/aboutus/mediacenter/hotandd/c/c_20231108_5728549.shtml。

④ 《2023 年 11 月 8 日新闻发布会》，深圳证券交易所网站，2023 年 11 月 8 日，http：//www.szse.cn/aboutus/trends/conference/t20231108_604522.html。

⑤ 本报告统计的股权再融资包括增发、配股、优先股、可转债、可交换债 5 种方式。

无论是家数还是融资额，均比上年有所下降；其他 3 种再融资方式的家数和融资额则相对较少。从行业来看，新能源行业为融资主力。新能源公司集中的两大行业——电力设备行业和公用事业行业的融资额分别居于第一位和第二位，合计融资近 1270 亿元，占比超过两成。此外，银行、基础化工、电子、交通运输 4 个行业的融资额超 300 亿元。

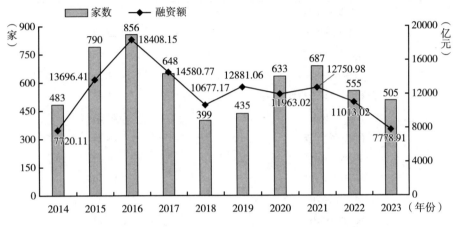

图 7　全国股票市场股权再融资情况（2014～2023 年）

资料来源：Wind、山东省亚太资本市场研究院。

（二）证券二级市场

1. 股票市场成交规模和市值规模均现缩水

2023 年，在全球 14 个重要证券市场指数中有 11 个实现上涨。其中，纳斯达克指数以 43.42% 的涨幅引领全球股市，日经 225 指数以 28.24% 的涨幅紧随其后，我国台湾加权指数居全球第 3，上涨 26.83%。此外，标普 500、巴西 IBOVESPA 指数、德国 DAX、韩国综合指数的涨幅也居于前列。然而，受国际局势波动、地缘政治风险、贸易争端以及国内经济下行压力偏大、投资者情绪低迷等因素影响，我国股票市场整体呈下跌态势，三大股指及恒生指数出现不同程度的下跌。2023 年末，上证指数收于 2974.9 点，跌幅为 3.70%；深证成指收于 9524.7 点，跌幅为 13.54%；

创业板指收于 1891.4 点，跌幅为 19.41%；恒生指数收盘于 17047.4 点，跌幅为 13.82%（见表 4）。

表 4　全球重要证券市场指数涨幅（2023 年）

单位：%

指数名称	涨幅
纳斯达克指数	43.42
日经 225	28.24
台湾加权指数	26.83
标普 500	24.23
巴西 IBOVESPA 指数	22.28
德国 DAX	20.31
韩国综合指数	18.73
法国 CAC40	16.52
道琼斯工业指数	13.70
澳洲标普 200	7.84
英国富时 100	3.78
上证指数	-3.70
深证成指	-13.54
恒生指数	-13.82

资料来源：Wind、山东省亚太资本市场研究院。

2023 年，沪深北三大证券市场全年成交额 212.10 万亿元，同比下降 5.27%；至年末，上交所、深交所和北交所上市公司总市值为 77.62 万亿元，同比下降 1.58%。在三大证券交易所中，2023 年末，上交所总市值为 46.22 万亿元，占比 59.55%；深交所总市值为 30.95 万亿元，占比 39.87%；北交所总市值为 4497 亿元，占比 0.58%。在不断发行新股且新增数百家上市公司的情况下，总市值已连续 2 年下降，因此，稳市场、稳信心是非常有必要的。根据天相投顾数据，公募基金 2023 全年共亏损 4346.78 亿元。如果算上 2022 年，整体亏损达 1.45 万亿元，意味着公募基金历史上首次出现连续 2 年亏损。① 增量资金不足、存量资金持续流出使机构投资者亏损。政府和监管部门应当把扩大长期资金来源、引导长期资金入市、维护资本市场平稳运行作为当前重点工作。同时，政府和监管部门还应该解决上市公司和投资者对股票市场的认知偏差或认知不足的问题，即长期错误地将股票市场功能定位为帮助上市公司提供融资的场所，而没有正确认识到上市公司为投资者提供合理的回报是一种信托责任。只有正确认识股票市场功能，市场基础性制度建立才有明确的方向和目标。

根据申万一级行业标准，截至 2023 年末，有五大行业股票市值超过 5 万亿元，其中，银行行业股票市值居行业首位，达 6.76 万亿元，占整个股票市场市值的 8.71%，而紧随其后的电子行业股票市值仅比银行行业少 2.23 亿元。与上年末相比，通信、电子、石油石化等 14 个行业的股票市值出现上涨，其中，通信行业股票市值以 33.67% 的增幅位居行业首位；在股票市值下跌的 17 个行业中，房地产、电力设备、美容护理和商贸零售行业的股票市值跌幅较大，跌幅分别为 20.19%、21.72%、25.86% 和 25.88%（见表 5）。

表 5　股票市场不同行业市值统计（2023 年）

单位：亿元，%

序号	行业名称	市值	市值占比	同比增长
1	银行	67641.69	8.71	20.19
2	电子	67639.46	8.71	2.48
3	医药生物	66070.81	8.51	-4.43
4	电力设备	53812.19	6.93	-21.72
5	食品饮料	52246.90	6.73	-14.40
6	非银金融	46015.61	5.93	-2.25
7	计算机	37950.43	4.89	15.06
8	机械设备	37420.17	4.82	8.29

① 《历史首次！公募基金连亏两年，去年再亏 4300 多亿》，"大河财立方"百家号，2024 年 1 月 29 日，https：//baijiahao.baidu.com/s?id=1789380006961699311&wfr=spider&for=pc。

续表

序号	行业名称	市值	市值占比	同比增长
9	基础化工	32475.97	4.18	-10.55
10	汽车	31531.53	4.06	7.86
11	公用事业	28696.24	3.70	6.05
12	交通运输	25753.33	3.32	-10.95
13	石油石化	24371.29	3.14	19.18
14	有色金属	23384.64	3.01	-5.25
15	国防军工	21271.02	2.74	0.83
16	通信	18844.13	2.43	33.67
17	建筑装饰	16335.85	2.10	-1.23
18	煤炭	15263.50	1.97	12.23
19	家用电器	14442.01	1.86	1.45
20	传媒	14001.52	1.80	14.46
21	农林牧渔	13453.02	1.73	-11.73
22	房地产	11685.85	1.51	-20.19
23	轻工制造	9127.79	1.18	-5.74
24	商贸零售	9044.83	1.17	-25.88
25	钢铁	7994.46	1.03	-6.33
26	建筑材料	7497.55	0.97	-19.10
27	环保	6792.11	0.88	0.23
28	纺织服饰	6192.67	0.80	1.18
29	社会服务	4596.19	0.59	-15.97
30	美容护理	3509.58	0.45	-25.86
31	综合	1145.82	0.15	-17.69

资料来源：Wind、山东省亚太资本市场研究院。

　　尽管2023年整体趋势震荡下行，但市场结构性机会仍然存在，通信行业成为明星板块。近年来，我国持续出台措施，加快推进数字经济创新发展，推进新型基础设施建设，包括以5G、物联网、工业互联网、卫星互联网为代表的通信网络基础设施和以数据中心、智能计算中心为代表的算力基础设施等。2023年，在数字中国建设、数据要素、全国一体化算网规划等系列政策支持下，我国新基建不断取得新进展，科技行业持续发展动能强。根据工信部公布的数据，2023年，电信业务总量全年同比增长16.8%，比全国服务业生产指数增速高8.7个百分点；完成电信业务收入1.68万亿元，同比增长6.2%。^①从通信行业细分板块来看，光模块以135.13%的涨幅位列第1；服务器、IDC及算力租赁等算力板块均获得较高涨幅，分别为52.14%、36.17%。从个股表现上来看，通信网络设备及器件生产厂商联特科技股价年度涨幅高达3.98倍，涨幅位居全部上市公司第3名；通信行业中际旭创股价年度涨幅为3.18倍，排名第13。随着数字经济、AI应用的发展以及国产化的加速推进，算力基础设施技术升级和需求提升持续向好。未来随着AI的发展、国产化程度的提升、6G的推进以及卫星相关业务的普及，以高新技术为突破、培育发展新质生产力有望赋能数字经济增长，为我国经济发展持续注入新动能。

2.结构性行情更加分散

2023年，股票市场的投资热点较为分散。首先，在数字经济、人工智能等浪潮的催化下，TMT行业（电信、媒体和科技）表现相对强势，成为推动经济增长的新动能。其次，在投资回报效应相对较弱、高股息资产日益稀缺的市场环境下，许多资金选择了拥抱确定性，红利类和固收类资产获得青睐，作为避险资产的黄金全年也有较好表现。最后，从风格上来看，在利率持续宽松、市场资金以存量博弈为主的背景下，微盘和小盘风格全年表现较为突出，呈现较强的赚钱效应。总体看来，全年市场主题轮动较往年更加盛行，市场结构性行情存在于经济相关度较低的"主题投资"领域，主题内部的行情轮动也显著加快，全年趋势性的、战略性的、规模化的投资机会较少。

在国内需求收缩、供给冲击、预期转弱三重压力较为突出的背景下，我国积极采取经济振兴措施，财税、金融、货币、产业等多管齐下，共同

① 《2023年通信业统计公报》，中华人民共和国工业和信息化部网站，2024年1月24日，https://www.miit.gov.cn/jgsj/yxj/xxfb/art/2024/art_7f101ab7d4b54297b4a18710ae16ff83.html。

推动经济上行。2023 年，我国 GDP 增长 5.2%，现代化产业体系建设取得重要进展，科技创新实现新的突破，新动能成长壮大，绿色低碳转型深入推进。新产业快速增长、新业态持续向好、新模式加快培育，成为我国经济的一大新气象。根据国家统计局公布的数据，2023 年，我国服务业增加值占 GDP 比重为 54.6%，对经济增长的贡献率超过 60%；制造业技术改造投资增长 3.8%，高技术产业投资增长 10.3%，快于全部固定资产投资增速。电动载人汽车、锂离子蓄电池和太阳能电池等"新三样"产品合计出口 1.06 万亿元，首次突破万亿元大关，我国经济在加快培育新质生产力中不断发展壮大。"制造业的核心就是创新"①，制造业是国家经济命脉所系。长期看来，高端化、智能化、绿色化制造业依然是我国投资主线。

3. 强制退市数量创新高

退市制度是资本市场关键的基础性制度。作为全面注册制深化的重要组成部分，常态化退市能够更好地实现市场的优胜劣汰，优化资源配置。通过淘汰不良企业，市场资源将更加集中于具有竞争力和增长潜力的优质企业，从而促进整体市场的健康发展。自 2020 年"退市新规"出台后，我国退市股票数量呈快速增加态势（见图 8）。从退市情形上来看，2023 年交易类退市、重大违法类退市数量出现大幅增长，这意味着退市新规的持续推进使得股票市场多元化退市渠道逐渐畅通，"有进有出"形成良性循环，资本市场才能更加健康。

Wind 数据显示，2023 年，我国共有 46 只股票退市，其中 44 只为强制退市，1 只为吸收合并退市，1 只为主动退市。2021 年强制退市股票共计 17 只，2022 年共计 42 只，2023 年强制退市股票数量再创历史新高。在 2 家非强制退市的股票中，中航机电因中航电子换股吸收公司股权而退市，经纬纺机由于市场变化对公司经营产生了重大影响而主动退市。强制退市包括交易

---

① 出自 2018 年 10 月 22 日习近平总书记考察横琴新区粤澳合作中医药科技产业园时发表的讲话，央广网，http://news.cnr.cn/dj/sz/20220717/t20220717_525918283.shtml。

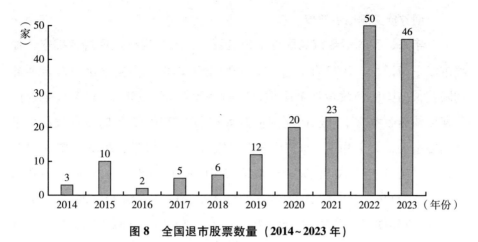

图8　全国退市股票数量（2014~2023 年）

资料来源：Wind、山东省亚太资本市场研究院。

类强制退市、财务类强制退市、规范类强制退市和重大违法类强制退市等 4
类情形。在交易类强制退市中，由于"连续 20 个交易日的每日收盘价均低
于 1 元"而被退市的股票达 20 家，比上年增加 1 家，创出历史新高。"1 元
退市"已经成为 A 股落实市场化退市机制的重要手段。由于财务原因而被
强制退市的公司也达 20 家，其中，触及年报"非标"（年报被会计师出具
非标审计意见）标准的公司较多；还有年报被年审会计师出具了无法表示
意见的审计报告、触及净资产标准和营收+净利润组合标准的。退市新规实
施后，新增的"非标退市"已经成为触发上市公司退市的重要指标。年内
因重大违法类退市的股票数量也明显抬头，既包括涉欺诈发行而被实施重大
违法退市的紫晶存储和泽达易盛，还包括财报虚假记载而被实施重大违法退
市的华虹计通。紫晶存储和泽达易盛也成为历史上首批科创板退市股票，反
映了监管部门"零容忍"要求。此外，还有部分退市股票同时触及多项退
市标准，如 *ST 凯乐同时触及交易类、财务类、重大违法类 3 类退市标
准，*ST 宏图则同时触及重大违法类和交易类退市标准。退市新规的实施促
使投资者更加关注公司的基本面和长期价值，而非短期炒作，市场投资风格
有所优化，价值投资的新生态有望形成。

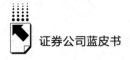

4. 债券成交额稳步增长

近年来，我国债券市场取得了长足发展，债券发行规模持续扩容，债券市场平稳运行。2023 年，债券市场收益率均出现不同程度下降。债券期限越长的国债和政策性金融债，收益率下降幅度越大。AAA 级企业的各期限债券收益率下降规律同国债基本相同，其中 15 年期债券收益率下降幅度最大，为 74BP①。根据中国人民银行公布的数据，2023 年末，1 年、3 年、5 年、7 年、10 年期国债收益率分别为 2.08%、2.29%、2.40%、2.53%、2.56%，分别较 2022 年末下行 2 个、11 个、24 个、29 个、28 个 BP。从 10 年期国债来看，其收益率全年在 2.54%～2.93%波动，其中 1～8 月收益率下行，9～12 月收益率呈低位震荡现象，至年末收益率低于年初 26BP。

Wind 数据显示，2023 年我国债券成交额 351.19 万亿元，同比增长 14.49%，金融市场的活跃度和流动性进一步提升。其中，银行间债券市场成交 304.46 万亿元，占比 86.69%；上交所债券市场成交 35.75 万亿元，占比 10.18%；深交所债券市场成交 10.99 万亿元，占比 3.13%（见表 6）。根据中国人民银行发布的《2023 年金融市场运行情况》，银行间债券市场中，2023 年货币市场成交量持续上升，全年成交共计 1817.2 万亿元，同比增加 19.0%。其中，质押式回购成交 1668.8 万亿元，同比增加 21.4%；买断式回购成交 5.4 万亿元，同比下降 2.7%；同业拆借成交 143.0 万亿元，同比下降 2.6%。交易所标准券回购成交 455.8 万亿元，同比增加 12.9%。银行间债券市场现券成交 307.3 万亿元，日均成交 12341.6 亿元。交易所债券市场现券成交 46.4 万亿元，日均成交 1919.3 亿元。柜台债券市场累计成交 105.1 万笔，成交金额 1961.4 亿元。2023 年末，开办柜台债券业务的商业银行共 30 家，较 2022 年末增加 2 家。

---

① BP 是基点（Basis Points）的缩写，是债券市场中衡量收益率和利率变化的单位。BP 通常表示为 1/10000，1BP 等于 0.01%或 0.0001。

表6 债券成交统计（2023年）

单位：亿元

债券类型	银行间	上交所	深交所	合计
国债	693320.50	124780.94	1158.04	819259.48
地方政府债	129900.03	3019.32	78.12	132997.47
央行票据	0.00	0.00	0.00	0.00
同业存单	628628.40	0.00	0.00	628628.40
金融债	1275567.54	25974.01	5792.19	1307333.73
企业债	10153.87	9254.61	260.88	19669.36
公司债	0.00	138893.29	16985.16	155878.45
中期票据	145179.61	0.00	0.00	145179.61
短期融资券	106487.85	0.00	0.00	106487.85
项目收益票据	106.67	0.00	0.00	106.67
定向工具	42827.94	0.00	0.00	42827.94
国际机构债	290.81	0.00	0.00	290.81
政府支持机构债	3142.03	617.83	15.01	3774.87
标准化票据	0.00	0.00	0.00	0.00
资产支持证券	8951.50	6039.41	1667.62	16658.53
可转债	0.00	48160.19	83727.34	131887.52
可交换债	0.00	729.04	238.39	967.43
可分离转债存债	0.00	0.00	0.00	0.00
总计	3044556.74	357468.64	109922.74	3511948.12

资料来源：Wind、山东省亚太资本市场研究院。

随着"双碳"目标的提出，我国绿色债券市场快速扩容，多部门陆续出台相关文件，规范绿色金融的发展，提升金融对绿色领域的支持力度，绿色债券迎来广阔发展空间。2023年，绿色债券一级市场受到宏观经济环境影响，虽然发行数量与发行规模较上一年度有所减少，但整体发展势头仍然向好。根据新华财经统计数据，2023年，国内市场绿色债券共1164只参与交投。[①]

① 《中国经济观测点｜2023年绿债发行规模小幅回落 二级市场交易热度持续提升》，"新华财经客户端"百家号，2024年1月15日，https：//baijiahao.baidu.com/s？id＝1788144115407716853&wfr＝spider&for＝pc。

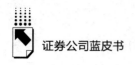

总体来看，2016~2023年，绿色债券成交数量和交易活跃度均有增长，绿色属性有效增加了债券二级市场的流动性及估值吸引力。

（三）并购重组市场

1. 发布并购重组审核新规

重组是上市公司提质增效、转型升级的重要途径。为做好全面注册制在重组环节落地的法治保障，支持上市公司依托重组夯实主业、做优做强，结合近年来并购重组市场改革实际和监管实践，2023年2月，中国证监会发布新修订的《上市公司重大资产重组管理办法》（〔第214号令〕）①，对重大资产重组的审核做出了新的规定。②

一是明确重组审核和注册流程。一方面，明确上市公司拟实施涉及发行股份的重组，应当在股东大会决议后的3个工作日内向证券交易所提出申请；证券交易所受理后在规定期限内基于并购重组委员会审议意见形成审核意见，决定报中国证监会注册或者终止审核。另一方面，统一规定各板块重组注册时限，明确中国证监会在15个工作日内基于证券交易所的审核意见依法做出予以注册或者不予注册的决定；针对注册程序中发现的影响重组条件的新增事项，可以要求证券交易所进一步审核。

二是完善重组认定标准和定价机制。一方面，在"购买、出售的资产在最近一个会计年度所产生的营业收入占上市公司同期经审计的合并财务会计报告营业收入的比例达到50%以上"指标中，增加"且超过五千万元人民币"的要求，未达到上述标准的交易将无需按照重组有关规定披露信息、履行内部决策程序，有利于降低上市公司交易成本。另一方面，上市公司为购买资产所发行股份的底价从市场参考价的九折调整为八折，进一步扩大交易各方博弈空间。上述两方面内容，均为将科创板和创业板的现行规定推广

---

① 《【第214号令】〈上市公司重大资产重组管理办法〉》，中国证券监督管理委员会网站，2023年2月17日，http://www.csrc.gov.cn/csrc/c101953/c7121862/content.shtml。

② 《【第214号令】〈上市公司重大资产重组管理办法〉》，中国证券监督管理委员会网站，2023年2月17日，http://www.csrc.gov.cn/csrc/c101953/c7121862/content.shtml。

至主板的修改。

三是强化重组的事中和事后监管。自 2014 年以来，中国证监会通过不断完善监管规则，持续推进简政放权和"放管服"改革，并购重组市场活跃度得到有效提升。但也有一些上市公司及其控股股东、实际控制人利用制度便利实施"高估值、高业绩承诺、高商誉"并购、盲目跨界并购，或者进行不正当利益输送和规避套利，严重扰乱市场秩序，侵害中小投资者合法权益。因此，修订时坚持问题导向，强化证券交易所"一线监管"职责，除对涉及发行股份的重组申请依法审核外，证券交易所还可以针对"现金重组"项目，通过问询、现场检查、现场督导、要求独立财务顾问和其他证券服务机构补充核查并披露专业意见等方式进行自律管理，并就严重违反《上市公司重大资产重组管理办法》等情形上报中国证监会采取相关措施，防范和查处违规交易，切实维护上市公司和股东的权益。

四是进一步压实独立财务顾问的持续督导责任。将督导期的起算时点统一调整为"重大资产重组实施完毕之日"；就上市公司对所购买资产整合管控安排的执行情况，出具持续督导意见并公告；为防止督导"空窗期"，规定持续督导期限届满后，仍存在尚未完结的督导事项的，独立财务顾问应当就相关事项继续履行督导职责。

由此可见，与此前的核准制相比，注册制下的并购重组审核新规，对符合条件的重组申请，可以减少问询轮次和问询数量，优化审核内容，提高审核效率，交易所审核总计不超过 3 个月；增加独立财务顾问主动撤回申请文件即触发终止审核情形等。同时，"分道制"和"小额快速"等审核机制也对不同类型的并购重组申请予以分流，大大加快了审批进程（见图 9）。

2. 并购金额小幅下降

随着我国重大资产重组监管政策趋严，2023 年，A 股上市公司资产重组数量进一步下滑。根据 Wind 数据，以交易完成日为统计标准，2023 年，A 股上市公司共完成 72 笔并购重组交易，比上年减少 18 笔。从交易所来看，深交所共发生 35 笔，其中创业板 11 笔；上交所共发生 37 笔，其中科

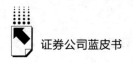

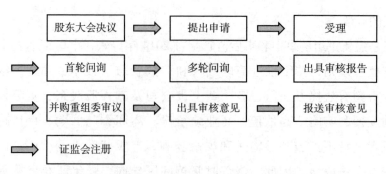

图 9 股票发行注册制下的重大资产重组审核流程

资料来源：山东省亚太资本市场研究院。

创板 2 笔。全年 A 股上市公司并购重组完成交易金额共计 3293.99 亿元，同比下跌 0.72%；上交所交易金额 2676.12 亿元，其中科创板 36.63 亿元；深交所交易金额 617.87 亿元，其中创业板 187.88 亿元。并购重组交易金额超过百亿元的共有 7 笔，均为国有上市公司，其中交易金额最大的为长江电力定增收购云川公司 100% 股权，交易金额达 804.84 亿元（见表 7）。

表 7 上市公司超过百亿元交易额并购重组统计（2023 年）

单位：亿元

股票名称	完成日期	企业性质	重组事件	重组目的	交易金额
长江电力	2 月 9 日	中央国有	长江电力定增收购云川公司 100% 股权	战略合作	804.84
中航机载	4 月 14 日	中央国有	中航电子换股吸收合并中航机电	横向整合	489.07
中交设计	12 月 1 日	中央国有	祁连山定增收购公规院、一公院、二公院的 100% 股权及西南院、东北院和能源院的 100% 股权	买壳上市	235.03
中国交建	12 月 1 日	中央国有	祁连山定增收购公规院、一公院、二公院的 100% 股权及西南院、东北院和能源院的 100% 股权	买壳上市	235.03
陆家嘴	8 月 10 日	地方国有	陆家嘴定增收购昌邑公司 100% 股权、东袤公司 30% 股权、耀龙公司 60% 股权和企荣公司 100% 股权	战略合作	133.19

股票名称	完成日期	企业性质	重组事件	重组目的	交易金额
节能环境	7月14日	中央国有	中环装备定增收购环境科技100%股权、中节能石家庄19%股权、中节能保定19%股权、中节能秦皇岛19%股权、中节能沧州19%股权和承德环能热电14%股权	战略合作	111.64
广东建工	2月9日	地方国有	粤水电定增收购建工集团100%股权	战略合作	104.97

资料来源：Wind、山东省亚太资本市场研究院。

3. 合作整合成为主要并购目的

随着注册制改革的深入推进，纯"壳"公司收购热度有所下降，而带产业的上市公司逐渐成为收购的更优选择。2023年，以"战略合作""横向整合"为并购目的的重组数量最多，共计38笔，占比达到52.78%，涉及金额共计2197.71亿元，占比66.72%。以"买壳上市"为目的的并购重组虽然仅4笔，但涉及金额较大，达577.60亿元（见表8）。

表8　上市公司并购重组交易目的统计（2023年）

单位：家，%，亿元

并购目的	家数	占比	交易金额	占比
战略合作	23	31.94	1521.55	46.19
横向整合	15	20.83	676.16	20.53
资产调整	13	18.06	51.52	1.56
多元化战略	12	16.67	338.02	10.26
其他并购目的	5	6.94	129.15	3.92
买壳上市	4	5.56	577.60	17.53

资料来源：Wind、山东省亚太资本市场研究院。

4. 发行股份购买资产成主要并购方式

从并购重组的方式来看，2023年，"协议收购"和"发行股份购买资产"是重组的主要推力，分别为39笔和21笔，占比分别达到54.17%、29.17%，

涉及交易金额分别为 418.06 亿元、2289.58 亿元，占比分别为 12.69%、69.51%；"二级市场收购"和"资产置换"两种方式均为 4 笔，"增资"方式 3 笔，"吸收合并"方式仅 1 笔，为中航电子换股吸收合并中航机电，交易金额 489.07 亿元。从交易金额来看，现阶段我国并购重组发行股份购买资产的占比较高，这种方式可以同时募集配套资金，且定价方式相对灵活，反映了资本市场参与者对于交易结构和流程的熟悉程度逐渐提高，在进行并购重组时更倾向于使用这些成熟的、被广泛接受的和多元灵活的方法。吸收合并、资产置换等多样化的交易手段也被广泛应用，交易结构更趋合理。

5. 国有上市公司是并购重组主力军

按照上市公司实际控制人分类统计，2023 年，完成重大资产重组的 72 家上市公司中，国有企业无疑是主力军。国有上市公司并购重组共计 46 笔，其中，中央国有企业 17 笔，地方国有企业 29 笔；国有上市公司并购重组金额共计 3124.54 亿元，占比 94.86%，其中，中央国有企业 2271.73 亿元，地方国有企业 852.81 亿元。民营企业、公众企业和外资企业统一归为非国有企业，非国有上市公司并购重组共计 26 笔，交易金额 169.45 亿元，仅占全部交易额的 5.14%。可以看出，国有企业交易规模明显高于非国有企业，在政策暖风助推下，国有企业并购重组持续活跃，成为市场主力军。尤其是通过并购重组，央企可以将更多优质资源向上市公司汇聚，从而打造一批"旗舰型"央企上市公司。

6. 并购主要集中在传统行业

按照证监会二级行业统计，2023 年，完成重大资产重组的 72 家上市公司分布在 34 个行业。其中，化学原料和化学制品制造业以 9 笔并购重组数量位居榜首，涉及交易金额达 166.30 亿元；房地产业、"计算机、通信和其他电子设备制造业"和土木工程建筑业的并购重组数量均为 6 笔，"电力、热力生产和供应业"和"电气机械和器材制造业"的并购重组数量均为 4 笔，其他行业数量较少。电力、热力生产和供应业涉及交易金额最大，达 849.51 亿元，占比 25.79%。从整体上来看，传统行业仍然是上市公司进行重大资产重组的主要领域。传统行业面临着转型升级的压力，通过并购重组，企业可以快速获得新技术、新市场和新资源，从而提升竞争力，传统行业在并购重组市场的活跃表明传统行业企业正积极利用资本市场的工具来实现自身的发展战略和目标。

二 北京证券交易所市场运行情况

（一）出台一系列多项政策措施推动改革

1."深改19条"落地实施

2023 年 11 月 15 日是北交所开市 2 周年纪念日，北交所正在驶入改革加速的新阶段。2023 年，北交所不断推进改革，发行上市制度、转板制度以及交易机制不断优化，估值定价功能更加健全。尽管改革提速，但相比于沪深市场，北交所仍有诸多机制不完善。例如，根据现行规则，北交所上市公司须来自新三板创新层，这不但限制了北交所拟上市企业阵容的供给，也在发行上市便利性层面与沪深市场存在巨大差距；又如，在交易环节上，部分证券公司尚未在委托交易系统中将北交所与沪深市场进行一体化融合，反而单独设立"北证交易"或"北证专区"，加大了投资者参与北交所交易的复杂性。为加快打造服务创新型中小企业"主阵地"，提升北交所流动性，2023 年 9 月初，中国证监会发布《关于高质量建设北京证券交易所的意见》（以下简称"深改 19 条"）。①"深改 19 条"优化了对上市公司挂牌时间安排和发行底价的确定方式，进一步顺畅转板机制，引导公、私募资金加大投资，多方面促进北交所的长期稳定发展和改革深化，使得服务创新型中小企业的"主阵地"效果更加明显，促使北交所品牌、特色的形成，北交所未来将成为具有品牌吸引力和市场影响力的交易所。自"深改 19 条"发布后，北交所市场于 2023 年 9 月、10 月、11 月分别新增上市公司 6 家、3 家、

---

① 《中国证监会关于高质量建设北京证券交易所的意见》，中国证券监督管理委员会网站，2023 年 9 月 1 日，http://www.csrc.gov.cn/csrc/c100028/c7429809/content.shtml。

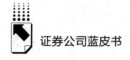

8 家，首日涨跌幅均值达 111.85%，市场流动性明显增加，赚钱效应明显提升。通过深化改革和优化服务，北交所得以吸引更多资金流向中小企业，为处于成长期的中小企业提供资金支持，支持众多中小企业成长壮大，激发创新活力，为我国经济高质量发展注入强劲动能。

2. 上线融资融券和做市交易业务

2022 年 11 月，北交所发布《北京证券交易所融资融券交易细则》，同时配套发布《北京证券交易所融资融券业务指南》，对会员业务开展流程、交易业务管理、保证金和维持担保比例管理、投资者适当性管理等方面予以规定。2023 年 2 月，经中国证监会批准，北交所融资融券交易业务正式启动，总体上比照沪深市场的成熟模式构建，在券商资格管理、投资者准入、账户体系、交易方式、可充抵保证金证券范围及折算率、权益处理、信息披露等方面均与沪深市场两融业务保持一致。交易所引入融资融券交易，有利于吸引增量资金，改变"单边市"状况，促进市场双向价格发现，进一步改善市场流动性和定价效率。

2023 年 1 月，北交所发布《北京证券交易所股票做市交易业务细则》和《北京证券交易所股票做市交易业务指引》，对证券公司开展北交所股票做市交易业务的流程、权利义务和监督管理等方面予以规定。2023 年 2 月，经中国证监会批准，北交所股票做市交易业务正式启动。北交所做市交易业务采用混合交易机制，在竞价交易的基础上引入做市商交易。通过做市商向市场持续提供双向报价，既保持了连续竞价交易价格发现速度快、成交及时性强等优势，又能通过做市商在较小价差范围内一定数量的连续报价，达到进一步缩小买卖价差、增加市场深度、平抑市场波动的效果。首批参与做市交易的证券公司共计 13 家，在全面实行注册制的背景下，综合性证券公司将联动投行、做市、研究、自营等全链条业务，为中小企业提供全方位的综合金融服务，有助于企业服务黏性的提升，形成业务闭环，进一步增强证券公司核心竞争力。

3. 启动公司债券发行承销业务

2023 年 10 月，北交所发布《北京证券交易所公司债券发行上市审核规则》《北京证券交易所公司债券发行承销规则》等 5 项基本业务规则；同时，配套发布了 12 项指引和 4 项指南；同月，正式启动公司债券（含企业债券）受理审核工作。根据业务规则，在北交所发行的债券包括短期公司债券、可续期公司债券、可交换公司债券等 10 种债券。从募集资金使用来看，企业债券的募集资金重点用于国家及地方重大战略支持的重大项目建设；其中，企业债券可以将不超过募集资金总额的 30% 部分用于补充流动资金等其他用途，同时，企业债券募集资金用于项目的金额不得超过项目资金缺口。在发行承销方面，发行人和主承销商提交齐备的发行备案文件后，北交所将在 2 个交易日内完成备案工作，如知名成熟发行人发行优质企业债券且将募集资金用于固定资产投资项目，北交所将于 10 个交易日内完成备案工作。在交易方面，北交所在债券交易参与人制度、做市商制度、债券交易一般规定、交易方式上，整体与沪深交易所的安排保持一致。同时，为了便利机构投资者参与北交所债券市场，北交所将审核程序进行了简化。北交所债券参与人相关要求与沪深交易所市场债券交易参与人标准基本保持一致。对于此前已经是沪深交易所债券交易参与人的申请机构，北交所将简化流程；同时，不再审核在沪深的合格投资者。北交所债券市场的推出，扩展了上市企业的融资渠道，响应了当前企业的融资需求，提供了资金支持，进而推动了经济发展。对北交所而言，进一步健全了资本市场的机制，让北交所的架构和功能更加完善，融资功能进一步提升。2024 年 1 月 15 日，北交所债券市场正式开市，开市首日共上市 3 只企业债券，发行人分别为北京国资、京投公司、广州智都，债券发行规模合计 24.8 亿元。债券市场鸣钟开市，成为北交所自 2021 年 11 月 15 日开市以来的又一里程碑事件。

（二）北交所运行情况

1. IPO 发行节奏平稳

2023 年，北交所市场规模进一步扩容、市场活力进一步释放。Wind 数据显示，北交所上市公司数量从 2022 年末的 162 家增至 2023 年末的 239 家。2023 年，北交所 IPO 数量为 77 家，同比减少 6 家；IPO 融资 147.33 亿元，同比下降11.94%。受政策影响，北交所IPO数量和融资规模均出现小幅下滑，但与沪深交易所相比，北交所IPO发行节奏平稳。从月度数据上来看，2023年3月北交所IPO企业数量9家，融资额19.01亿元，上市数量与融资规模达到较高水平；7～10月发行速度有所放缓，4个月内新上市21家企业，融资额为36.33亿元；进入11月，新股发行再度迎来"小高潮"，月内新增上市企业8家，融资额达17.45亿元。

从证监会行业标准来看，在2023年新增的77家上市公司中，制造业达67家，融资额达126.80亿元，是北交所新增上市公司的主力军。从申万一级行业标准看，2023年IPO企业共覆盖18个行业，主要集中在机械设备、基础化工、电力设备行业，分别有20家、12家、8家公司，三大行业上市公司数量占比超半数。从融资额看，同IPO数量相一致，机械设备行业首发融资额占比最大，融资达35.20亿元，占比23.89%；基础化工行业排名第2，融资25.82亿元；电力设备行业排名第3，融资19.73亿元（见图10）。值得一提的是，2023年电子行业大幅"缩水"，IPO融资规模由2022年的34.82亿元减少至2.16亿元，上市企业数量则由2022年的14家锐减为1家，即豪声电子。

从地域分布来看，2023年，登陆北交所的上市公司分布在22个省市中，分布较为广泛，但仅有5省市的上市公司数量超过5家，这5省市分别为江苏、浙江、北京、广东和山东，数量分别为16家、11家、7家、6家和6家，融资额分别为30.48亿元、16.66亿元、21.46亿元、8.43亿元和12.51亿元。从上市公司所属性质上来看，民营企业新增68家，占比达88.31%，融资额达131.06亿元，占比88.96%；地方国有企业5家，融资额为7.65亿元；公众企业2家，共融资4.45亿元；中央国有企业和外资企业各1家，融资额分别为2.87亿元和1.29亿元。在77家新增上市公司中，融资额最高的为磷酸铁和磷酸铁锂生产商安达科技，融资6.50亿元，主要用于6万吨/年的磷酸铁锂建设项目。

2. 成交活跃，市场流动性提高

北交所成立初期，市场交投活跃度较为低迷。根据Wind数据，2021年

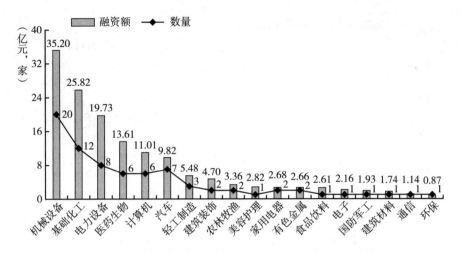

图 10　北交所各行业 IPO 数量及再融资情况（2023 年）

资料来源：Wind、山东省亚太资本市场研究院。

北交所成交 95.88 亿股，成交额 1610.44 亿元；2022 年成交 159.47 亿股，成交额 1993.09 亿元。自 2023 年"深改 19 条"实施后，市场交投活跃度上升，流动性明显提高；进入 11 月下旬，北交所交易量出现大幅提升，日均换手率在 10% 左右波动，单日成交最高超 300 亿股。月度成交额数据显示，11 月北交所成交额达 1744.23 亿元，12 月达到全年最高的 3254.19 亿元，而此前的 10 个月中单月成交额最大的仅为 5 月的 405.44 亿元（见图 11），由此可见市场成交活跃。2023 年，北交所市场成交 615.42 亿股，同比增长 2.86 倍；成交额 7272.23 亿元，同比增长 2.65 倍。北证 50 成分股成为市场热点股票，成分股的交易量合计占比由 11 月初的约 20% 提升至 28% 左右[①]，成分股的交易热度提升。作为市场"晴雨表"，北证 50 成份指数年末收盘于 1082.68 点，全年累计涨幅为 14.92%，显示出北交所市场活跃度大幅提升和增量资金对成分股的青睐。

---

① 鞠厚林、范想想、王新月：《北交所 2024 年度策略：政策助力北交所加快发展　市场有望震荡向上》，新浪财经网站，2024 年 1 月 23 日，http://stock.finance.sina.com.cn/stock/go.php/vReport_Show/kind/strategy/rptid/759334525902/index.phtml。

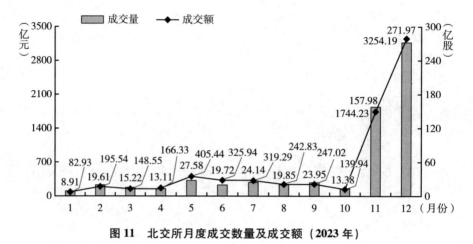

图 11　北交所月度成交数量及成交额（2023 年）

资料来源：Wind、山东省亚太资本市场研究院。

3. 北证50成份指数上涨，呈现独立行情

2022 年 9 月，为便利投资者了解北交所市场的整体运行情况，满足指数化投资需求，北交所联合中证指数制定发布北证 50 成份指数编制方案，北证 50 成份指数由此成为代表北交所市场运行的主要参考指数。2023 年，北证 50 成份指数全年先降后升，11 月后大幅上行。至 2023 年末，北证 50 成份指数年涨幅达 14.92%，大幅跑赢科创 50 指数的 -11.24% 和创业板指的 -19.41%。从时间轴角度来看，北证 50 成份指数在 2023 年 1 月出现小幅上涨，之后便呈震荡下跌态势，截至 2023 年 10 月末，北证 50 成份指数年跌幅超 20%。11 月，受"深改 19 条"政策、做市商扩容的积极预期等影响，北交所交易热度从中旬开始走高，11 月后大幅上涨，阶段性（2023 年 11 月 1 日~2023 年 12 月 31 日）涨幅达 43.7%。同沪深市场一致，北交所行情也呈现一定的结构分化。分行业看，科技成长类公司涨幅靠前，电子、社会服务、美容护理等行业涨幅居前；分公司属性看，国企上市公司表现相对较好，个股年涨幅平均增长一倍多。

4. 上市公司总市值翻番

"深改 19 条"提出的一揽子针对性举措，从融资端、投资端和交易端

174

三端发力，进一步推进北交所稳定发展和改革创新，完善市场机制各个链条的承上启下作用，加快打造服务创新型中小企业"主阵地"系统合力，为北交所高质量发展奠定政策基础。在新政推动下，北交所个人投资者开户数量明显提高，投资参与度随之提高，但新增机构投资者数量较为稳定。北交所上市公司受投资机构关注度显著提升，2023年机构调研次数达770次，比2022年多501次；2023年机构调研家数达4526家，较2022年的1468家提升显著；交易活跃度上，北交所板块成交金额在2023年11月27日～28日达到巅峰，板块平均成交金额分别达1.31亿元和0.99亿元，堪比科创板的1.01亿元和0.99亿元，交易活跃度极具潜力。①

截至2023年末，北交所上市公司共计239家，比上年增长77家，年末总市值为4497.34亿元，同比增长1.13倍。分行业来看，2023年，机械设备行业市值同比增长82.9%，达802.41亿元，市值最高，占比17.84%；电力设备行业市值721.41亿元，排名行业第2，占比16.04%；基础化工行业市值506.06亿元，占比11.25%，位列第3。整体来看，北交所整体行业市值集中度较高。分公司属性来看，至2023年末，民营上市公司市值为3409.44亿元，占比75.81%，但平均市值较小，为16.39亿元/家；地方国有上市公司市值452.75亿元，占比10.07%，平均市值为26.63亿元/家；中央国有上市公司市值165.52亿元，占比3.68%，平均市值为41.38亿元/家；公众企业市值为408.74亿元，占比9.09%，平均市值68.12亿元/家；外资企业市值30.97亿元，平均市值为10.32亿元/家；集体企业仅有1家，为雷神科技，市值为29.92亿元。2023年末，全市场仅贝特瑞和锦波生物市值超过百亿元，分别为253.12亿元和177.89亿元，排在第3位的连城数控市值也接近百亿元，为98.72亿元，值得一提的是这3家公司均为民营企业。

---

① 盖斌赫、赵晨希：《北交所2024年度策略：厚积薄发，未来可期》，证券之星网站，2024年2月25日，https：//stock. stockstar. com/JC2024022500002168. shtml。

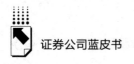

（三）打造服务创新型中小企业主阵地

1. 服务创新型中小企业成效显现

开市两年以来，北交所致力于服务创新型中小企业，已成为专精特新"小巨人"企业培育的"摇篮"，为我国创新型中小企业突破核心产业"卡脖子"难题，加速国产替代步伐提供了重要支撑。从战略性新兴产业和专精特新企业渗透率来看，北交所战略性新兴产业占比达96.25%，仅次于科创板的100%；专精特新企业占比达51.67%，仅次于科创板的57.32%，而新三板战略性新兴产业和专精特新企业渗透率仅为9.04%和14.69%。① 截至2023年末，北交所中小企业占比超八成，民营企业占比近九成，国家级专精特新"小巨人"企业占比近五成。通过两年的努力，北交所服务创新型中小企业成效持续显现。根据Wind数据，2023年北交所为上市公司融资（包括IPO和股权再融资）155.37亿元，同比下降7.47%，尽管受到政策影响，融资额有所下降，但明显低于全部A股融资额跌幅的32.80%。同时，北交所上市公司坚持创新驱动发展战略，借助资本市场平台，持续加大研发投入。北交所定位于服务创新型中小企业，不仅进一步健全了多层次资本市场，也为资本投资"更早、更小、更新"提供了机会。

2. 带动带活新三板市场

2022年12月，北交所和全国股转公司联合推出的直联机制成为北交所"企业强市战略"的重要抓手之一。通过新三板、北交所内部流程再造，直联机制着力提高了企业发行上市环节审核质量与效率，为优质中小企业打造了一条"更快速、更明确、更顺畅"的挂牌上市路径。

"深改19条"发布后，根据北交所优化企业申报上市的最新标准，"连续挂牌满12个月"是指发行人在北京证券交易所上市委员会审议时已连续

---

① 盖斌赫、赵晨希：《北交所2024年度策略：厚积薄发，未来可期》，证券之星网站，2024年2月25日，https://stock.stockstar.com/JC2024022500002168.shtml。

挂牌满 12 个月；对于摘牌前已连续挂牌满 12 个月的公司，在二次挂牌后，发行人在北京证券交易所上市委员会审议时无需再次挂牌满 12 个月。对于摘牌公司，"摘牌前已连续挂牌满 12 个月"的具体执行标准为：自公司股票在全国中小企业股份转让系统挂牌公开转让之日至公司股票终止挂牌之日，已满 12 个月。

受政策影响，一批企业加速申报新三板挂牌，同时，部分摘牌的企业二次申报新三板挂牌。2023 年新三板市场新增挂牌公司 326 家，同比增长超两成。[1] 进入 2024 年第一季度，新三板新增 75 家挂牌公司，其中创新层公司 20 家，基础层公司 55 家。新挂牌公司总体质地优良，向先进制造业聚集，积极谋求在资本市场向上发展。北交所对新三板市场的带动效应凸显，作为服务创新型中小企业的主阵地，北交所与新三板坚持一体发展，且制度包容性强，优质企业通过涌向新三板市场，也将进一步充实北交所的"后备力量"。

3. 高质量发展潜力巨大

2021 年工信部印发的《"十四五"促进中小企业发展规划》（工信部联规〔2021〕200 号）将优质中小企业培育工程列为九大重点工程之首。[2] 2022 年 6 月，工信部印发《优质中小企业梯度培育管理暂行办法》（工信部企业〔2022〕63 号）[3]，明确创新型中小企业、专精特新中小企业、专精特新"小巨人"企业评价或认定标准。2023 年 6 月，在 APEC 专精特新中小企业国际合作论坛上，工业和信息化部中小企业局局长梁志峰表示，到 2025 年，将力争培育 100 万家创新型中小企业、10 万家专精

---

① 《北京证券交易所 2023 年新增 77 家上市公司》，北京产权交易所网站，2024 年 1 月 3 日，https：//www.cbex.com.cn/zl_244/ssgsbg/xmxx/hyzx/202401/t20240103_187118.html。

② 《关于印发"十四五"促进中小企业发展规划的通知》，中华人民共和国工业和信息化部网站，2021 年 12 月 17 日，https：//www.miit.gov.cn/jgsj/qyj/gzdt/art/2021/art_ade0a87b63aa4c54be6c635a01f0de8b.html。

③ 《工业和信息化部关于印发〈优质中小企业梯度培育管理暂行办法〉的通知》，中华人民共和国工业和信息化部网站，2022 年 6 月 1 日，https：//www.miit.gov.cn/jgsj/qyj/wjfb/art/2022/art_7fd04a4a9c0349628f8ec5311eb3411a.html。

特新中小企业、1 万家专精特新"小巨人"企业。① 2023 年 7 月，我国第
五批国家级专精特新企业认定完成，至此国家级专精特新企业达 12950 家，
在 A 股市场已上市或挂牌企业仅为 2396 家，直接融资比例不足 20%。根据
中国证券报统计数据，截至 2023 年 12 月 17 日，北交所共有 117 家国家级
专精特新"小巨人"企业，占北交所公司总数比例近五成；省级专精特新
"小巨人"企业、省级专精特新中小企业分别有 9 家、47 家，合计 56 家。②
专精特新作为创新型中小企业中质地更优、技术储备更丰富、规模相对更大
的市场主体，是北交所服务的主要对象之一。

三　证券公司运行情况

（一）新政策对证券公司的影响

2023 年 1 月，中国证监会发布《证券经纪业务管理办法》（证监会令
〔第 204 号〕，以下简称《办法》）。《办法》按照"回归本源、丰富内涵、
加强规制、有序发展、保护客户"的思路，从经纪业务内涵、客户行为管
理、具体业务流程、客户权益保护、内控合规管控、行政监管问责 6 个方面
做出规定；同时，加强对非法跨境经纪业务的日常监管，对相关违法违规行
为，按照"有效遏制增量，有序化解存量"的思路，稳步推进整改规范
工作。

2023 年 2 月，中国证监会发布全面实行股票发行注册制相关制度规则
165 部，包括证监会发布的制度规则 57 部，证券交易所、全国股转公司、
中国结算等发布的配套制度规则 108 部。内容涵盖发行条件、注册程序、保

---

① 《工信部：2025 年将力争培育 100 万家创新型中小企业》，"新华社"百家号，2023 年 6 月
26 日，https：//baijiahao. baidu. com/s？id=1769773194689275709&wfr=spider&for=pc。
② 《支持专精特新企业发展　北交所"小巨人"特色愈加凸显》，"中国经济网"百家号，
2023 年 12 月 18 日，https：//baijiahao. baidu. com/s？id=1785579416226787535&wfr=spider
&for=pc。

荐承销、重大资产重组、监管执法、投资者保护等方面。这次全面实行相关制度规则的发布实施，标志着注册制的制度安排基本定型，标志着注册制推广到全市场和各类公开发行股票行为，在中国资本市场改革发展进程中具有里程碑意义。

2023 年 4 月，国务院办公厅印发《关于上市公司独立董事制度改革的意见》（国办发〔2023〕9 号，以下简称《意见》）。《意见》在肯定独立董事制度的背景、作用和重要意义的基础上，针对独立董事制度存在的突出问题，从独立董事的地位、作用、选择、管理、监督等方面做出制度性规范，使独立董事监督事项更聚焦、职能更优化、履职保障更充分、责权利更匹配、监督更有力，对充分发挥独立董事作用、大力提高上市公司质量、加快建设规范、透明、开放、有活力、有韧性的资本市场具有极其重要的作用。为贯彻落实《意见》，优化上市公司独立董事制度，2023 年 8 月，中国证监会发布了《上市公司独立董事管理办法》（证监会令〔第 220 号〕），以提升独立董事履职能力，充分发挥独立董事作用，进一步解决独立董事定位不清晰、责权利不对等、监督手段不够、履职保障不足等制度性问题。

2023 年 7 月，国务院公布《私募投资基金监督管理条例》（国务院令〔第 762 号〕，以下简称《条例》）。《条例》的出台有利于进一步完善私募基金法规体系，促进私募基金行业健康发展。一是《条例》开宗明义，在总则中明确提出鼓励私募基金行业"发挥服务实体经济、促进科技创新等功能作用"，凝聚各方共识，共同优化私募基金行业发展环境。二是设立创业投资基金专章，明确创业投资基金的内涵，实施差异化监管和自律管理，鼓励"投早投小投科技"。三是明确政策支持，对母基金、创业投资基金、政府性基金等具有合理展业需求的私募基金，《条例》在已有规则基础上豁免一层嵌套限制，明确"符合国务院证券监督管理机构规定条件，将主要基金财产投资于其他私募基金的私募基金不计入投资层级"，从而支持行业发挥积极作用，培育长期机构投资者。

2023 年 10 月，中国证监会发布实施《公司债券发行与交易管理办法》

（证监会令〔第 222 号〕，以下简称《管理办法》），以及《公开发行证券
的公司信息披露内容与格式准则第 24 号——公开发行公司债券申请文件
（2023 年修订）》（以下简称《24 号准则》）。《管理办法》和《24 号准
则》的发布实施，有利于完善公司（企业）债券制度规则体系，进一步
夯实债券市场防假打假、强化募集资金监管、防范非市场化发行的制度基
础，更好为企业债券过渡期后转常规运行、促进债券市场高质量发展提供
保障。

2023 年 12 月，中国证监会发布《上市公司监管指引第 3 号——上市公
司现金分红（2023 年修订）》（以下简称《现金分红指引》）、《关于修改
〈上市公司章程指引〉的决定》（以下简称《章程指引》）以及《上市公司
股份回购规则》（以下简称《股份回购》）。《现金分红指引》和《章程指
引》的实施，有助于推动上市公司增强投资者回报，更好引导公司专注主
业，促进市场平稳健康发展。《股份回购》作为资本市场的一项基础性制度
安排，具有优化资本结构、维护公司投资价值、健全投资者回报机制等
作用。

（二）资管子公司申请热情高涨，券商数量继续增加

2022 年 5 月，中国证监会发布《公开募集证券投资基金管理人监督管
理办法》（证监会令〔第 198 号〕）及其配套规则①，"一参一控一牌"政策
落地，明确了证券公司可以通过申请设立资管子公司、公募基金公司以及
参与控股公募基金公司的方式来开拓公募业务，证券公司或其子公司申请
公募资格驶入了快车道。在"一参一控一牌"政策指导下，证券公司主
要从以下方面提高公募业务渗透率：申请资管子公司并以此申请公募业务
牌照、申请设立基金公司以及收购并变更基金公司股权。与此同时，绝大
部分证券公司资管业务的历史产物"大集合"产品 3 年参公改造期限已

---

① 《【第 198 号令】〈公开募集证券投资基金管理人监督管理办法〉》，中国证券监督管理委员会
网站，2022 年 5 月 20 日，http：//www.csrc.gov.cn/csrc/c101953/c2804634/content.shtml。

至，有证券公司践行投资者保护和盘活存量规模，将旗下大集合参公产品转移至参股基金公司，大集合参公改造产品规范化发展，券商资管公募化布局迈向新篇章。

2023 年，我国证券公司数量增至 145 家，比上年增加 5 家，新增的 5 家证券公司均为券商资管子公司，它们分别为长城证券资产管理有限公司（即长城资管）、国联证券资产管理有限公司（即国联资管）、华安证券资产管理有限公司（即华安资管）、国信证券资产管理有限公司（即国信资管）和华福证券资产管理有限公司（即华福资管）。截至 2023 年末，我国证券公司资管子公司达到 30 家；另外，中国证监会官网显示，广发资管、光证资管、安信资管、国金资管等 4 家券商资管在排队申请公募牌照，中金公司、中信建投也处于申请资管子公司队伍中。

根据华宝证券提供的数据，截至 2023 年末，证券公司及其资产管理子公司管理业务规模约为 7.83 万亿元，同比下降 10.76%。[1] 2023 年证券公司资产管理业务净收入 224.79 亿元，占行业营业收入的 5.54%[2]，资管业务已成为证券行业的重要收入来源之一。证券公司设立资管子公司符合监管政策导向、行业发展趋势和加强财富管理战略的定位，有利于提高业务运行效率，加快业务转型。因此，设立资产管理子公司并申请公募基金管理业务资格已成为证券公司资管业务未来发展的重大战略方向。

（三）证券公司整体经营业绩稳定

证券行业具有资本密集性、人才专业性、风险联动性的特点，受宏观经济表现、宏观经济政策、市场发展程度、国际经济形势和境外金融市场波动以及投资者行为等诸多因素的影响，证券行业具有较为明显的周期性、波动

---

[1] 卫以诺、廖璐：《2023 券商资管年度报告：公募牌照申请热潮不减　资管结构调整步入发展新阶段》，新浪财经网站，2024 年 3 月 3 日，http：//stock. finance. sina. com. cn/stock/go. php/vReport_ Show/kind/search/rptid/762809817228/index. phtml。

[2] 《中国证券业协会发布证券公司 2023 年度经营数据》，中国证券业协会网站，2024 年 3 月 29 日，https：//www. sac. net. cn/hysj/jysj/202403/t20240329_63785. html。

性和不确定性。证券公司经营业绩与证券行业变化趋势高度相关，呈现出相同特性。同 2022 年一致，2023 年证券市场继续维持弱势状态，全年证券公司经营业绩变化不大。根据中国证券业协会公布的数据，2023 年，145 家证券公司实现营业收入 4059.02 亿元，同比增长 2.77%；实现净利润 1378.33 亿元，同比下跌 3.14%。截至 2023 年末，145 家证券公司总资产为 11.83 万亿元，净资产为 2.95 万亿元，净资本为 2.18 万亿元，分别同比增长 6.96%、5.73%、4.31%（见表 9）。

表 9　我国证券公司数量及经营情况（2022~2023 年）

指标名称	2022 年	2023 年	增长（%）
证券公司数量（家）	140.00	145.00	3.57
营业收入（亿元）	3949.73	4059.02	2.77
净利润（亿元）	1423.01	1378.33	-3.14
总资产（万亿元）	11.06	11.83	6.96
净资产（万亿元）	2.79	2.95	5.73
净资本（万亿元）	2.09	2.18	4.31

资料来源：中国证券业协会、山东省亚太资本市场研究院。

1. 自营业务成为影响证券公司业绩的关键因素

2023 年，受证券市场波动等因素影响，证券公司收入结构同比发生较大变化，证券投资收益占比明显回升，成为证券公司最主要的收入来源。具体来看，我国证券公司仍较大程度地依赖于传统的经纪业务和自营业务，整体的经营状况与宏观经济及证券市场景气度息息相关。2023 年，虽然 A 股整体表现欠佳，但得益于结构性行情不断涌现，自营业务业绩整体好于上年。同时，受 2022 年基数较低影响，证券公司自营业务收入在营业收入中的占比由 2022 年的 15.40% 上升至 2023 年的 29.99%，超过经纪业务成为证券公司营业收入的第一大来源，由此自营业务也成为影响证券公司业绩的关键因素。经纪业务收入在营业收入中的占比为 27.75%，随着佣金率的降低，经纪业务收入贡献整体呈下滑态势，证券公司从传统经纪业务向高附加值财富管理业务转型的重要性日益凸显。从总体上看，除 2022 年资本市场波动对经纪业务及自营业务产生较大不利影响之外，2022~2023 年上述两项业务的收入占比合计均在 50% 左右，对证券公司的营业收入贡献较大（见表 10）。

表 10　证券公司业务收入结构（2022~2023 年）

单位：亿元，%，个百分点

业务名称	2022 年		2023 年		收益增长	占比提高
	收益	占比	收益	占比		
经纪业务	1285.74	32.55	1126.48	27.75	-12.39	-4.80
投资银行业务	659.08	16.69	542.88	13.37	-17.63	-3.31
资产管理业务	270.97	6.86	224.79	5.54	-17.04	-1.32
利息收益	633.21	16.03	531.50	13.09	-16.06	-2.94
自营业务	608.39	15.40	1217.13	29.99	100.06	14.58
其他业务	492.34	12.47	416.24	10.25	-15.46	-2.21

资料来源：中国证券业协会、兴业证券、山东省亚太资本市场研究院。

2. ETF 为资产管理业务注入新动能

2023 年，A 股震荡走低，股票市场超额收益获取难度逐渐加大，财富管理机构逐步开启买方投顾转型。在此背景下，ETF 凭借费用低廉、交易便捷等特点成为投资者追捧的产品，产品份额、规模、数量大涨，ETF 由此实现逆势发展。证券公司借助布局 ETF 业务实现资产管理业务转型"破局"，资产管理业务收入进一步提升。

根据上交所公布的数据，截至 2023 年末，境内交易所挂牌上市的 ETF 数量达到 889 只，较 2022 年末（753 只）增长 18.06%，年末市值总规模达到 2.05 万亿元，较 2022 年末（1.60 亿元）增长 28.13%，其中权益型 ETF 市值达到 1.73 万亿元，创历史新高，约占 A 股总市值的 2%。2023 年境内 ETF 市场呈现资金净流入态势，全年净流入金额 5009.36 亿元，较 2022 年（2927.58 亿元）增长 71.11%，充分发挥了稳定市场的作用。2023 年境内 ETF 市场新增 161 只产品上市，发行规模合计 1184.04 亿元。境内 ETF 规模增长 4508.82 亿

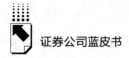

元，其中新发产品贡献了 778.96 亿元的规模增量，占比 17.28%。[①] 截至 2023 年末，深交所存续 ETF 数量增长至 350 只，日平均成交额增长到 216 亿元，单只产品日平均成交额也增加到了 0.62 亿元。与 2022 年相比，深交所 2023 年全年日均成交额增长了 38.64%，流动性增长非常显著。[②]

对证券公司来说，ETF 不仅是金融产品代销和财富管理业务的抓手，而且已经形成业务生态，成为证券公司抢滩布局的重要方向。ETF 关联着证券公司财富管理、做市、两融、衍生品等多项业务，将其作为抓手与其他业务进行协同，对券商结算模式、PB（主经纪商业务）托管、融资融券、做市、衍生品等业务发展都有助益。2023 年末，我国境内 ETF 市值达 2.05 万亿元，全年沪深交易所 ETF 成交额达 27.58 万亿元，ETF 成为证券公司收入的重要来源之一。

3. 投资银行业务收入下滑明显

受 IPO 政策趋严影响，2023 年证券公司投资银行业务下滑明显。根据 Wind 数据，2023 年，IPO 融资 3565.39 亿元，同比下跌 39.25%，股权再融资 7778.91 亿元，同比下降 29.37%，并购重组交易额 3293.99 亿元，同比下降 0.72%。受此影响，2023 年证券行业投资银行业务收入 542.88 亿元，同比下跌 17.63%，在六大项业务收入中下滑最为严重。

由于证券公司"马太效应"明显，进而影响整个行业。根据各券商的业绩报告，2023 年，头部券商中信证券、中信建投、中金公司、国泰君安、海通证券和华泰证券的投资银行业务收入分别为 62.93 亿元、47.96 亿元、37.02 亿元、36.88 亿元、34.21 亿元和 30.37 亿元，同比分别下降 27.28%、19.08%、47.16%、14.45%、18.14% 和 24.53%。6 家证券公司投资银行业务收入合计 249.37 亿元，占整个行业的 45.93%，对整个行业的投行业务影响巨大。2024 年 3 月，中国证监会发布《关于严把发行上市准入

---

① 上海证券交易所创新产品部：《上海证券交易所 ETF 行业发展报告（2024）》，2024 年 2 月，http：//etf.sse.com.cn/fundtrends/c/5735317.pdf。

② 《深交所发布 ETF 投资交易白皮书（2023 年）ETF 总成交额突破 27 万亿元》，同花顺投顾平台，2024 年 5 月 16 日，https：//t.10jqka.com.cn/pid_357107348.shtml。

关从源头上提高上市公司质量的意见（试行）》[1]，提出压实中介机构"看门人"责任，对保荐机构展业能力提出了更高的要求，头部券商在项目储备、发行定价、风险控制等各方面均更有优势；未来，投资银行业务格局将进一步走向集中，对整个行业的收入结构影响或将进一步扩大。

4. 国际业务成为收入新亮点

2023 年 10 月召开的中央金融工作会议在打造现代金融机构方面首次提出要"培育一流投资银行和投资机构"，这就要求我国头部证券公司要在全产业链上做更多工作，同时真正"走出去"，参与国际市场的竞争提供各种各样的金融服务。随着我国"金融强国"目标的提出，耕耘境外业务成为证券公司谋求新发展格局的一个重要举措。在"一带一路"倡议下，我国头部证券公司将国际业务网络延伸至东南亚、中亚、东欧及欧洲大陆国家。例如，中信证券通过收购里昂证券实现在"一带一路"区域资本市场的战略布局；银河证券旗下公司联昌证券国际注册地在新加坡，其业务机构分布于东盟、东亚、南亚、欧洲及北美等地区。

根据头部证券公司 2023 年度报告，中金公司、中信证券、银河证券、招商证券、中信建投和国泰君安的在港子公司中金国际、中信证券国际、银河国际、招商国际、中信建投国际和国泰君安国际，这六大券商子公司分别实现净利润 33.45 亿元、17.81 亿元、2.48 亿元、2.04 亿元、1.88 亿元和 1.86 亿元，分别同比增长 16.91%、96.53%、1277.78%、172.70%、86.18% 和 160.09%。尽管国际业务收入绝对额较小，但在创收方面依然成为亮点。

近年来，头部证券公司搭建出国内与国外资本市场的业务桥梁，加强国内外投资联系与资金流动，在产品、投资、研究等业务领域推动海内外资本市场互联互通。引导产业资本、金融资本的"引进来"和"走出去"，在跨境交易、互联互通等新兴领域保持良好的发展势头，在国际资本市场赢得更多话语权和定价权。

---

[1] 《关于严把发行上市准入关从源头上提高上市公司质量的意见（试行）》，中国证券监督管理委员会网站，2024 年 3 月 15 日，http://www.csrc.gov.cn/csrc/c100028/c7467848/content.shtml。

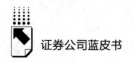

（四）服务实体经济质效提升

2023 年，证券行业持续服务国家战略，助力实体经济高质量发展。证券公司服务实体经济通过股票、债券直接融资达到 6.39 万亿元，同比增加 1.57%。一方面，服务科技创新企业精准性持续提升。证券行业服务科创企业 IPO 融资 2809.28 亿元，占全市场 IPO 总额的比重持续提高。科创板、创业板、北交所 IPO 家数占全市场的 81.15%，融资金额占全市场的 78.79%，同比上升 2.43 个百分点。其中，在科创板首发上市的"硬科技"企业 67 家，融资 1438.84 亿元；在创业板首发上市的成长型创新创业企业 110 家，融资 1223.11 亿元。

另一方面，助力重点领域注入资金活水。证券行业持续助力脱贫地区发展，全力服务乡村振兴，全年承销乡村振兴债券 67 只，融资金额 378.67 亿元。提升普惠金融效能，强化中小企业全生命周期综合金融服务能力。2023 年，证券行业承销（管理）民营企业公司债券（或 ABS）337 只，融资金额 3471.49 亿元。服务 329 家中小企业在新三板挂牌，服务 534 家挂牌企业融资 181.94 亿元，有效利用多层次资本市场拓展中小企业融资渠道。[①]

（五）践行服务社会和可持续发展责任

1. 提升普惠金融服务水平

当前，证券公司加快推进财富管理及资产管理业务转型，积极探索数字化转型，持续丰富金融产品供给，提升普惠金融服务水平。2023 年，证券公司持续减费降负，普遍下调经纪业务佣金费率，活跃资本市场，增强投资者获得感。全年证券公司平均代理买卖证券业务净佣金率较 2020 年下降 20%，有效促进投资者提高参与市场的积极性。

---

① 《145 家券商 2023 年经营业绩"全景图"：总营收超 4000 亿元 自营重回第一大收入来源》，中共武汉市委金融委员会办公室网站，2024 年 4 月 8 日，https://jrj.wuhan.gov.cn/ztzl_57/xyrd/dcczbsc/202404/t20240408_2385793.shtml。

在财富管理转型方面，截至 2023 年末，券商代理销售金融产品保有规模为 2.89 万亿元，同比增长 5.27%，在代销公募基金产品领域的规模保有量及市占率均保持增长。2023 年，证券公司全年实现代理销售金融产品净收入 142.11 亿元，占比提升至 12.60%，代理销售金融产品业务成为行业财富管理转型初级阶段的关键环节。

自资管新规实施以来，"通道"业务规模持续下降，资管规模整体呈收缩趋势。证券行业持续加大投研体系及产品体系建设，截至 2023 年末，证券行业资产管理业务受托资金 8.83 万亿元，以公募基金和集合资管为代表的主动管理业务规模占比达到 39.59%，高于单一资管业务。随着"一参一控一牌"政策落地，证券行业积极布局公募业务、谋求公募业务牌照，通过业务协同联动提升资管业务竞争力。2023 年，券商持续聚焦公募化转型，行业新设 5 家资管子公司，全行业获得公募业务牌照的券商或资管子公司达到 13 家。

2. 推动经济发展绿色转型

《中共中央　国务院关于完整准确全面贯彻新发展理念做好碳达峰碳中和工作的意见》提出："积极发展绿色金融。……支持符合条件的企业上市融资和再融资用于绿色低碳项目建设运营，扩大绿色债券规模。研究设立国家低碳转型基金。鼓励社会资本设立绿色低碳产业投资基金。"[1] 得益于碳达峰、碳中和目标带来的低碳转型加速与绿色融资需求扩大效应，证券公司积极拓展绿色债券承销业务，参与设计和发行各类创新型绿色债券产品，提升绿色公司债券、绿色企业债券、碳中和债券、蓝色债券、绿色资产证券化等品种的发行规模，吸引广大境内外投资者购买和持有绿色债券产品，满足绿色项目多样化的融资需求。根据中国证券业协会公布的数据，2023 年，作为绿色公司债券主承销商或绿色资产证券化产品管理人的证券公司共 60 家，承销（或管理）174 只债券（或产品），合计金额 1828.53 亿元；其中，

---

① 《中共中央　国务院关于完整准确全面贯彻新发展理念做好碳达峰碳中和工作的意见》，中国政府网，2021 年 9 月 22 日，https：//www.gov.cn/gongbao/content/2021/content_5649 728.htm。

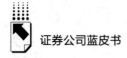

资产证券化产品 73 只，合计金额 1151.51 亿元。同年，作为低碳转型公司债券主承销商的证券公司共 18 家，承销 16 只债券，合计金额 132.68 亿元。① 绿色低碳领域逐渐成为金融发展支持的重要领域。

　　2023 年召开的中央金融工作会议指出，优化资金供给结构，把更多金融资源用于促进科技创新、先进制造、绿色发展和中小微企业，大力支持实施创新驱动发展战略、区域协调发展战略，确保国家粮食和能源安全等。② 2023 年 12 月，《中国证监会　国务院国资委关于支持中央企业发行绿色债券的通知》（证监发〔2023〕80 号）发布，鼓励证券公司积极主动提供绿色债券中介服务，与绿色产业中央企业建立长效合作机制，并新增专项排名及评优奖项。③ 同时，交易所将着力提升绿色债券融资服务效能，自律性组织也将引导证券基金经营机构加大对绿色债券的业务投入。证券公司作为直接融资的服务机构，是绿色金融的重要一环，对构建绿色金融体系，助力经济绿色转型和高质量发展起到至关重要作用。

参考文献

　　《2023 年中国财政政策执行情况报告》，中华人民共和国财政部网站，2024 年 3 月 7 日，http：//www. mof. gov. cn/zhengwuxinxi/caizhengxinwen/202403/t20240307_3930117. htm。

　　《重磅｜2023 年债券业务统计分析报告》，搜狐网，2024 年 4 月 8 日，https：//business. sohu. com/a/770029706_121123914。

　　《2023 年通信业统计公报》，中华人民共和国工业和信息化部网站，2024 年 1 月 24 日，https：//www. miit. gov. cn/jgsj/yxj/xxfb/art/2024/art _ 7f101ab7d4b54297b4a18710ae16 ff83. html。

---

① 《中国证券业协会发布 2023 年度证券公司债券承销业务专项统计》中国证券业协会网站，2024 年 3 月 12 日，https：//www. sac. net. cn/hysj/yjpm/202403/t20240312_63621. html。

② 《中央金融工作会议在北京举行　习近平李强作重要讲话》，中国政府网，2023 年 10 月 31 日，https：//www. gov. cn/yaowen/liebiao/202310/content_6912992. htm？slb＝true。

③ 《中国证监会　国务院国资委关于支持中央企业发行绿色债券的通知》，中国证券监督管理委员会网站，2023 年 12 月 8 日，http：//www. csrc. gov. cn/csrc/c100028/c7448103/content. shtml。

中国银河证券研究院：《ICT 新基建提质增效，算网赋能数字经济高质量发展》，2023 年 12 月 28 日。

长城证券产业金融研究院：《以算力为基石，赋能应用加速落地，持续看好数字基础设施相关产业链投资机会——通信行业 2023 年回顾及 2024 年展望》，2024 年 1 月 4 日。

国家统计局：《中华人民共和国 2023 年国民经济和社会发展统计公报》，2024 年 2 月 29 日。

中国人民银行：《2023 年金融市场运行情况》，2024 年 1 月 29 日。

《2023 年金融机构贷款投向统计报告》，中国人民银行网站，2024 年 1 月 26 日，http：//www.pbc.gov.cn/goutongjiaoliu/113456/113469/5221508/index.html。

鞠厚林、范想想、王新月：《北交所 2024 年度策略：政策助力北交所加快发展，市场有望震荡向上》，新浪财经网站，2024 年 1 月 23 日，http：//stock.finance.sina.com.cn/stock/go.php/vReport_Show/kind/strategy/rptid/759334525902/index.phtml。

盖斌赫、赵晨希：《北交所 2024 年度策略：厚积薄发，未来可期》，证券之星网站，2024 年 2 月 25 日，https://stock.stockstar.com/JC2024022500002168.shtml。

卫以诺、廖璐：《2023 券商资管年度报告：公募牌照申请热潮不减，资管结构调整步入发展新阶段》，新浪财经网站，2024 年 3 月 3 日，http：//stock.finance.sina.com.cn/stock/go.php/vReport_Show/kind/search/rptid/762809817228/index.phtml。

兴业证券：《2024 年证券行业 2023 年报综述：交易能力和国际业务成为券商突围的制胜法宝》，2024 年 4 月。

上海证券交易所创新产品部：《上海证券交易所 ETF 行业发展报告（2024）》，2024 年 2 月，http：//etf.sse.com.cn/fundtrends/c/5735317.pdf。

深圳证券交易所：《ETF 投资交易白皮书（2023 年）》，2024 年 5 月 16 日。

B.6
中国证券公司并购重组
研究报告（2024）

吴奉刚　孙国茂*

摘　要： 中央金融工作会议提出"培育一流投资银行和投资机构"，加快了证券行业并购重组进程。本报告分为三部分。第一部分是我国证券公司股权市场运行特征，分别是股东"国资化"占比进一步提升；国企聚焦主业，地方券商加快股权转让；民营券商"国资化"后获增资支持；行业纵向并购重组的步伐加快；中小券商股权出售相对较"冷"。第二部分是券业并购重组政策与一流投资银行建设。梳理我国证券行业并购重组与一流投资银行建设政策发现，早在 2019 年证监会就提出打造航母级证券公司，多次强调支持头部机构通过并购重组、组织创新等方式做优做强。但与国际一流投行相比，国内头部券商还存在一定的发展空间，尤其是在规模体量方面，因此，并购重组仍是一流投资银行建设的重要途径。第三部分是培育一流投资银行愿景下的并购展望。在"一参一控"监管要求下，同一国资实际控制人旗下的券商将加快并购重组；同时，并购重组将产生数个资产规模超千亿元的券商。

关键词： 证券公司并购重组　股权转让　一流投资银行

---

* 吴奉刚，中国人民大学金融学博士后，现为山东财经大学金融学院副教授、硕士生导师，研究方向为金融政策、资产定价、企业改制与 IPO、并购重组、资产证券化等；孙国茂，中央财经大学经济学博士，青岛大学经济学院特聘教授、博士生导师，山东工商学院金融学院特聘教授，山东省亚太资本市场研究院院长，研究方向为公司金融与资本市场理论、制度经济学和数字经济等。

一 我国证券公司股权市场运行特征

2023 年对中国证券市场和证券行业来说是一个极其重要的年份。2023 年 6 月，国务院国资委出台了《国有企业参股管理暂行办法》（国资发改革规〔2023〕41 号，以下简称《办法》），明确国有企业坚持聚焦主责主业，符合企业发展战略规划，严控非主业投资。《办法》提出，除了战略性持有或培育期的参股股权之外，国有企业应当退出 5 年以上未分红、长期亏损、非持续经营的低效无效参股股权，退出与国有企业职责定位严重不符且不具备竞争优势、风险较大、经营情况难以掌握的参股投资。事实上，这是拉开了一部分国有企业退出证券行业的序幕。但是，2023 年 7 月召开的中共中央政治局会议提出："要活跃资本市场，提振投资者信心。"同年 10 月召开的中央金融工作会议首次提出"加快建设金融强国"和"培育一流投资银行和投资机构"。中共中央政治局会议和中央金融工作会议无疑对头部证券公司的发展提出更高的要求。在双重政策效应叠加的背景下，我国证券公司并购重组进程进一步加快。2023 年约有 20 家券商发生了不同比例的股权变更，本报告对年内证券公司并购重组的案例进行了梳理，研究发现，2023 年券商股权市场运行呈现一些新的特征。

（一）股东"国资化"占比进一步提升

1. 国联集团获批成为民生证券第一大股东[①]

民生证券成立于 1986 年，注册资本为 114.56 亿元。作为中国成立最早的证券公司之一，民生证券有着良好的经营质量，其注册资本、总资产、净资产、营收、净利润等多项指标均在业内排名中等偏上，是目前较为稀缺的未上市优质券商标的。但是，民生证券的发展之路，特别是上市之路一直受

---

① 《国联集团获批成为民生证券第一大股东》，无锡市人民政府网站，2023 年 12 月 16 日，https://www.wuxi.gov.cn/doc/2023/12/16/4136145.shtml。

到其控股股东的影响。2014 年，泛海控股股份有限公司（以下简称"泛海控股"）出资 32.74 亿元向大股东中国泛海及其关联方收购获得其 72.99% 股权，成为民生证券的控股股东，并启动了上市战略；2016 年，民生证券增资扩股，泛海控股的持股比例达到 87.65%。

2019 年，证监会颁布《上市公司分拆所属子公司境内上市试点若干规定》（证监会公告〔2019〕27 号），规定"所属子公司主要从事金融业务的，上市公司不得分拆该子公司上市"。而泛海控股的主营业务为金融业务和房地产业务。因此，泛海控股上市公司的地位成为民生证券上市路径中的一大障碍，民生证券只要在泛海控股合并财务报表的合并范围之内，就无法实现分拆上市。为解决这一问题，民生证券启动了增资引战计划，分次引入了有实力、有能力为其"赋权"，或能与民生证券形成业务协同联动的战略投资者，逐步降低持股比例。2021 年 12 月 9 日，泛海控股公告表示，鉴于对民生证券持股比例下降，且在其董事会中的席位已低于半数，不能继续控制其董事会相关决策，泛海控股不再将民生证券纳入公司合并财务报表的合并范围，民生证券不再为上市公司控股子公司。从此，民生证券正式出表泛海控股，其上市的障碍逐步被扫清。

2023 年 3 月，泛海控股将持有的民生证券 34.71 亿股股权（占总股本的 30.30%）进行司法拍卖，最终由无锡市国联发展（集团）有限公司（以下简称"国联集团"）以 91.05 亿元拍得，溢价 32.40 亿元。[①] 国联集团成立于 1999 年，是无锡市政府出资设立的国有资本投资运营和授权经营试点企业。截至 2023 年末，该公司注册资本 83.91 亿元，总资产 2035.86 亿元，净资产 36.88 亿元，实现营业收入 260.03 亿元，净利润 30.89 亿元。国联集团已建立起门类齐全的地方综合金融服务平台，旗下拥有证券、人寿保险、信托、银行、期货、担保、财务公司、产权交易、金融资产交易、资产管理、创投基金、企业征信等金融机构，管理金融资产规模 5100 多亿元。

---

① 鲍有斌：《无锡或诞生 1500 亿券商巨头！国联合并民生，上海国资赚多少？泛海控股已收益 51 亿》，证券时报网，2024 年 7 月 29 日，http：//stcn.com/article/detail/1272385.html。

国联集团表示，民生证券业务特色鲜明，投资民生证券能够通过发挥民生证券和国联上海金融运营中心作用，打造无锡—上海两地协同发展平台，更好对接长三角金融、科创、产业资源，打造无锡—上海大都市圈战略支点城市；发挥金融服务地方发展的功能，利用"投资+投行+投研"等功能优势，进一步优化无锡区域融资结构，优先支持地方招引培育优质创新企业，帮助企业通过上市等途径提升价值，助力无锡产业转型升级。2023 年 12 月，中国证监会核准国联集团成为民生证券的主要股东，持股比例为 30. 30%。①

2. 山东财金控股德邦证券

德邦证券股份有限公司（以下简称"德邦证券"）成立于 2003 年 5 月，于 2015 年完成股份制改造，是一家拥有证券业务全牌照的券商，业务范围涵盖证券、期货、公募基金、另类投资、私募基金等领域，注册资本 39. 67 亿元。目前，上海兴业投资发展有限公司（以下简称"上海兴业"）是德邦证券的第一大股东，持股比例为 93. 63%，股权穿透后实际控制人是复星集团实控人郭广昌。

2017 年 8 月，五洋债案发生，德邦证券相继受到证监会的立案调查、处罚以及巨额民事赔偿。自此，德邦证券不仅债券承销业务收入迅速萎缩，公司人员也频繁变动，经营持续下滑（见表 1）。

表 1　德邦证券主要财务指标变化情况（2021~2023 年）

单位：亿元

年份	总资产	净资产	净资本	营业收入	净利润
2023	254. 64	72. 65	36. 90	13. 69	0. 12
2022	223. 23	72. 56	42. 74	10. 70	-0. 17
2021	286. 65	75. 63	44. 38	13. 19	-4. 54

资料来源：德邦证券年度报告、山东省亚太资本市场研究院。

---

① 《关于核准民生证券股份有限公司变更主要股东的批复》，中国证券监督管理委员会网站，2023 年 1 月 13 日，http://www.csrc.gov.cn/csrc/c101846/c7457570/content.shtml。

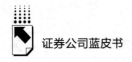

2023 年 5 月，德邦证券第一大股上海兴业向山东省财政厅旗下企业，包括山东省财金投资集团有限公司（以下简称"山东财金"）、济南金控、济南科金、济南历下财鑫等，出质了其持有德邦证券的 46.81% 的股权；2023 年 6 月，德邦证券向证监会提交变更主要股东或者公司的实际控制人的相关申请材料；2024 年 4 月，证监会官网显示，已受理德邦证券股权变更的行政许可申请。

山东财金前身是成立于 1992 年的山东省经济开发投资公司。2015 年 9 月，山东省政府批复省经济开发投资公司转企改制方案，组建山东财金集团。2020 年 2 月，山东省委、省政府印发《关于完善国有金融资本管理的实施意见》（鲁发〔2020〕5 号）和《关于加强省级国有金融资本管理的实施方案》（鲁政字〔2020〕28 号），明确山东财金集团是由省财政厅根据省政府授权直接履行国有金融资本出资人职责的省属骨干金融企业、功能型国有资本投资运营公司，目标是打造成财政金融政策联动的投资运营公司。山东财金集团注册资本 300 亿元，拥有 16 家全资及控股直属公司，参股华鲁集团、济南机场等近 60 家企业，业务涵盖金融、产业、投资三大板块，总资产 3264 亿元。

作为经济大省，山东近几年一直在资本市场上积极寻找获取新的券商牌照的机会。与以往山东高速集团等企业试图控股省外券商的自主行为不同，此次山东财金等平台直接收购德邦证券股权的行为，表现出山东国资对控股券商牌照的渴望。目前，山东省内国有控股券商仅中泰证券一家，如果此次成功收购德邦证券，山东国资旗下将再添一家证券公司。

德邦证券也表示，山东国资成为德邦证券第一大股东，体现了双方响应国家关于金融业改革的号召，进一步优化金融资源配置，增强金融服务实体经济能力，有助于提升证券行业的整体竞争力和市场活力。

（二）国企聚焦主业，地方券商加快股权转让

2023 年 6 月，国务院国资委下发《国有企业参股管理暂行办法》，受此政策影响，国资产业集团参控股的券商股权变更将会是未来一段时间证券行

业的重要特征。与银行、保险公司不同，券商负债端的限制导致其难以形成资金池，更多的是金融工具的定位，券商的业务相对更容易实现产融结合。因此，不是所有产业集团参控股的券商都要剥离，关键还要看产融结合的协同效应。由于国资委央企参控股的券商多是其旗下的产业公司担任券商的实控人，考虑到产融结合的需求，出现控股股东股权变更的可能性不大。需要重点关注有以下几点：一是地方单一国资股东不对券商实际控制的情况，如东北证券、华福证券，无实际控制人，不排除产业股权划转至地方国资或其他产业股东的可能性；二是央企或地方国资产业股东不能产生产融结合效应的少数股权投资，比如中国长江三峡集团有限公司不掌握长江证券的实控权；三是产业股东主业出问题后产生风险，进而影响到券商的情况。产业股东出售券商股权，有助于提升展业稳健性，也能更好地防范金融风险。2023年，中央或地方国资产业股东参控股的券商见表 2。

表 2　中央或地方国资产业股东参控股的券商（2023 年）

券商名称	主要国资产业股东
长城证券	中国华能集团有限公司
五矿证券	中国五矿集团有限公司
中航证券	中国航空工业集团有限公司
英大证券	国家电网有限公司
川财证券	中国华电集团产融控股有限公司
东北证券	吉林亚泰(集团)股份有限公司 长春市城市发展投资控股(集团)有限公司
华福证券	福建省能源集团有限责任公司 福建省交通运输集团有限责任公司
长江证券	长江产业投资集团有限公司 湖北能源股份有限公司 三峡资本控股有限责任公司
东方证券	申能(集团)有限公司 上海烟草集团有限责任公司
中泰证券	山东能源集团有限公司 山东钢铁集团有限公司
浙商证券	浙江省交通投资集团有限公司

续表

券商名称	主要国资产业股东
财达证券	唐山钢铁集团有限责任公司
开源证券	陕西煤业化工集团有限责任公司
上海证券	上海百联集团股份有限公司
渤海证券	天津泰达投资控股有限公司

资料来源：各券商 2023 年度报告、山东省亚太资本市场研究院。

1. 华福证券股权划转

2023 年 6 月，华福证券发布公告称，股东方筹划公司股权划转事项，可能导致公司股权结构发生变化、控股股东发生变更。同时，根据福建省人民政府批复，福建能源、福建交运分别持有的公司 36.00%、20.00% 的股权将划转至福建省金融投资有限责任公司（以下简称"福建金投"），合计划转公司 18.48 亿股股权。公司已根据监管规定向中国证监会提交股东变更事项行政许可核准申请，如获中国证监会核准，福建金投将成为公司控股股东。2023 年 11 月，中国证监会核准福建金投成为华福证券主要股东，对福建金投依法划入华福证券 56.00% 的股权无异议。

福建金投是经福建省委、省政府批准设立的省属国有独资企业，于 2022 年 2 月注册成立，由福建省财政厅全额出资，注册资本 1000 亿元，是国内首家注册资本千亿元的省级国有金融投资公司，公司主体信用 AAA 评级。福建金投还是兴业银行第一大股东，控股金服云征信公司、福建金投基金、省级政府投资基金等。目前，华福证券正筹划增资扩股、股改上市等事项，此次华福证券控股股东变更为福建金投，将助力其深化落实"服务福建、深耕福建"的发展策略。通过股东优势与内生动力相结合，期待这家老牌券商走出一条真正适合自己的差异化发展道路，实现新一轮跨越发展。

2. 东北证券股权转让

2024 年 3 月，东北证券发布《东北证券股份有限公司关于第一大股东签署股权转让意向协议的公告》称，公司第一大股东吉林亚泰（集团）股份有限公司（以下简称"亚泰集团"）拟出售持有的东北证券 29.81% 的股份，其中 20.81% 的股份出售给长春市城市发展投资控股（集团）有限公司（以下简称"长发集团"），9% 的股份出售给长春市金融控股集团有限公司（以下简称"长春金控"）或其指定的下属子公司。

亚泰集团正式成立于 1993 年，于 1995 年在上交所挂牌上市，实际控制人为长春市国资委，旗下包含亚泰建材集团、亚泰地产集团、亚泰医药集团等，涵盖金融投资、电子商务、商业运营等业务板块，是吉林银行核心股东。亚泰集团表示，本次资产出售将有助于公司产业转型升级，聚焦主业，进一步做优做强，增强核心竞争力；有利于公司优化资产负债结构，补充流动资金，降低财务费用，提升赢利能力；也不会对公司主营业务和持续经营能力造成负面影响。事实上，这也是亚泰集团第二次谋划清仓东北证券股权。2022 年 7 月，亚泰集团曾与长发集团签署有关股权转让的《意向协议》；但是次年 2 月，东北证券因豫金刚石项目被证监会立案调查，该股权出售计划被搁置。东北证券在执行豫金刚石 2016 年非公开发行股票项目中，涉嫌保荐、持续督导等业务未勤勉尽责，所出具的文件存在虚假记载、误导性陈述或者重大遗漏，被处以近 755 万元罚款，5 名保荐代表人被警告。

长发集团成立于 2013 年 9 月，是长春市委、市政府为创新城市金融服务，在整合城市资源和国有资产的基础上，按照市场化、多元化、国际化发展格局组建的大型现代国企集团，由长春市国资委持有其 100% 的股权；长发集团持有亚泰集团 3.38% 的股权。

长春金控成立于 2017 年 9 月，是经长春市人民政府批准，长春市财政局出资设立的国有独资金融控股集团，注册资本为 50 亿元。公司的经营范围包括政府股权投资（母）基金管理、产业投资基金管理，股权投资及投资咨询，市政府及有关部门授权或委托资产管理等。公司负责运营和管理长春市产业投资引导基金，在有效整合存量金融资源和政府存量资产的基础上，不断加快长春市金融及重大产业发展布局，规划设立基金管理、融资担保、股权直投、资产管理四大板块。从股权穿透来看，长发集团与长春金控均有长春市国资背景，若转让成功，大股东序列会发生变

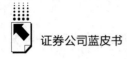

化，长发集团将直接持有东北证券20.81%的股份，成为第一大股东。吉林信托持有东北证券11.79%的股份，位列第2。持股9%的长春金控将成为东北证券第三大股东。未来，不排除股权会继续向一家股东集中。国资背景的加持，或能让东北证券在风险管理、业务扩展、资本实力等方面的能力得到增强和提升。

3.长江证券股权转让

2024年3月，长江证券发布公告称，湖北国资旗下长江产业投资集团有限公司（以下简称"长江产投"）以非公开转让方式受让湖北能源股份有限公司（以下简称"湖北能源"）和三峡集团所持长江证券全部8.63亿股股份，占总股本的15.6%。此次转让受让方长江产投受让前持有长江证券1亿股股份，占比1.81%。在后续完成转让15.6%的股权后，长江产投将持有长江证券9.63亿股股份，持股占比达17.41%。同时，长江产投与长江证券现有股东武汉城市建设集团有限公司、湖北宏泰集团有限公司等分别签署了《一致行动协议》。湖北省国资直接和间接持有长江证券股份占比将达到28.22%。此次转让经监管部门审批通过并完成股份过户后，湖北省国资将成为长江证券第一大股东。

长江产投成立于2022年1月，由原湖北省长江产业投资集团有限公司、原湖北省高新产业投资集团有限公司、原湖北省长江经济带产业基金管理有限公司、原湖北省兴楚国有资产经营管理有限公司以及湖北宏泰国有资本投资运营集团有限公司优势产业板块合并组建而成，集团注册资本336亿元。三峡集团作为国务院直属能源领域央企，此次出让长江证券股份是落实国务院国资委聚焦主业主责、发展实体经济的战略部署。湖北能源也在公告中指出，转让长江证券股权主要是为了优化产业布局，聚焦主业，增强公司核心竞争力。

（三）民营券商"国资化"后获增资支持

1.华源证券获地方国资增资

2022年12月，中国证监会发布的《关于核准九州证券股份有限公司变更主要股东、实际控制人的批复》（证监许可〔2022〕3101号），核准武汉开发投资有限公司、武汉光谷金融控股集团有限公司、武汉三恒投资控股集团有限公司、武汉中天昱诚商业管理有限公司分别受让九鼎集团及众合九州所持有的16.85亿股（占比50%）、4.21亿股（占比12.5%）、1.69亿股（占比5%）、1.69亿股（占比5%）股份，成为公司主要股东，核准武汉金融控股（集团）有限公司（以下简称"武汉金控"）成为九州证券实际控制人，上述股权转让已于2023年1月完成工商变更。2023年9月，经青海省市场监督管理局南川工业园区分局核准，九州证券股份有限公司更名为华源证券股份有限公司。

武汉金控是武汉市唯一一级金融国资平台，注册资本100亿元，拥有银行、证券、信托、保险、基金、期货、资产管理、金融租赁、担保、票据经纪、金融资产交易、金融外包服务、保理、小贷和典当等20余块金融、类金融机构牌照。

武汉地方国资控股华源证券之后，立即开启了对华源证券的增资扩股工作。2024年4月，华源证券发布公告，表示其已办理工商登记变更、监管备案等程序，顺利完成本轮增资扩股工作，注册资本由33.70亿元增至45.76亿元。武汉开发投资有限公司等4家武汉国资股东共计增资16.76亿元。增资后，武汉国资平台合计持股由此前监管批复时的72.50%提升至79.70%。

华源证券表示，公司将以此次增资扩股为契机，坚持走差异化、特色化发展之路，加强固本强基、稳中求进，做深本土、做大规模、做出特色，力争为推动金融强国建设、更好发挥资本市场枢纽功能做出华源贡献。

2. 诚通证券获非控股股东增资

2022年3月，中国诚通被核准为新时代证券主要股东。同年6月，新时代证券更名为诚通证券。中国诚通成立于1992年，由国务院国资委代表国务院履行出资人职责，是国资委首批建设规范董事会试点企业和首家国有资产经营公司试点企业。公司主营业务为基金投资、股权运作、资产管理、金融服务，以及综合物流服务、林浆纸生产开发及利用、新能源电池等。

2023 年 5 月，北京产权交易所披露公告，诚通证券拟寻求投资方对其增资 10 亿元。2023 年 7 月，诚通证券与北京朝阳国有资本运营管理有限公司（以下简称"朝阳运管"）签署增资协议。此前，诚通证券宣布将公司总部由海淀区迁至朝阳区。朝阳运管成立于 2009 年，是朝阳区国资委直属的国有独资企业，注册资本 100 亿元，定位为区属国有资本投融资平台；致力于打造服务区域发展和社会公共项目建设融资、推动关键产业发展的产业投资、支持新项目新企业的创业投资和加快国有经济优化调整的国有资产管理平台。

（四）行业纵向并购重组的步伐加快

相较于前几年券商间的纵向并购数量少、规模小的情况，自 2023 年以来，行业间的并购重组明显加快，主要表现为国联证券收购民生证券、浙商证券收购国都证券，将形成两个资产总规模超千亿元的准头部券商，历经波折的华创证券收购太平洋证券的行政许可申请，也被证监会正式受理。[①]

早在 2019 年 11 月，华创证券有限责任公司（以下简称"华创证券"）就与北京嘉裕投资有限公司（以下简称"北京嘉裕"）签署了《关于太平洋证券股份有限公司之股份转让协议》及《关于太平洋证券股份有限公司之表决权委托协议》。协议签署后，华创证券按协议约定向嘉裕投资支付了保证金 15 亿元，嘉裕投资将持有的 5.81 亿股太平洋证券股份质押给华创证券。如协议履行，华创证券将获得太平洋证券 5.87% 的股权和 5.05% 的委托表决权，成为其第一大股东；但后来，北京嘉裕违约。2022 年 6 月，华创证券通过司法拍卖竞得太平洋证券 10.92% 的股权；2022 年 7 月，太平洋证券向中国证监会提交了变更控股股东及实际控制人的申请。2023 年 9 月，太平洋证券及华创证券母公司华创云信双双公告发布，称中国证监会正

---

① 由于国联证券收购民生证券还在进行中，浙商证券收购国都证券刚刚启动，我们将这两个案例的进展详情放在第三部分（培育一流投资银行愿景下的并购展望）中；本部分仅简单介绍华创证券收购太平洋证券的最新进展（前期并购详情见《中国证券公司竞争力研究报告（2023）》）。

式受理华创证券变更为太平洋证券主要股东或公司实际控制人的行政许可申请。

（五）中小券商股权出售相对较"冷"

被并购的券商标的大多是行业内相对优质的资产，往往在细分领域有自身特色，相关业务也排在行业前列。那些体量小、业务特色不鲜明的中小券商，往往无人问津，甚至在股权挂牌出售中，屡现流拍。截至 2023 年末，有多家中小券商的股权待售，包括本钢集团有限公司拟出售中天证券 21.35% 的股权；深圳市银之杰科技股份有限公司拟通过公开挂牌、协议转让等方式出售东亚前海证券 26.10% 的股权；大连港投融资控股集团有限公司挂牌转让大通证券 15.42% 的股权；法拍江阴澄星实业集团有限公司持有华龙证券的 5108.21 万股股权；河南豫证产业投资股份有限公司、山东五证交投资控股有限公司分别挂牌出售其所持有的约 0.31%、1.26% 的联储证券股权。根据 2023 年度财务报告数据统计，上述券商当年营业收入仅为 10 亿元左右，总资产在 300 亿元以内，体量及营收规模都比较小，业务方面也缺乏特色。

二　券业并购重组政策与一流投资银行建设

（一）证券行业并购重组政策梳理

回顾我国证券行业的四波并购重组浪潮，可以发现证券行业早期整合以监管清理乱象和解除风险为主，后期整合则呈现逐步"市场化"的趋势。自 2019 年以来，监管部门陆续出台鼓励并购重组的政策措施，推动头部券商做大做强，2023 年中央金融工作会议更是首次提出要"加快培育一流投资银行和投资机构"（见表 3）。

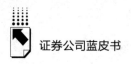

表 3 并购重组与一流投资银行建设政策梳理（2008~2023 年）

时间	政策出处	主要内容
2008 年 4 月	国务院《证券公司监督管理条例》	一家机构或者受同一实际控制人控制的多家机构参股证券公司数量不得超过两家，其中控股证券公司数量不得超过一家
2014 年 5 月	《国务院关于进一步促进资本市场健康发展的若干意见》	推动证券经营机构实施差异化、专业化、特色化发展，促进形成若干具有国际竞争力、品牌影响力和系统重要性的现代投资银行
2019 年 11 月	证监会答复政协十三届全国委员会第二次会议第 3353 号提案（《关于做强做优做大打造航母级头部券商，构建资本市场四梁八柱确保金融安全的提案》）	积极推动打造航母级证券公司（监管层首次明确提出打造航母级券商），提出的六项举措和工作重点之一是"多渠道充实证券公司资本，鼓励市场化并购重组"
2020 年 7 月	证监会发布《支持证券基金行业实施组织管理创新》	推动行业做大做强，鼓励有条件的行业机构实施市场化并购重组，在资本实力、管理水平、信息技术等方面实现快速发展
2023 年 10 月	中央金融工作会议	会议站在党和国家事业发展全局的战略高度，强调"要加快建设金融强国"；首次提出"要培育一流投资银行和投资机构""支持国有大型金融机构做优做强，当好服务实体经济的主力军和维护金融稳定的压舱石"
2023 年 11 月	中国证监会党委传达学习贯彻中央金融工作会议精神	"要加强行业机构内部治理，回归本源，稳健发展，加快培育一流投资银行和投资机构"；支持头部证券公司通过业务创新、集团化经营、并购重组等方式做优做强，打造一流的投资银行

资料来源：各项政策公告、山东省亚太资本市场研究院。

中国需要具有一流水平的投行来推动金融强国建设，并以此促进中国式现代化的全面发展。在双循环实体经济打造中，中国经济的转型升级需要一流投行来推动上市和并购，实现资源的优化配置，推进经济的高质量发展；在全面注册制实施背景下，推动一流投资银行建设，不仅能更好地增强多层次资本市场服务实体经济的功能、落实创新驱动发展战略，还能助推投行业务的规范化、专业化、创新化发展，提高投行业务的质量和水平，有效防范金融风险，促进金融市场的可持续发展。在此环境下，监管机构对于券商并购重组的态度渐暖，预计后续会有系统性的政策出台，支持大型金融机构做优做强。当前，部分券商并购整合的进程加速推进（如国联证券已发布公告表示拟通过发行 A 股股份的方式收购民生证券），也表明监管机构的鼓励态度正在逐步落到实处。

（二）国内头部券商与国际一流投行对比分析

2019 年，中国证监会在答复《关于做强做优做大打造航母级头部券商，构建资本市场四梁八柱确保金融安全的提案》时表示，为推动打造航母级证券公司，将鼓励和引导证券公司充实资本、丰富服务功能、优化激励约束机制、加大技术和创新投入、完善国际化布局、加强合规风险管控，积极支持各类国有资本通过认购优先股、普通股、可转债、次级债等方式注资证券公司，推动证券行业做大做强。从目标设定及实际情况来看，我国头部券商与国际一流投资银行相比还有一定不足，体现在四个方面：一是规模体量与国际一流投行相比差距大；二是国际业务占比较低，国际化竞争力依然不足，在全球范围内开展业务、配置资源的能力相对较弱；三是资产负债经营能力受限，抗周期波动能力不够强；四是人才队伍结构性问题突出，信息技术水平与发展需要之间有差距。

规模体量是券商业务能力的综合体现。美国高盛集团、摩根士丹利的业务结构与我国券商相似，但两国头部券商的体量相差较大。表 4 给出了 2023 年度我国证券行业以及按营业收入排名的券商前 3 名与国际头部券商的主要指标对比。截至期末，中信证券、高盛集团、摩根士丹利的净资产分别为 349.02 亿美元（2023 年 12 月 31 日美元兑人民币汇率中间价 7.0827，下同）、1172.68 亿美元、999.82 亿美元；营业收入分别为 84.81 亿美元、685.15 亿美元、502.81 亿美元；净利润分别为 27.84 亿美元、85.16 亿美元、92.30 亿美元。2023 年，高盛集团一家在总资产上接近我国证券行业的总资产，在收入上超过我国证券行业的总收入。中美两国头部券商规模尚未处于同一量级，

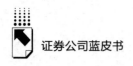

与提供包括投资银行服务在内的综合金融服务的摩根大通、美国银行、花旗、瑞银集团间的差距更大。

表4　我国证券行业与国际头部券商主要指标对比（2023年）

	总资产	净资产	营业收入	净利润
我国证券行业(亿元人民币)	118300.00	29500.00	4059.02	1378.33
中信证券(亿元人民币)	14533.59	2741.99	600.68	205.39
华泰证券(亿元人民币)	9055.08	1791.08	365.78	130.36
国泰君安(亿元人民币)	9254.02	1669.69	361.41	98.85
高盛集团(亿美元)	16415.94	1172.68	685.15	85.16
摩根士丹利(亿美元)	11964.68	999.82	502.81	92.30
摩根大通(亿美元)	38831.55	3278.78	1705.88	492.61
花旗(亿美元)	24212.83	2062.51	1332.58	92.02
美国银行(亿美元)	31801.52	2916.46	1302.62	265.15
瑞银集团(亿美元)	17172.46	866.39	355.13	278.66

资料来源：中国证券业协会网站、各方年报、山东省亚太资本市场研究院。

随着金融市场对外开放程度的不断加深，外资从参股券商到控股券商，再到独资券商。由于外资券商有良好的人才储备，在管理经验、产品创新、风险防范等方面具有一定的优势，外资不断进入国内券商行业，无形中将加剧券商行业的竞争，挤压国内券商的生存空间，国内券商的生存与发展将面临新情况与新变化。

（三）并购重组与中信证券的发展壮大

一流投资银行和投资机构的建设目标增强了行业并购重组的预期。回顾中国证券市场发展史，中信证券是一个具有示范意义的典型案例，通过多次成功并购，夯实了其行业龙头的地位，对于推进一流投资银行建设具有明显的示范和借鉴意义。

中信证券1995年成立，1999年完成股改，2003年在上海证券交易所成功上市；2011年在香港联合交易所挂牌上市交易，是中国第一家A+H股上市的证券公司。中信证券自成立以来的将近30年的发展史就是一部典型的证券市场并购史。自其成立之初至 2000 年，中信证券仅为行业内排名较为靠前（在 15~20 名徘徊）的中型券商。从 2004 年收购总部位于青岛的万通证券开始，中信证券便通过一系列收购不仅实现了外延式扩张，也一步一步做大做强（见表 5）。目前，其拥有 8 家主要一级控股子公司，分支机构遍布全球 13 个国家，中国境内分支机构和网点 400 余家，业务范围涵盖证券、基金、期货、外汇和大宗商品等领域；其规模优势显著，是国内首家资产规模突破万亿元的证券公司，主要财务指标连续 10 余年保持行业第 1，各项业务保持市场领先地位。

表 5　中信证券并购史

完成时间	被收购方	收购成果
2004 年 4 月	万通证券	扩大山东地区营业网络
2005 年 12 月	华夏证券	成立中信建投,后剥离
2006 年 7 月	金通证券	加码布局浙江市场,经纪业务市占率大幅提升
2007 年 8 月	金牛期货	进军期货市场
2006~2007 年	中信基金、华夏基金	奠定公募基金领先地位
2013 年 7 月	里昂证券	拓展海外业务
2015 年 6 月	昆仑金融	进军外汇市场
2020 年 1 月	广州证券	补足华南地区经纪业务短板

资料来源：中国证券业协会网站、各方年报、山东省亚太资本市场研究院。

2004 年，中信证券收购青岛市财政局及其他万通证券股东持有的股权，完成并购万通证券；万通证券在被中信证券收购后，改名为中信万通证券，后于 2014 年 4 月 15 日更名为中信证券（山东）有限责任公司。

2005 年，《国务院办公厅转发证监会关于证券公司综合治理工作方案的通知》（国办发〔2005〕43 号）明确提出"推进行业资源整合，支持优质公司规范发展……支持、引导一批抗风险能力差、经营发展前景不佳的公司，进行合并重组"。同年，为挽救陷入危机的华夏证券，处于行业领先的中信证券接受北京市政府委托，联手中国建银投资有限责任公司重组华夏证券，成立中信建投证券公司，后因一参一控要求将股份转让。

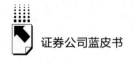

2005 年 11 月，中信证券受让浙江省国际信托投资公司等 9 家股东持有的金通证券股权；2006 年，证监会批准中信证券受让海南养生堂所持有的金通证券股权，至此，中信证券持有金通证券 100% 的股份，金通证券成为中信证券下属的全资子公司。随后，金通证券改名为中信证券（浙江）有限责任公司。

2006 年 9 月，已持有中信基金 49% 股权的中信证券宣布增持中信基金另外 51% 的股权，将中信基金变为其全资子公司。2006 年 7 月，经中国证监会同意，中信证券收购北京市国有资产经营有限责任公司等持有的 40.725% 的华夏基金股权；截至 2007 年底，中信证券拥有华夏基金 100% 的股权。华夏基金管理有限公司成立于 1998 年 4 月，是经中国证监会批准成立的首批全国性基金管理公司之一，也是全国社保基金委托投资的基金公司之一。为满足证监会"一参一控"的要求，2009 年，华夏基金吸收合并中信基金。2009 年末，华夏基金总资产 34 亿元、净资产 26.9 亿元、净利润 11 亿元，管理基金规模达 2657 亿元，排名行业第 1，当年基金管理费收入 28 亿元。中信证券收购中信基金和华夏基金并完成整合，奠定了其公募基金领先地位。

2006 年，为了弥补业务短板，中信证券收购了中信集团在香港的投资银行业务；2013 年，中信证券收购里昂证券；2016 年，中信证券将中信证券国际和里昂证券合并为中信里昂证券有限公司。

2007 年 8 月，中信证券收购金牛期货，进军期货市场。2015 年 6 月，收购知名零售外汇经纪商、港交所上市公司 KVB 昆仑金融，进军外汇市场。

2018 年 12 月，中信证券与越秀金控达成战略合作，由中信证券发行股份向越秀金控收购广州证券 100% 股权。2019 年 10 月，中信证券 134 亿收购广州证券 100% 股权获证监会核准。2020 年初，中信证券顺利完成收购并表。

中信证券通过"逆周期收购，顺周期融资"，逐步完善业务条线，打开全国以及海外市场，成功奠定行业龙头地位，总资产、净资产、赢利能力飞速提升。2003 年中信证券上市之初总资产 118.10 亿、净资产 54.81 亿、净利润 3.65 亿元；2006 年起中信证券营收及净利润上升至行业第 1；截至

2023 年底，中信证券总资产达 14533.59 亿元、净资产 2741.99 亿元、净利润 205.39 亿元，分别是 20 年前的 123.06 倍、50.03 倍、56.27 倍。

纵观中信证券的收购史，可以看到其抓住了行业发展的政策机遇。比如 2004~2007 年，由于证券市场经历了分业监管和分业经营后，部分券商资本实力有了大幅提升，但三方存管、自营投资业务限制等重要制度规制的缺失，使得券商行业公司治理不规范、合规管理缺失等风险逐渐暴露。证券监管部门启动了为期 3 年的证券公司综合治理工作。部分问题券商被监管部门指定行业其他机构并购托管，这给整个证券行业带来一次重大并购重组机遇。2008 年，国务院颁布《证券公司监督管理条例》（以下简称《条例》），规定一家机构或者受同一实际控制人控制的多家机构参股证券公司的数量不得超过两家，其中控股证券公司的数量不得超过一家。《条例》颁布后，为了符合监管要求，一些国资控股的券商又一次开始股权的腾挪和转移，于是带来新的一次证券行业并购重组热潮。尤其是 2014 年出台的《国务院关于进一步促进资本市场健康发展的若干意见》（即新"国九条"）明确提出："促进形成若干具有国际竞争力、品牌影响力和系统重要性的现代投资银行。"这无疑给中信证券加速扩张提供了强大动力和政策保障。

对于中信证券而言，所有并购标的的选择主要基于两方面考虑。一方面是收益性价比。如万通、金通证券被并购，华夏证券被整合时，均面临破产危机，此时中信证券能够以较低的成本吸纳他们的优质资产。在被中信证券收购后，万通、金通、华夏也分别为中信证券贡献了可观的业绩和区位业务资源。而中信证券 2018 年 12 月宣布拟收购广州证券时，券商板块正处于历史估值较低点（券商板块 PB 仅为 1.2 倍），中信证券又一次以相对较低的价格拓展了华南市场。另一方面是拓展业务链条、打开区域市场。如收购金牛期货进军期货市场，收购华夏基金奠定公募基金领先地位，收购昆仑金融进军外汇市场，收购万通证券打开山东市场，收购金通证券打开浙江市场，收购广州证券打开华南市场，收购里昂证券拓展海外市场等。

显然，收购兼并为中信证券成为一流投资银行奠定了坚实的基础。2022 年，中信证券提出的发展愿景就是"成为全球客户最为信赖的国内领先、国

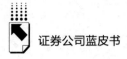

际一流的中国投资银行";为实现这一愿景,中信证券将按照"三步走"的原则,不断提高国际竞争力和影响力,缩小与国际一流投行的差距。第一步,中信证券将把中国香港地区业务做扎实,建立全品种、全业务线、全牌照的业务体系;第二步,中信证券将在亚洲市场上投入更多的时间、精力和资源,争取占据一定的市场份额;第三步,中信证券将进一步拓展欧洲、北美等其他市场,完善全球布局,促进业务发展。业务体系的完善、市场份额的提升、全球布局的推动,毫无疑问,并购重组仍将是中信证券发展的重要手段。

三 培育一流投资银行愿景下的并购展望

中央金融工作会议提出的"加快建设金融强国"和"培育一流投资银行和投资机构",对证券公司发展提出了更高的要求。在当前的经济金融市场环境下,券商面临着来自各方面的挑战,如佣金率走低、融资降速、外资准入等,因此通过并购可以优化资源配置、提高经营效率、实现优势互补和规模效应、增强行业整体竞争力和抵御风险的能力。在监管政策引导和行业竞争压力加大的背景下,行业并购整合进入加速期,以下几类标的,有望通过重组整合,打造一流投资银行。

(一)囿于"一参一控"监管要求,存在明确整合预期的标的

1.国联证券控股民生证券

2023年12月,中国证监会核准国联集团成为民生证券的主要股东,国联集团也将同时成为民生证券、国联证券两家券商的第一大股东。证监会要求,民生证券应当切实做好与国联证券的风险隔离,严格规范关联交易,严防利益冲突和输送风险;应当会同国联证券、国联集团按照报送中国证监会的初步整合方案确定的方向、时间表,稳妥有序推进民生证券与国联证券的整合工作。

2024年4月,国联证券股份有限公司(以下简称"国联证券")发布关于筹划重大资产重组事项的停牌公告,称该公司拟以发行股份购买资产的

方式收购国联集团等 45 名交易对方合计持有的民生证券 108.70 亿股股份，共 95.48% 的股权。这预示着，自国联证券控股股东国联集团于 2023 年 3 月 15 日，通过竞拍方式取得民生证券 30.30% 股权后，两家券商重组整合进入实质阶段。这也意味着，国联集团旗下两家证券公司同业竞争问题得到解决，满足证监会对证券行业"一参一控"的现行政策要求。

国联证券表示，公司与民生证券正式开启整合进程，既是积极响应中央金融工作会议精神，贯彻落实新"国九条"等各项政策要求的重要措施，也是自身坚守业务本源，做优做强，打造一家业务特色鲜明、市场排名前列、具有较强竞争力的大型证券公司，更好服务于经济社会高质量发展的战略举措。两家公司成功完成整合，将成为中央金融工作会议首提"培育一流投资银行"后，证券公司通过并购重组提升核心竞争力的首个案例。

根据民生证券 2023 年财报，截至 2023 年末，该公司总资产 599.42 亿元，净资产为 158.29 亿元，实现营业收入 37.99 亿元，同比上升 50.05%，归属于母公司净利润 6.81 亿元，同比上升 222.68%。投资银行业务是民生证券的王牌业务。2023 年，民生证券强化质量管控与项目储备，核心业务竞争力持续提升，稳居行业前列。全年过会 IPO 项目 18 家，过会数量排名行业第 3；发行上市 20 家，排名行业第 4；股票主承销收入排名行业第 5。在股转系统挂牌 18 家，排名行业第 3。截至 2023 年末，在审 IPO 数量排名行业第 5。

2023 年 4 月，国联证券收购中融基金 75.5% 股权的申请获证监会核准，并于同年 8 月，将后者改名为国联基金。通过自我发展及兼并收购，国联证券旗下拥有华英证券有限责任公司、国联通宝资本投资有限责任公司、无锡国联创新投资有限公司、国联证券（香港）有限公司、国联证券资产管理有限公司、国联基金管理有限公司（原中融基金）6 家子公司，参股中海基金管理有限公司，证券金融控股集团构架初具。

作为综合类券商，国联证券现已形成包括财富管理、投资银行、资产管理、研究与机构销售、固定收益、股权衍生品与私募股权投资业务等在内较为完善的业务体系，其中，财富管理是国联证券的优势板块，而且国联证券的未来定位也是"以财富管理见长的精品券商"。近几年,国联证券致力于向财富管理领域转型,特别是从传统的经纪业务向财富管理转型,加大了固定收益、股权衍生品等业务的布局力度,弯道超车进入行业头部席位。但是,作为一家中型的证券公司,国联证券整个客户基础比较薄弱,需要通过并购、整合、公司内部生长的方式,在客户群体的增长上有所突破。因此,国联证券除了并购中融基金之外,还在青岛设立了国联证券资管子公司,广招人才,吸纳长江证券研究所多名成员,为公司布局财富管理准备了充足的资源。

2023年,国联证券实现营业收入29.55亿元,净利润6.75亿元,总资产为871.29亿元。分业务来看,经纪及财富管理业务实现收入最高,为7.49亿元;资产管理及投资业务实现收入4.67亿元,同比增长137.69%,在五大业务中增幅最大。从以上分析中可以看出,国联证券、民生证券各有优势,两家券商完成整合后,将形成一个总资产超1470亿元的千亿级新券商(见表6),投行、固收、研究、资产管理等主要业务将跻身行业第一梯队,成为准头部券商。

在投行业务方面,近年来民生证券投行业务的行业地位快速提升,收入排名已跃升至行业前列,且项目储备梯次完备,后劲十足。未来,国联证券与民生证券在投行业务领域加强整合将显著提高投行业务总量,进一步巩固投行业务的行业优势地位,并在全面注册制下为其他各业务条线提供机构客户协同业务增量。同时,能够顺应无锡市政府有关"产业强市"的战略部署,进一步优化区域融资结构,有效支持地方招引培育优质创新企业,助力产业转型升级。

表6 国联证券、民生证券主要财务指标(2023年)

单位:亿元

公司名称	总资产	净资产	净资本	营业收入	净利润
国联证券	871.29	181.24	149.02	29.55	6.75
民生证券	599.42	158.29	89.86	37.99	6.83
合计	1470.71	339.53	238.88	67.54	13.58

资料来源:各证券公司年报、山东省亚太资本市场研究院。

在财富管理业务方面，目前国联证券业务主要集中于江苏；民生证券已在全国绝大多数省级行政区建立分支机构，业务相对集中于河南。总体上看，国联证券与民生证券在财富管理业务领域的布局重合度较低，通过整合将快速实现全国业务布局，大幅提升全国客户的覆盖率，拓宽及完善财富管理业务的线下渠道。

在区域分布方面，国联证券立足于长三角这一经济体量最大、发展速度最快、前景最好的地区，深耕无锡，辐射周边重点区域；民生证券分支机构则主要集中于河南和山东，两家券商的整合将快速提升财富客户规模，实现区域互补，更好地满足客户需求，提升整体竞争力。

在资源配置方面，通过本次重组整合，两家券商有望在资金、人才、业务等方面实现最优配置，推动双方实现资源优势互补，实现"1+1>2"，从而推动跨越式发展。

2. 浙商证券收购国都证券股权

2023 年 12 月，浙商证券发布公告称其拟从 5 家公司手中受让国都证券约 19%的股权。但由于各方内部推进决策程序的原因，直到 2024 年 3 月 29 日，浙商证券在第四届董事会第十六次会议上，才审议并通过了关于拟受让国都证券部分股份的议案。拟通过协议转让方式受让重庆信托、天津重信、重庆嘉鸿、深圳远为、深圳中峻分别持有的国都证券 4.72%、4.72%、3.77%、3.31%、2.63%的股份，合计 19.15%的股份。

2024 年 5 月，浙商证券发布公告称，公司拟参与另一起国都证券股份的竞拍。公告显示，根据北京产权交易所公开披露的产权转让信息，同方创投、嘉融投资公开挂牌转让其分别持有的国都证券 3.46 亿股股份（对应国都证券 5.95%股份）、0.85 亿股股份（对应国都证券 1.46%股份），转让底价分别为 9.11 亿元和 2.24 亿元。

2024 年 5 月，浙商证券发布关于竞拍国都证券股份有限公司股份的进展公告。公告显示，浙商证券收到上海联合产权交易所通知，公司成为国华能源所持有的国都证券 4.49 亿股股份（对应国都证券 7.69%股份）公开挂牌项目的受让方，成交价格为 10.09 亿元。2024 年 5 月 27 日，公司与国华能源签署了《上海市产权交易合同》。若上述 3 次股权受让顺利完成，浙商证券将合计持有国都证券的约 19.96 亿股股份，占国都证券股份总数的 34.25%。从国都证券现有股本结构来看，国都证券目前无实际控制人，其第一大股东为中诚信托有限责任公司，持股比例为 13.33%。如果本次交易完成，浙商证券将成国都证券第一大股东。浙商证券并购国都证券的动因有以下几点。

一是加强资源整合，逐步一流券商。浙商证券"十四五"规划明确，要以打造与浙江经济地位相匹配的本土证券公司为使命。2024 年初，又明确了 2030 年远景目标是向中大型券商奋进，要"做强做优，力争一流"。2023 年，在 A 股 48 家上市券商中，浙商证券总资产 1455.28 亿元，排在第 20 位；总营收 176.38 亿元，排在第 11 位；净利润 17.54 亿元（见表 7），排在第 20 位。2023 年度，国都证券总资产约 338.79 亿元，净利润为 7.23 亿元，同比增长 114.21%。按照 A 股 48 家上市券商 2023 年数据排名，浙商证券与国都证券合并后，总资产合计为 1794.07 亿元，超过东吴证券、长江证券，排名上升 2 位至第 18 位；总营收合计 190.19 亿元，超过招商证券，排名上升 1 位至第 10 位；净利润总计 24.77 亿元，超过国投资本等 6 家券商，排名从第 20 位上升至第 14 位。

表 7 浙商证券、国都证券主要财务指标（2023 年）

单位：亿元

公司名称	总资产	净资产	净资本	营业收入	净利润
浙商证券	1455.28	282.71	197.20	176.38	17.54
国都证券	338.79	108.65	82.09	13.81	7.23
合计	1794.07	391.36	279.29	190.19	24.77

资料来源：各证券公司年报、山东省亚太资本市场研究院。

二是完善区域布局，强化资源共享。浙商证券总部位于杭州，拥有 103 家营业部，其中 64 家扎根浙江，区域优势明显。国都证券总部位于北京，拥有 56 家营业部，主要分布在北京、河南、上海、山东、四川、河北、陕西等地。二者合并后，浙商证券可以利用国都证券在北方地区的布局，完成区域突破，实现对华北地区的战略覆盖；而国都证券也可以借助浙商证券在长三角地区的资源和网络，实现南北区域的互补，扩大服务范围和市场影响力。

三是互补业务短板，提升赢利能力。浙商证券的三大支柱是经纪、信用、自营业务，2023年收入占比分别为34.34%、32.96%、14.39%。虽然投行业务在营收占比不高，但行业排名位列第15位，具备一定优势。因此，国都证券在自营、信用、投顾三大领域对浙商证券有增强作用，尤其是在自营投资业务方面，并购有助于优化公司整体投资能力，有望由第40位跃升至第25位左右。

四是壮大资本实力、助力业务转型。当前，随着经济金融形势的变化，券商传统的经纪、投行等业务领域同质化现象严重，竞争日益激烈，券商纷纷谋求业务转型，重资本业务凭借其高收益、高杠杆的特质，正在成为券商做大做强的"利器"。

五是嫁接公募龙头，增强成长动能。国都证券持有中欧基金20%的股权，中欧基金作为头部公募，2023年基金管理规模达4618亿元；目前，浙商证券持有浙商基金25%股权，基金规模仅为511亿元，与中欧基金的体量相差甚远。二者合并后，浙商证券可以通过国都证券间接获取中欧基金的股权，补齐公募基金业务的短板，这或是浙商证券收购国都证券的关键因素之一。

3. 方正证券与平安证券整合

2020年2月，方正证券控股股东方正集团因资金链危机进入破产重整程序。2021年7月，方正证券发布公告称，公司控股股东拟变更为新方正集团，平安人寿或其下属全资主体拟成为新方正集团的控股股东。2022年12月，中国平安发布公告称，平安人寿拟出资约482亿元人民币受让新方正集团约66.51%的股权。2022年12月，证监会批复同意方正证券等公司主要股东、实际控制人的变更，中国平安成为方正证券、方正承销保荐公司、方正富邦基金的实际控制人。在这份批复里，证监会

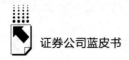

提到，方正证券应督促中国平安就解决同时控制方正证券和平安证券等问题在 1 年内制定并上报方案，明确时间表和路线图，并在 5 年内完成规范整改。

在目前正在进行的四大券商并购案中，"平安+方正"合并后对业内的影响以及他们各自业务整合的想象空间最大，原本两家券商都属于中型券商，合并后在规模、业务方面都将成为行业不可忽视的一员，属于"强强联合"，有望冲入头部券商的梯队。

（二）同一国资实际控制人旗下的券商

这类券商主要是在同一国资或地方国资实际控制人控制下的（见表8），其合并的目的包括三点：一是国家积极推动打造一流投资银行，大券商吸收合并其他券商是金融市场未来发展的战略举措之一，以促进行业的健康发展，提高中国资本市场的国际竞争力；二是地方国资深度介入的券商，打造本地券商龙头的政策意图强烈；三是解决同业竞争问题。

表8 有合并预期的券商（2023 年）

单位：亿元

券商名称	总资产	营业收入	净利润	实际控制人/控股股东
中信证券	14533.59	600.68	205.39	国务院国资委
国新证券	280.92	16.21	4.91	
中金公司	6243.07	229.90	61.64	中央汇金投资有限责任公司
中国银河	6632.05	336.44	78.84	
申万宏源	5965.30	190.99	54.90	
第一创业	452.81	24.89	3.86	北京国资委
首创证券	432.01	19.27	7.01	
中信建投	5227.52	232.43	70.47	
国泰君安	9254.02	361.41	98.85	上海国资委
东方证券	3836.90	170.90	27.57	
海通证券	7545.87	229.53	-3.11(10.08)*	
财通证券	1337.54	65.17	22.51	浙江财政厅
浙商证券	1455.28	176.38	17.54	浙江国资委

续表

券商名称	总资产	营业收入	净利润	实际控制人/控股股东
华安证券	795.58	36.52	12.92	安徽国资委
国元证券	1328.56	63.55	18.69	
兴业证券	2736.11	106.27	26.68	福建财政厅
华福证券	664.50	22.21	4.60	福建国资委
华泰证券	9055.08	365.78	130.36	江苏国资委
东吴证券	1437.80	112.81	20.12	苏州国资委
南京证券	585.08	24.76	8.44	南京国资委
国联证券	871.29	29.55	6.75	无锡国资委
招商证券	6958.52	198.21	87.70	招商局
国信证券	4629.60	173.17	64.27	深圳国资委
天风证券	995.48	34.27	3.20	湖北国资委
华源证券	111.75	-2.73	-9.07	武汉国资委
长江证券	1707.29	68.96	15.41	湖北国资委
中泰证券	1956.59	127.62	20.61	山东国资委
德邦证券	254.64	13.69	0.12	山东财政厅

注：＊10.08 亿元是归属于母公司股东的净利润。
资料来源：各证券公司 2023 年年报、山东省亚太资本市场研究院。

参考文献

高艳云：《中信证券的这部并购史：逆周期收购，顺周期融资，5 次成功并购堪称精典》，"财联社"百家号，2023 年 11 月 29 日，https：//baijiahao.baidu.com/s?id＝178390 1785444907860&wfr＝spider&for＝pc。

何海峰、鲁楠：《打造中国特色一流投资银行》，《中国金融》2024 年第 1 期。

东吴证券：《风潮又起，并购重组或引领券业破局向上》，2024 年 4 月 18 日。

胡智：《金融业并购重组理论评析》，《国际金融研究》2000 年第 6 期。

国信证券：《证券业 2023 年年报综述暨"国九条"政策分析》，2024 年 4 月 14 日。

林坚：《三个券商简称已退出历史舞台，十家券商上演易主"风云"，国资继续深入证券业"腹地"》，"新浪财经"百家号，2023 年 2 月 17 日，https：//baijiahao.baidu.com/s?id＝1758036798365112439&wfr＝spider&for＝pc。

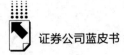

申万宏源研究：《随风而起，乘势而上——证券行业并购重组专题报告》，2024年1月17日。

刘艺文：《中信证券对标高盛找差距　多方位建设国际一流投行》，《证券时报》2023年9月20日。

栾世红、石慧斌：《并购打造航母级券商的困局——以申银万国并购宏源证券为例》，《辽宁经济》2021年第4期。

孙国茂：《中国证券市场宏观审慎监管研究》，中国金融出版社，2020。

海通证券：《一流投行如何炼成？——券商行业境内外券商发展系列专题（四）》，2024年3月18日。

东方证券：《行业并购，大势所趋——券商并购历史变迁与海外经验分析》，2020年7月8日。

中信证券：《把握时代脉搏，加快全球化布局》，2023年6月20日。

王新宁：《券商并购重组的制约因素与路径探索》，《济南金融》2004年第6期。

吴奉刚：《证券公司集团化——模式与治理》，中国金融出版社，2006。

财通证券：《证券行业2023年年报综述》，2024年4月19日。

杨华辉：《打造一流投资银行推动金融强国建设》，《中国金融》2024年第3期。

B.7
中国证券公司合规与风控研究报告（2024）

张 政 孙国茂*

摘 要： 2023 年，中国证监会发布的《证券公司监督管理条例（修订草案征求意见稿)》向资本市场和证券行业发出了强监管信号，对证券公司合规风控监管主要强化了以下三点：一是完善合规、风控、内控基础制度；二是补充完善重点制度，系统强化内外部约束；三是系统规定信息技术制度，夯实行业安全平稳运行基础。自"十四五"以来，我国证券业监管在稳步推进注册制改革、提高上市公司质量和做好风险防控等方面持续深化。中国证监会不断强化"零容忍"的执法理念和监管处罚行动，同时着力化解重大金融风险，消除了一批风险隐患。2023 年，中国证监会及其派出机构、沪深交易所、全国股转公司和中国证券业协会对证券公司及其从业人员的各种违规行为共实施处罚 374 件，本报告对其进行了分析。

关键词： 证券监管 证券公司 合规管理 风险控制

2023 年 2 月 2 日，中国证监会 2023 年系统工作会议召开，会议提出，围绕全面实行注册制后的市场秩序和生态塑造，加强各条线监管力量统筹，提升监管效能。同年 3 月，中国证监会就《证券公司监督管理条例（修订

---

* 张政，英国东安格利亚大学经济学博士，现为山东工商学院金融学院讲师，研究方向为公司金融、金融风险；孙国茂，中央财经大学经济学博士，青岛大学经济学院教授、博士生导师，山东工商学院金融学院特聘教授，山东省亚太资本市场研究院院长，研究方向为公司金融与资本市场理论、制度经济学和数字经济等。

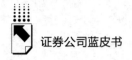
草案征求意见稿）》（以下简称"《条例》征求意见稿"）公开征求意见，这是自 2008 年 4 月颁布《证券公司监督管理条例》以来首次进行的重大修订。

《条例》征求意见稿此次修订新增 35 条、删减 5 条、修改 68 条，主要包括六个方面。一是落实新《证券法》要求，取消、调整部分行政许可事项，落实审慎监管原则、提升风险防控主动性，对照新《证券法》提高处罚力度。二是加强对证券公司股东、实际控制人穿透监管的要求，增强监管力度，规范公司治理。三是引导行业回归本源、集约经营，走高质量发展之路，培育"合规、诚信、专业、稳健"行业文化，建立长效合理激励约束机制。四是补充业务规则，新设证券承销与保荐业务一节、做市交易业务一节，系统补充场外业务规范，针对性完善相关业务规范，促进服务实体经济功能有效发挥。五是强化合规风控，完善内外部约束机制，明确合规风控全覆盖要求，强化全面风险管理；补充恢复与处置计划、子公司和分支机构管理、利益冲突防控、关联交易管理、异常交易监控、廉洁从业、人员管理等重点制度要求，系统规定信息技术制度。六是优化监管方式，提升监管效能。明确差异化监管原则，完善法律责任设置、提升违法违规成本。

就证券公司合规风控监管而言，《条例》征求意见稿着重强化了三点要求。第一，完善合规、风控、内控基础制度。明确合规、风控及内控全覆盖要求；强化全面风险管理，引导证券公司根据资本实力审慎开展业务。第二，补充完善重点制度，系统强化内外部约束。要求证券公司按规定制定恢复与处置计划，加强境内外子公司及分支机构管控，压实证券公司利益冲突防控、关联交易管理及异常交易监控职责，并补充反洗钱要求，强化廉洁从业要求和证券公司廉洁从业管理责任，明确人员管理要求。第三，系统规定信息技术制度，夯实行业安全平稳运行基础。增设"信息技术"专章。首先突出信息技术安全管理，要求证券公司保障信息技术投入，提高自主研发能力，维护信息技术系统安全、数据安全和客户个人信息安全（如第 87 条）；其次对双跨、信息系统接入等作出原则性规定（如第 88、第 89 条）；最后对证券公司使用信息技术服务机构的产品和服务提出要求，明确信息技术服务机构的禁止性行为（如第 90、第 91 条）。

《条例》征求意见稿的出台，向资本市场和整个证券行业释放出强烈的严监管信号。尽管经过 30 多年的快速发展，我国证券行业整体规模和对经济增长的贡献不断扩大，但是与发达国家相比，我国的证券公司具有一定特殊性，体现在行业属性、公司规模、业务发展现状、股权结构、金融创新以及国际竞争力等方面。中央金融工作会议提出："要着力打造现代金融机构和市场体系，……培育一流投资银行和投资机构。"这意味着我国证券行业将进入新一轮的发展壮大期，但证券公司不论处于何种监督与管理模式下，都需要回归券业本质，在服务好股东权益的同时，对接好国家的顶层设计与战略需求。本报告从证券公司治理与监管的角度出发，对我国证券公司的合规与风控情况进行分析。

一　证券市场监管政策与法规

（一）证券公司合规与风控管理的外部环境

1. 全面实施注册制，推动新一轮资本市场改革

2023 年 2 月，以股票发行注册制改革为龙头的新一轮全面深化改革持续推进，市场化转融资业务规则进一步完善，企业债券职责划转平稳过渡，债券注册制改革进一步深化，资本市场功能有效发挥。多层次资本市场建设进一步推进，北京证券交易所（以下简称"北交所"）做市业务相关法律法规进一步完善，做市商将进一步扩容，同时北交所正式启动公司债发行与承销业务。2023 年 6 月，北交所、全国股转公司制定提升服务能力综合行动方案。2023 年 9 月，中国证监会发布《关于高质量建设北京证券交易所的意见》。2023 年 7 月《私募投资基金监督管理条例》正式发布，填补了私募基金监管上位法的空缺，助力私募基金行业健康蓬勃发展。

2. 政治局会议要求提振投资者信心

2023 年 7 月，中央政治局会议提出"要活跃资本市场，提振投资者信心"，这意味着决策层对资本市场发展提出新的要求。中国证监会及有关机

构从投资端、融资端、交易端、改革端等方面综合施策，发布了一系列政策措施，包括优化 IPO 和再融资监管安排、进一步规范股份减持行为、调降证券交易经手费、调降融资保证金比例、调整印花税，引导上市公司中期分红及股份回购、加强程序化交易监管体系、放宽指数基金注册条件、降低最低结算备付金缴纳比例等。中国证监会出台《公募基金行业费率改革工作方案》，拉开了公募基金费率改革的序幕，全面优化公募基金费率模式，稳步降低行业综合费率水平，促进公募基金行业高质量发展，有利于财富管理空间的进一步打开。2023 年 12 月，证监会就《关于加强公开募集证券投资基金证券交易管理的规定（征求意见稿）》公开征求意见，公募基金费率二阶段改革启动，进一步规范并调降公募基金证券交易佣金费率。

3. 中央金融工作会议提出建设金融强国，打造一流投资银行

2023 年 10 月召开的中央金融工作会议上首次提出加快建设金融强国的目标，为我国金融高质量发展提供了根本遵循。同时，中央金融工作会议还提出："要着力打造现代金融机构和市场体系，疏通资金进入实体经济的渠道。优化融资结构，更好发挥资本市场枢纽功能，推动股票发行注册制走深走实，发展多元化股权融资，大力提高上市公司质量，培育一流投资银行和投资机构。"2023 年 11 月，中国证监会召开会议指出，加强基础制度和机制建设，加大投资端改革力度，吸引更多的中长期资金，更好发挥资本市场枢纽功能；明确表示将支持头部证券公司通过业务创新、集团化经营、并购重组等方式做优做强，打造一流的投资银行，发挥服务实体经济主力军和维护金融稳定压舱石的重要作用。

（二）年内出台的监管政策法规

2023 年 7 月中国证监会召开的系统年中工作座谈会要求"强化穿透监管，探索运用更多现代科技手段，提升问题线索发现能力。强化会计师事务所、律师事务所等中介机构把关责任，加大对第三方配合造假惩治力度。加强跨部委协作，增强打击系统性、有组织造假的合力，从严从快从重查处典型违法案件，进一步营造敬畏法治的良好市场生态"。2023 年 10 月召开的

中央金融工作会议提出，要有效防范化解重大经济金融风险，守住不发生系统性金融风险的底线，落实地方党政主要领导负责的财政金融风险处置机制。近年来，我国证券市场法律体系逐步完善，金融服务实体经济的能力显著增强。本报告对中国证监会在 2023 年发布的中国证监会令以及公告进行了整体梳理。

2023 年，中国证监会发布中国证监会令 21 项，涉及公司债券发行与交易管理、上市公司运营、人员管理等，比 2022 年增加了 13 项（见表 1）。

表 1　中国证监会令（2023 年）

序号	发文日期	名称	文号
1	1 月 12 日	《证券期货经营机构私募资产管理业务管理办法》	第 203 号
2	1 月 13 日	《证券经纪业务管理办法》	第 204 号
3	2 月 17 日	《首次公开发行股票注册管理办法》	第 205 号
4	2 月 17 日	《上市公司证券发行注册管理办法》	第 206 号
5	2 月 17 日	《证券发行上市保荐业务管理办法》	第 207 号
6	2 月 17 日	《证券发行与承销管理办法》	第 208 号
7	2 月 17 日	《优先股试点管理办法》	第 209 号
8	2 月 17 日	《北京证券交易所向不特定合格投资者公开发行股票注册管理办法》	第 210 号
9	2 月 17 日	《北京证券交易所上市公司证券发行注册管理办法》	第 211 号
10	2 月 17 日	《非上市公众公司监督管理办法》	第 212 号
11	2 月 17 日	《非上市公众公司重大资产重组管理办法》	第 213 号
12	2 月 17 日	《上市公司重大资产重组管理办法》	第 214 号
13	2 月 17 日	《存托凭证发行与交易管理办法（试行）》	第 215 号
14	2 月 17 日	《欺诈发行上市股票责令回购实施办法（试行）》	第 216 号
15	2 月 17 日	《中国证券监督管理委员会行政许可实施程序规定》	第 217 号
16	2 月 27 日	《证券期货业网络和信息安全管理办法》	第 218 号
17	3 月 29 日	《期货交易所管理办法》	第 219 号
18	8 月 1 日	《上市公司独立董事管理办法》	第 220 号
19	8 月 10 日	《关于废止〈中国证券监督管理委员会发行审核委员会办法〉的决定》	第 221 号
20	10 月 20 日	《公司债券发行与交易管理办法》	第 222 号
21	10 月 26 日	《律师事务所从事证券法律业务管理办法》	第 223 号

资料来源：中国证监会网站、山东省亚太资本市场研究院。

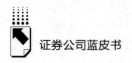
2023 年，中国证监会发布公告 60 多项，主要涉及上市公司监管、信息披露工作、证券期货管理、首次公开发行股票并上市辅导监管等，反映了监管部门对相关工作的重视。其中，针对信息披露的公告有《公开发行证券的公司信息披露内容与格式准则第 57 号——招股说明书》等（见表 2）。

表 2　中国证监会公告（2023 年）

序号	发文日期	名称	文号
1	1 月 4 日	《公开募集证券投资基金信息披露电子化规范》	中国证监会公告〔2023〕1 号
2	1 月 12 日	《证券期货经营机构私募资产管理计划运作管理规定》	中国证监会公告〔2023〕2 号
3	2 月 7 日	《〈证券公司场外业务资金服务接口〉等 4 项金融行业标准》	中国证监会公告〔2023〕3 号
4	2 月 17 日	《公开发行证券的公司信息披露内容与格式准则第 57 号——招股说明书》	中国证监会公告〔2023〕4 号
5	2 月 17 日	《公开发行证券的公司信息披露内容与格式准则第 58 号——首次公开发行股票并上市申请文件》	中国证监会公告〔2023〕5 号
6	2 月 17 日	《公开发行证券的公司信息披露内容与格式准则第 59 号——上市公司发行证券申请文件》	中国证监会公告〔2023〕6 号
7	2 月 17 日	《公开发行证券的公司信息披露内容与格式准则第 60 号——上市公司向不特定对象发行证券募集说明书》	中国证监会公告〔2023〕7 号
8	2 月 17 日	《公开发行证券的公司信息披露内容与格式准则第 61 号——上市公司向特定对象发行证券募集说明书和发行情况报告书》	中国证监会公告〔2023〕8 号
9	2 月 17 日	《公开发行证券的公司信息披露内容与格式准则第 32 号——发行优先股申请文件》	中国证监会公告〔2023〕9 号
10	2 月 17 日	《公开发行证券的公司信息披露内容与格式准则第 33 号——发行优先股预案和发行情况报告书》	中国证监会公告〔2023〕10 号
11	2 月 17 日	《公开发行证券的公司信息披露内容与格式准则第 34 号——发行优先股募集说明书》	中国证监会公告〔2023〕11 号
12	2 月 17 日	《试点创新企业境内发行股票或存托凭证并上市监管工作实施办法》	中国证监会公告〔2023〕12 号
13	2 月 17 日	《公开发行证券的公司信息披露内容与格式准则第 40 号——试点红筹企业公开发行存托凭证并上市申请文件》	中国证监会公告〔2023〕13 号

序号	发文日期	名称	文号
14	2月17日	《〈首次公开发行股票注册管理办法〉第十二条、第十三条、第三十一条、第四十四条、第四十五条和〈公开发行证券的公司信息披露内容与格式准则第57号——招股说明书〉第七条有关规定的适用意见——证券期货法律适用意见第17号》	中国证监会公告〔2023〕14号
15	2月17日	《〈上市公司证券发行注册管理办法〉第九条、第十条、第十一条、第十三条、第四十条、第五十七条、第六十条有关规定的适用意见——证券期货法律适用意见第18号》	中国证监会公告〔2023〕15号
16	2月17日	《公开发行证券的公司信息披露内容与格式准则第46号——北京证券交易所公司招股说明书》	中国证监会公告〔2023〕16号
17	2月17日	《公开发行证券的公司信息披露内容与格式准则第47号——向不特定合格投资者公开发行股票并在北京证券交易所上市申请文件》	中国证监会公告〔2023〕17号
18	2月17日	《公开发行证券的公司信息披露内容与格式准则第48号——北京证券交易所上市公司向不特定合格投资者公开发行股票募集说明书》	中国证监会公告〔2023〕18号
19	2月17日	《公开发行证券的公司信息披露内容与格式准则第49号——北京证券交易所上市公司向特定对象发行股票募集说明书和发行情况报告书》	中国证监会公告〔2023〕19号
20	2月17日	《公开发行证券的公司信息披露内容与格式准则第50号——北京证券交易所上市公司向特定对象发行可转换公司债券募集说明书和发行情况报告书》	中国证监会公告〔2023〕20号
21	2月17日	《公开发行证券的公司信息披露内容与格式准则第51号——北京证券交易所上市公司向特定对象发行优先股募集说明书和发行情况报告书》	中国证监会公告〔2023〕21号
22	2月17日	《公开发行证券的公司信息披露内容与格式准则第52号——北京证券交易所上市公司发行证券申请文件》	中国证监会公告〔2023〕22号
23	2月17日	《公开发行证券的公司信息披露内容与格式准则第56号——北京证券交易所上市公司重大资产重组》	中国证监会公告〔2023〕23号
24	2月17日	《非上市公众公司信息披露内容与格式准则第1号——公开转让说明书》	中国证监会公告〔2023〕24号
25	2月17日	《非上市公众公司信息披露内容与格式准则第2号——公开转让股票申请文件》	中国证监会公告〔2023〕25号

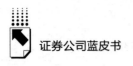

序号	发文日期	名称	文号
26	2月17日	《非上市公众公司信息披露内容与格式准则第3号——定向发行说明书和发行情况报告书》	中国证监会公告〔2023〕26号
27	2月17日	《非上市公众公司信息披露内容与格式准则第4号——定向发行申请文件》	中国证监会公告〔2023〕27号
28	2月17日	《非上市公众公司信息披露内容与格式准则第6号——重大资产重组报告书》	中国证监会公告〔2023〕28号
29	2月17日	《非上市公众公司信息披露内容与格式准则第7号——定向发行优先股说明书和发行情况报告书》	中国证监会公告〔2023〕29号
30	2月17日	《非上市公众公司信息披露内容与格式准则第8号——定向发行优先股申请文件》	中国证监会公告〔2023〕30号
31	2月17日	《非上市公众公司信息披露内容与格式准则第18号——定向发行可转换公司债券说明书和发行情况报告书》	中国证监会公告〔2023〕31号
32	2月17日	《非上市公众公司信息披露内容与格式准则第19号——定向发行可转换公司债券申请文件》	中国证监会公告〔2023〕32号
33	2月17日	《非上市公众公司监管指引第2号——申请文件》	中国证监会公告〔2023〕33号
34	2月17日	《非上市公众公司监管指引第4号——股东人数超过二百人的未上市股份有限公司申请行政许可有关问题的审核指引》	中国证监会公告〔2023〕34号
35	2月17日	《公开发行证券的公司信息披露内容与格式准则第26号——上市公司重大资产重组》	中国证监会公告〔2023〕35号
36	2月17日	《〈上市公司收购管理办法〉第六十二条、第六十三条及〈上市公司重大资产重组管理办法〉第四十六条有关限制股份转让的适用意见——证券期货法律适用意见第4号》	中国证监会公告〔2023〕36号
37	2月17日	《〈上市公司重大资产重组管理办法〉第十四条、第四十四条的适用意见——证券期货法律适用意见第12号》	中国证监会公告〔2023〕37号
38	2月17日	《〈上市公司重大资产重组管理办法〉第二十九条、第四十五条的适用意见——证券期货法律适用意见第15号》	中国证监会公告〔2023〕38号
39	2月17日	《上市公司监管指引第7号——上市公司重大资产重组相关股票异常交易监管》	中国证监会公告〔2023〕39号
40	2月17日	《上市公司监管指引第9号——上市公司筹划和实施重大资产重组的监管要求》	中国证监会公告〔2023〕40号

序号	发文日期	名称	文号
41	2月17日	《重要货币市场基金监管暂行规定》	中国证监会公告〔2023〕42号
42	2月17日	《境内企业境外发行证券和上市管理试行办法》	中国证监会公告〔2023〕43号
43	2月24日	《关于加强境内企业境外发行证券和上市相关保密和档案管理工作的规定》	中国证监会公告〔2023〕44号
44	4月21日	《中国证监会　国家发展改革委关于企业债券发行审核职责划转过渡期工作安排的公告》	中国证监会公告〔2023〕45号
45	6月21日	《关于深化债券注册制改革的指导意见》	中国证监会公告〔2023〕46号
46	6月21日	《关于注册制下提高中介机构债券业务执业质量的指导意见》	中国证监会公告〔2023〕47号
47	7月31日	《期货市场持仓管理暂行规定》	中国证监会公告〔2023〕49号
48	8月4日	《〈证券公司核心交易系统技术指标〉等2项金融行业标准》	中国证监会公告〔2023〕48号
49	8月11日	《关于修改、废止部分证券期货制度文件的决定》	中国证监会公告〔2023〕50号
50	9月1日	《证券公司北京证券交易所股票做市交易业务特别规定》	中国证监会公告〔2023〕52号
51	9月8日	《行政处罚罚没款执行规则》	中国证监会公告〔2023〕51号
52	10月20日	《公开发行证券的公司信息披露内容与格式准则第24号—公开发行公司债券申请文件(2023年修订)》	中国证监会公告〔2023〕53号
53	10月20日	《中国证监会关于企业债券过渡期后转常规有关工作安排的公告》	中国证监会公告〔2023〕54号
54	10月20日	《关于修改〈公开募集基础设施证券投资基金指引(试行)〉第五十条的决定》	中国证监会公告〔2023〕55号
55	10月27日	《〈上市公司公告电子化规范〉等9项金融行业标准》	中国证监会公告〔2023〕56号

序号	发文日期	名称	文号
56	10月27日	《关于修改〈公开发行证券的公司信息披露内容与格式准则第26号——上市公司重大资产重组〉的决定》	中国证监会公告〔2023〕57号
57	11月17日	《上市公司向特定对象发行可转换公司债券购买资产规则》	中国证监会公告〔2023〕58号
58	11月24日	《证券公司与资产管理产品管理人及服务机构间对账数据接口》	中国证监会公告〔2023〕59号
59	12月8日	《关于废止〈中国证券监督管理委员会信访工作规则〉的决定》	中国证监会公告〔2023〕60号
60	12月15日	《上市公司监管指引第3号——上市公司现金分红（2023年修订）》	中国证监会公告〔2023〕61号
61	12月15日	《关于修改〈上市公司章程指引〉的决定》	中国证监会公告〔2023〕62号
62	12月15日	《上市公司股份回购规则》	中国证监会公告〔2023〕63号
63	12月22日	《公开发行证券的公司信息披露编报规则第15号——财务报告的一般规定（2023年修订）》	中国证监会公告〔2023〕64号
64	12月22日	《公开发行证券的公司信息披露解释性公告第1号——非经常性损益（2023年修订）》	中国证监会公告〔2023〕65号

资料来源：中国证监会网站、山东省亚太资本市场研究院。

（三）证券市场法治建设

2023年，我国证券期货监管规章的建设步伐持续加快，证券期货监管法律实施的规范体系更加完善，市场基础制度建设不断加强，有效推动资本市场长期稳定健康发展。国务院审议通过《私募投资基金监督管理条例》。全年监管部门出台规章20件、规范性文件64件。其中，修订《公司债券发行与交易管理办法》，将企业债券总体纳入公司债券监管框架；修订《期货交易所管理办法》，进一步夯实期货交易所监管的制度基础；修订《证券期货经营机构私募资产管理业务管理办法》，引导证券期货经营机构私募资产管理业务提升服务实体经济质效。

2023 年，中国证监会全年共接收各类行政许可申请 2786 件，其中注册申请 794 件。发出补正、受理、反馈、中止审查（注册）、恢复审查（注册）、注册阶段问询函及补充审核等过程性文件共计 5386 件。全年送达行政许可核准（注册）决定 2924 件，终止审查（注册）决定 109 件。

此外，中国证监会配合国务院办公厅完成《法律、行政法规、国务院决定设定的行政许可事项清单（2023 年版）》修订工作。根据全面实行股票发行注册制改革、企业债券发行审核职能划转等改革部署，动态更新完善相应行政许可事项实施规范和办事指南。做好《市场准入负面清单（2023 年版）》实施工作。指导交易所修订《资产支持证券业务规则》，进一步规范审核条件、信息披露要求以及持有人权益保护等内容。全年批准注册 15 只首发和扩募公募 REITs 产品，期货市场新上市 21 个期货期权品种。通过出台和修订一系列法律法规，增强并完善了现代金融监管体系，为金融机构深化改革确立了合规底线（见表 3）。

表 3　法律法规（部分）（2023 年）

序号	发布日期	名称	部门
1	1 月 12 日	《证券期货经营机构私募资产管理计划运作管理规定（2023 年修订）》	证监会
2	1 月 12 日	《证券期货经营机构私募资产管理业务管理办法》	证监会
3	2 月 1 日	《金融控股公司关联交易管理办法》	中国人民银行
4	2 月 17 日	《证券发行与承销管理办法(2023 年修订)》	证监会
5	2 月 17 日	《重要货币市场基金监管暂行规定》	中国人民银行、证监会
6	2 月 17 日	《非上市公众公司重大资产重组管理办法(2023 年修订)》	证监会
7	2 月 17 日	《上市公司重大资产重组管理办法(2023 年修订)》	证监会
8	2 月 17 日	《首次公开发行股票注册管理办法》	证监会
9	2 月 17 日	《上市公司证券发行注册管理办法》	证监会
10	2 月 24 日	《关于加强境内企业境外发行证券和上市相关保密和档案管理工作的规定》	证监会、财政部、国家保密局、国家档案局

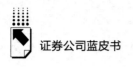

续表

序号	发布日期	名称	部门
11	3月31日	《期货交易所管理办法》	证监会
12	4月14日	《中国金融期货交易所风险控制管理办法（2023年4月修订）》	中金所
13	7月9日	《私募投资基金监督管理条例》	国务院
14	8月1日	《上市公司独立董事管理办法》	证监会
15	10月12日	《公司债券发行与交易管理办法》	证监会
16	11月30日	《关于适用〈中华人民共和国涉外民事关系法律适用法〉若干问题的解释（二）》	最高人民法院

资料来源：山东省亚太资本市场研究院。

二 证券公司监管处罚统计①

根据天风证券的研究报告，2023年，中国证监会及其派出机构、沪深交易所、中国证券业协会和全国中小企业股份转让系统对证券公司（以下简称"全国股转公司"）及其从业人员共实施处罚374件。

（一）监管机构处罚情况分析

根据天风证券统计信息，2023年证券公司及其从业人员的处罚案例中，中国证监会相关部门采取监管处罚措施32件，占比8.56%；地方证监局采取监管处罚措施275件，占比73.73%；深交所采取自律监管措施17件，占比4.55%；上交所采取自律监管措施18件，占比4.81%；北交所采取自律监管措施19件，占比5.08%；全国股转系统采取自律监管措施6件，占比1.60%；证券业协会采取自律监管措施7件，占比1.87%。整体看来，地方证券监管部门采取监管处罚措施占比最高，超过70%（见图1）。

---

① 《合规视点｜2023年度证券公司监管处罚情况分析》，"天风合规之窗"微信公众号，2024年4月25日，https://mp.weixin.qq.com/s/Cx1GXMXEkuPjr7oQEurMMA。

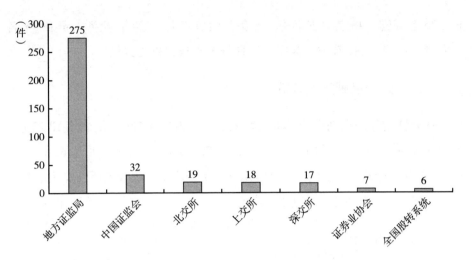

图 1　不同监管部门处罚案例数量（2023 年）

资料来源：天风证券、山东省亚太资本市场研究院。

（二）处罚对象情况分析

从处罚对象来看，2023 年，涉及机构的处罚 169 件（其中券商总部 123 件，分支机构 46 件），占比 41.63%；涉及从业人员处罚 237 件，占比 58.37%（见图 2）。全年累计共 311 名从业人员被处罚，其中包括 2 名董事

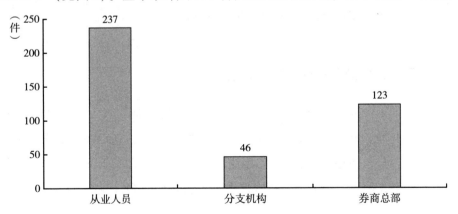

图 2　不同处罚对象案例数量（2023 年）

资料来源：天风证券、山东省亚太资本市场研究院。

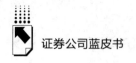

证券公司蓝皮书

长、25 名高管、46 名分支机构及业务部门负责人、224 名业务人员和 14 名中后台人员。[①] 总体看来，被罚人员数量多于被罚机构数量。

（三）处罚措施类别分析

从处罚措施的类别来看，市场禁入 2 件，占比 0.53%；行政处罚 22 件，占比 5.88%；行政监管措施 283 件，占比 75.67%；自律监管措施 67 件，占比 17.91%。行政监管措施以出具警示函、责令改正、监管谈话以及认定为不适当人选为主；自律监管措施以书面警示、口头警示为主（见图 3、图 4）。

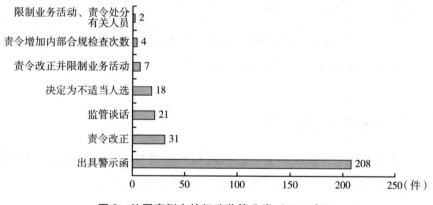

图 3　处罚案例中的行政监管分类（2023 年）

资料来源：天风证券、山东省亚太资本市场研究院。

（四）行业处罚的业务特征分析

根据天风证券的研究报告，2023 年，证券公司及其从业人员违规行为涉及投行业务、财富管理业务、研究业务、廉洁从业、资产管理业务、分支机构管理、公司治理、内控管理、信息技术管理、个人执业行为等方面，其中投行业务、财富管理业务、研究业务的处罚案例较多（见图 5）。[②]

---

① 对于机构与人员同在一张罚单的情况，按机构与人员各算一张的方式计算。
② 同张罚单涉及多项业务违规时，拆分各算一项进行统计。

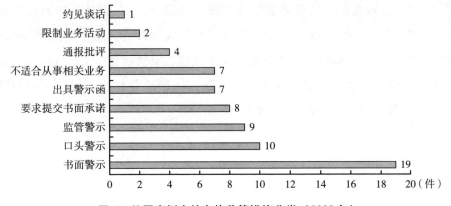

图4 处罚案例中的自律监管措施分类（2023年）

资料来源：天风证券、山东省亚太资本市场研究院。

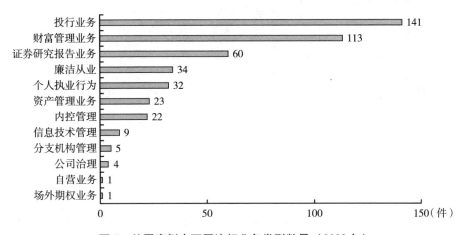

图5 处罚案例中不同违规业务类型数量（2023年）

资料来源：天风证券、山东省亚太资本市场研究院。

1. 严监管态势下，处罚措施进一步升级

公开信息显示，在2023年的处罚措施中，一案双罚（机构和个人均被罚）的事件达185件，比2022年增加了67%，处罚措施涉及券商和分支机构高达56家次，涉及从业人员多达171人。在这些处罚中，投行业务处罚数量为69件，占投行业务处罚数量的49%；财富管理业务处罚数量为46件，占财富管理业务处罚单数量的41%；发布证券研究报告业务处罚数量为 30 件，占研究业务处罚单数量的 50%（见图 6）。在涉及人员的数量方面，2023 年"一案双罚"处罚中涉及 171 名从业人员，同比增加了 69%。另外 5 家券商被采取责令改正并限制业务活动的监管措施、2 名从业人员被采取市场禁入、15 人被认定为不适当人选。与 2022 年相比，2023 年处罚措施的严厉程度进一步提升。

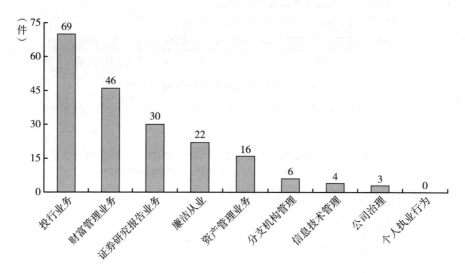

图 6 "一案双罚"案例中不同业务处罚数量（2023 年）

资料来源：天风证券、山东省亚太资本市场研究院。

此外，2023 年责令改正并限制业务活动处罚的占比进一步提高。2022年仅 2 家证券公司被暂停保荐业务资格，而 2023 年多达 7 家证券公司，同比增长 250%，且限制业务范围不仅包括保荐业务，还包括债券承销、资产证券化、资产管理业务、代销金融产品业务等，限制业务期限最长的为一年。

2. 重点打击投行业务中"闯关式申报""一查就撤""撤否率高"等现象

公开信息显示，在 2023 年对证券公司的处罚中，与投行业务有关的共141 件，占全年处罚总数的 38%，主要处罚事由包括投行保荐项目中未勤勉尽责、保荐文件存在虚假记载，债券承销业务、受托管理未勤勉尽责，薪酬绩效考核体系不合理、内控制度不健全、有效性不足等。2023 年，中国证监会对 8 家撤否率较高的证券公司开展专项检查，对其中 6 家证券公司进行处罚，对相应主要负责人、分管投行业务负责人、内核负责人、质控部门负责人共计 16 名人员等分类采取监管措施。

3. 对证券公司研究业务监管进一步加强

根据天风证券的研究，在 2023 年各级证券监管部门公布的处罚中，涉及研究业务的处罚共计 60 件，涉及 19 家券商及 60 名从业人员。研究业务同样呈现"一案多罚"特征，证券研究报告业务处罚中超过 50% 为一案多罚，除了研究人员本人遭罚，研究部门负责人、公司和分管高管也应承担相应的监管责任。具体看来，在证券公司研究业务中存在三大问题：一是部分公司内控制度未根据法规规范要求及时更新调整；二是部分公司内控制度执行有效性不足；三是具体研报制作审慎性不足，个别员工私自发表证券分析意见。

4. 将证券公司高管和从业人员的廉洁自律纳入常态化监管

体现证券公司严监管的一个重要方面是将证券公司高管和从业人员的廉洁自律纳入常态化监管。2023 年与高管和从业人员的廉洁从业相关的处罚共 34 件，涉及 14 家券商及分支机构、26 名从业人员。处罚事由包括违规从事经营性活动、输送利益、谋取不正当利益等。2020~2023 年，廉洁从业处罚案例共计 80 件，其中，2023 年、2022 年的廉洁从业处罚分别占比 43%、41%。近两年罚单数的日渐增加体现了监管部门对廉洁从业规定的执行及内部监督追责的强监管呈现常态化。另外，2023 年与员工执业行为有关的处罚共 32 件，涉及 31 名从业人员。除了常见的违规炒股问题，券商董事或其亲属违规短线交易成为新的处罚点。天风证券的研究报告显示，2023 年共有此类案例 3 件：2023 年 6 月，某券商董事因配偶存在短线交易违规行为被出具警示函；2023 年 9 月，某券商董事因母亲存在短线交易违规行为，被当地证监局出具警示函；2023 年 7 月，某券商独立董事因涉嫌短线交易行为被当地证监局给予警告，并处以 10 万元罚款。证券公司应重视对员工、董事及其亲属投资行为的管理，督促其严格遵守相关规定。

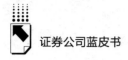

5. 修订《证券公司监督管理条例》，意味着监管部门更加关注内控管理

2023 年 4 月，中国证监会出台《证券公司监督管理条例（修订草案征求意见稿）》（以下简称"《条例》征求意见稿"）。《条例》征求意见稿补充了很多证券公司业务规则，新增证券承销与保荐、做市交易、场外业务三节，目的在于完善证券公司相关业务规范。《条例》征求意见稿体现了监管部门日益提高对证券公司内控管理的关注度。2023 年与内控管理有关的处罚共 22 件，处罚数量较 2022 年增长了 2 倍，共涉及 15 家券商及分支机构、6 名从业人员。2023 年内控管理处罚事由强调内控管理的有效性。某券商因公司债券交易、财务核算、资产管理等业务未建立有效的合规组织架构，未配备充足、适当的合规管理人员，发现违法违规行为未及时报告，净资本等风险控制指标不符合规定，造成重大风险，被证监局采取责令改正的行政监管措施；公司未在规定期限内改正，且已危害公司稳定运行，董事会也没有对公司债券交易、财务核算、资产管理等业务的合规管理制度进行实质审查，未定期评估合规管理的有效性，时任公司董事长、总经理、固定收益部业务负责人、计划财务部负责人等 10 人被罚 15 年不能从事相关职务。

三　证券公司违规处罚案例

（一）广发证券股份有限公司行政处罚案例

2023 年 9 月 7 日，中国证监会网站发布《中国证监会行政处罚决定书（广发证券、王鑫、杨磊杰）》（〔2023〕65 号）。[①] 9 月 22 日，广发证券发布公告称，收到中国证监会给出的《行政处罚决定书》，因在美尚生态景观股份有限公司（以下简称"美尚生态"）保荐业务中违法违规，广发证券累计被罚没 1021.7 万元；同时，证监会对两名责任人王某、杨某杰给予警告，并分别处以 25 万元罚款。有媒体报道，广发证券保荐的美尚生态财务

---

① 《中国证监会行政处罚决定书（广发证券、王鑫、杨磊杰）》，中国证券监督管理委员会网站，2023 年 9 月 7 日，http：//www.csrc.gov.cn/csrc/c101928/c7436449/content.shtml。

造假长达 8 年。① 2023 年 7 月 13 日，美尚生态收到的中国证监会《行政处罚决定书》显示，美尚生态信息披露文件存在虚假记载，部分年度的虚增净利润高达 30%。同时，美尚生态存在瞒报行为，包括未按规定披露关联交易及资金占用、未按规定披露重大诉讼事项、未如实披露控股股东归还资金占用情况、非公开发行股票行为构成欺诈发行等违规行为。此外，美尚生态还存在欺诈发行行为。从广发证券的相关公告中可知，广发证券于 2023 年 4 月 17 日和 7 月 17 日收到中国证监会的《立案告知书》和《行政处罚事先告知书》。中国证监会查明广发证券存在两方面违法事实：一是广发证券出具的保荐书等文件存在虚假记载；二是广发证券在担任保荐（主承销）机构期间未勤勉尽责。中国证监会认为，广发证券在为美尚生态 2018 年非公开发行股票提供保荐服务过程中，未遵守业务规则和行业规范，未勤勉尽责地对美尚生态的发行申请文件进行审慎核查，出具的保荐书等文件存在虚假记载，广发证券未审慎核查美尚生态发行募集文件的真实性和准确性的行为。对于广发证券上述违法行为，美尚生态项目保荐代表人王某、杨某杰是直接负责的主管人员。从《中国证监会行政处罚决定书（广发证券、王鑫、杨磊杰）》中，我们可以看到广发证券存在以下违法事实。

1. 广发证券接受美尚生态景观股份有限公司委托担任2018年非公开发行股票的保荐（主承销）机构

广发证券接受美尚生态委托，担任前述非公开发行股票项目的保荐（主承销）机构，签字保荐代表人王某、杨某杰。项目收费为保荐费（不含增值税）943396.23 元，承销费（不含增值税）7830188.52 元。

2. 广发证券出具的保荐书等文件存在虚假记载

广发证券在为美尚生态非公开发行股票提交的《发行保荐书》中明确承诺，"本保荐机构已经按照法律、行政法规和中国证监会的规定，对发行

---

① 《千万罚单落地！广发证券保荐业务"踩雷"，业绩何时能回巅峰？》，"理财周刊官方号"百家号，2023 年 10 月 16 日，https：//baijiahao.baidu.com/s？id=1779906510236465182&wfr=spider&for=pc。

人及其控股股东、实际控制人进行了尽职调查，审慎核查，同意推荐发行人证券发行上市，根据发行人的委托，本保荐机构组织编制了本次申请文件，并据此出具本证券发行保荐书"，"有充分理由确信发行人申请文件和信息披露资料不存在虚假记载、误导性陈述和重大遗漏"。但美尚生态2018年非公开发行股票相关发行文件存在虚假记载。因此，广发证券出具的保荐书、发行募集文件等与事实不符，存在虚假记载。

3. 广发证券在担任保荐（主承销）机构期间未勤勉尽责

（1）核查大额银行存款账户程序设计不到位，对美尚生态银行存款函证程序执行不到位

广发证券核查大额银行存款账户的程序设计不到位。广发证券仅有2017年12月31日银行存款余额的银行函证，未向发行人、银行获取美尚生态的银行对账单，底稿中也未见美尚生态2015年、2016年、2018年1～6月的银行对账单。对2015年、2016年以及2018年1～6月美尚生态的大额银行存款账户，广发证券未设计尽职调查程序并核查账户余额真实性。

广发证券在尽职调查的过程中对美尚生态银行存款函证程序执行不到位。广发证券发出的银行询证函由2017年报审计机构中天运会计师事务所填列的询证函修改联系人得来，银行存款数据也不是由广发证券项目组从发行人账面或银行对账单中取得的。在相关银行询证函的寄出与收回过程中，广发证券项目组未对询证函的真实性和来源保持合理怀疑。广发证券相关底稿中只有函证本身，对函证的发函信息、回函信息、函证方式等均未作记录。

广发证券核查大额银行存款真实性的尽职调查程序设计不合理，未获取充分尽职调查证据，也未对银行存款真实性进行独立判断，违反了《保荐人尽职调查工作准则》（证监发行字〔2006〕15号）第五十条，《证券发行上市保荐业务管理办法》（证监会令第137号）第四条、第二十条的规定。

（2）对应收账款的函证程序、尽职调查程序执行不到位

广发证券在项目尽职调查过程中，对以2017年12月31日为基准的应收账款进行了发函，但广发证券在应收账款函证程序中并未对发函信息、回

函快递信息等进行恰当记录，也未对相关信息进行比对与独立判断，导致未发现函证程序反映的异常情况。据统计，广发证券工作底稿中共有 173 封询证函回函，仅有 61 封询证函留存了回函快递面单，且询证函回函中有多个疑点。

广发证券未获取充分的尽职调查证据，违反了《保荐人尽职调查工作准则》（证监发行字〔2006〕15 号）第四十一条，《证券发行上市保荐业务管理办法》（证监会令第 137 号）第四条、第二十条的规定。

（3）对 2018 年非公开发行股票的募投项目走访程序执行不到位

根据广发证券工作底稿和保荐代表人谈话笔录，广发证券在 2018 年 1 月走访了一个非公开发行募投项目——罗江县 2017 年城乡设施提升改善工程融资+EPC 总承包项目。该项目底稿中仅有 5 张项目现场走访照片，并且广发证券未在底稿中提供任何访谈记录、评价表格、项目施工记录等其他走访材料以及此次走访的详细时间等信息。

根据中天运会计师事务所 2017 年报审计相关底稿，具体走访时间是 2018 年 1 月 26 日。该项目预计开工时间是 2017 年 12 月 10 日，建设期为 2 年。截至走访时，公司账面按成本投入计算的完工进度为 44.02%，公司依照此完工进度确认项目收入。根据上述信息，该项目工期进度和成本确认进度明显不匹配。从开工时间来看，施工开工仅不到 2 个月，不到总施工期限的 1/12，而账载成本已经投入了预算成本的 44.02%，施工周期和累计成本完全不匹配。从走访照片来看，该工程的账面进度和实际形象进度也完全不一致。

广发证券未关注到前述项目会计信息与相关非会计信息之间存在不匹配情况，未采取核验和检查，未取得充分的尽职调查证据，违反了《保荐人尽职调查工作准则》（证监发行字〔2006〕15 号）第四条、第四十一条，《证券发行上市保荐业务管理办法》（证监会令第 137 号）第四条、第二十条、第二十五条的规定。

（4）对美尚生态重要银行借款合同查验不到位

美尚生态与供应商宁波市奉化江记花木有限公司（以下简称"奉化江

记"）签订了虚假采购合同，美尚生态依据上述采购合同向银行申请经营贷款，该贷款由银行直接从美尚生态银行账户划转给奉化江记。后续奉化江记将贷款资金转给美尚生态关联方，再由关联方将部分贷款回转给美尚生态，未回转的部分形成非经营性资金占用。上述过程中，美尚生态仅对银行放款进行记账，对贷款划转给奉化江记及之后的相关流程均不做会计处理。上述借款合同对应的奉化江记采购合同为虚假合同，目的是满足银行贷款委托支付的需要。在广发证券尽职调查期间，上述贷款尚未归还，但项目组未获取相对应的商务合同、发票、记账凭证等予以查验。

广发证券的上述行为违反了《保荐人尽职调查工作准则》（证监发行字〔2006〕15 号）第四条、第五十六条，《证券发行上市保荐业务管理办法》（证监会令第 137 号）第四条、第二十条、第二十五条的规定。

（5）对发行人申请文件、证券发行募集文件中无证券服务机构专业意见支持的内容，未获取充分的尽职调查证据和做出独立判断

美尚生态 2018 年非公开发行股票的申请文件包括 2015~2017 年经审计的财务报表和 2018 年 1~6 月未经审计的财务报表。广发证券在尽职调查过程中对银行存款函证、应收账款函证、获取期间费用明细表、获取借款合同等财务核查过程均以 2017 年 12 月 31 日作为基准。广发证券底稿中对于美尚生态子公司财务情况，只获取了 2017 年财务报表。

广发证券未对美尚生态 2018 年 1~6 月未经审计的财务报表进行全面核查，未对其真实性获取尽职调查证据，也未对发行人提供的资料和披露的内容进行独立判断的行为，违反了《保荐人尽职调查工作准则》（证监发行字〔2006〕15 号）第四条、第六条，《证券发行上市保荐业务管理办法》（证监会令第 137 号）第二十六条的规定。

中国证监会认为，广发证券在为美尚生态 2018 年非公开发行股票提供保荐服务过程中，未遵守业务规则和行业规范，未勤勉尽责地对美尚生态的发行申请文件进行审慎核查，出具的保荐书等文件存在虚假记载，构成2005 年《证券法》第一百九十二条的违法行为。

广发证券未审慎核查美尚生态发行募集文件的真实性和准确性的行为，

违反了《证券发行与承销管理办法》（证监会令第 144 号）第二十八条的规定，构成 2005 年《证券法》第一百九十一条所述"其他违反证券承销业务规定的行为"。

中国证监会调查后认定，美尚生态项目保荐代表人王鑫、杨磊杰是广发证券上述违法行为直接负责的主管人员。根据当事人违法行为的事实、性质、情节与社会危害程度，依据 2005 年《证券法》第一百九十一条第三项、第一百九十二条的规定，中国证监会做出以下决定。

第一，对广发证券股份有限公司责令改正，给予警告，没收保荐业务收入 943396.23 元，并处以 943396.23 元罚款；没收承销股票违法所得 7830188.52 元，并处以 50 万元罚款。

第二，对王鑫、杨磊杰给予警告，并分别处以 25 万元罚款。

（二）东北证券股份有限公司行政处罚案例

2023 年 6 月 17 日，中国证监会网站发布《中国证监会行政处罚决定书（东北证券及相关责任人员）》（〔2023〕45 号）。① 依据 2005 年修订的《中华人民共和国证券法》（以下简称"2005 年《证券法》"）有关规定，中国证监会对东北证券在豫金刚石 2016 年非公开发行股票保荐及持续督导中未勤勉尽责行为进行了立案调查、审理。东北证券系豫金刚石 2016 年非公开发行股票项目保荐人，保荐业务收入为 1886792.45 元。中国证监会查明，东北证券在豫金刚石非公开发行股票保荐及持续督导中存在以下违法事实。

1. 东北证券未对发行对象认购资金来源审慎核查

中国证监会在豫金刚石 2016 年非公开发行股票的审查反馈意见中要求保荐机构对本次发行对象的认购资金来源及合法性、是否具备履行认购义务的能力进行核查。东北证券未按要求对本次非公开发行对象之一北京天证远洋基金管理中心（有限合伙）（以下简称"天证远洋"）的资金来源审慎

---

① 《中国证监会行政处罚决定书（东北证券及相关责任人员）》，中国证券监督管理委员会网站，2023 年 6 月 17 日，http：//www.csrc.gov.cn/csrc/c101928/c7416712/content.shtml。

核查，未发现天证远洋 17 亿元认购资金实际来源于华宝信托有限责任公司，且存在豫金刚石关联方河南华晶超硬材料股份有限公司（以下简称"河南华晶"）和郭某希、郑某芝夫妇，以及本次发行认缴对象朱某营及其配偶曹某霞进行担保等情况。天证远洋实际出资与其承诺"本企业本次认购股份涉及的资金均为本企业合法拥有的自有资金，本企业及本企业的合伙人不存在接受豫金刚石及其关联方任何借款、担保或其他形式的财务资助或补偿的情形"不符。

上述行为不符合《证券发行上市保荐业务管理办法》（证监会令第 63 号）第三十四条第二项的规定。东北证券出具的《非公开发行股票的上市保荐书》《非公开发行股票发行过程与认购对象合规性的报告》存在虚假记载。

2. 东北证券在持续督导期间未勤勉尽责

（1）未对募集资金置换预投资金事项审慎核查

2017 年 4 月，豫金刚石使用 754256242.87 元募集资金置换 2016 年预投资金。在预投给洛阳启明超硬材料有限公司（以下简称"洛阳启明"）的资金中有 6000 余万元被豫金刚石实际控制人郭某希实际占用。东北证券未按《深圳证券交易所上市公司保荐工作指引》（2014 年修订）第二十九条第二款的规定对上述资金置换事项进行审慎核查，未能取得充分、恰当的核查依据。

上述行为不符合《证券发行上市保荐业务管理办法》（证监会令第 63 号）第三十五条第一、四、六项的规定。

（2）未充分核查募集资金投入项目的情况

2017~2018 年，豫金刚石投入募投项目的资金主要流向洛阳启明、洛阳正荣机械有限公司、营口鑫宇机械设备制造有限公司、焦作天宝桓祥机械科技有限公司、河南方元建筑工程有限公司、河南林川建筑工程有限公司、洛阳艾伦特合金材料有限公司七个主体。其中，2017 年募投项目流向上述主体的资金中有 1400 余万元被郭某希实际占用，2018 年募投项目流向上述主体的资金中有 7 亿余元被郭某希实际占用。东北证券未按《深圳证券交易所上市公司保荐工作指引》（2014 年修订）第二十三条、第三十三条和第三十四条的规定，充分关注、了解发行人相关事项和执行相关现场检查事项。

上述行为不符合《证券发行上市保荐业务管理办法》（证监会令第 63 号）第三十五条第一项、第四项和第六项以及《证券发行上市保荐业务管理办法》（证监会令第 137 号）第三十一条第一、四、六项的规定。

（3）未充分关注募投项目流动资金的用途和程序

2018 年 3 月 19 日，豫金刚石将募投项目建设资金 2600 万元从募集专户转至基本账户，随后将 1600 万元转入与募投项目建设无关的深圳市金利福钻石有限公司（以下简称"深圳金利福"）账户。东北证券未对募投项目建设资金划转至基本账户事项提出异议，也未对募投项目建设资金从豫金刚石基本账户流向深圳金利福事项予以关注。

上述行为不符合《证券发行上市保荐业务管理办法》（证监会令第 137 号）第三十一条第四项的规定。

（4）未对涉诉事项保持合理的职业怀疑

豫金刚石 2018 年报披露其多宗诉讼情况，诉讼背后涉及豫金刚石下列事项。一是豫金刚石未按规定披露其为河南华晶向杭州厚经资产管理有限公司借款 6000 万元进行担保事项。二是豫金刚石未按规定披露向牛某萍账外借款 5000 万形成实际控制人非经营性占用资金的关联交易事项。三是豫金刚石未按规定披露向河南中融智造实业有限公司账外借款 2 亿元形成实际控制人非经营性占用资金的关联交易事项。四是豫金刚石未按规定披露其与浦发银行股份有限公司的 5000 万元金融借款合同纠纷形成关联方非经营性占用资金的关联交易事项。东北证券未对豫金刚石上述涉诉事项保持合理的职业怀疑，在持续督导底稿仅收集豫金刚石用印记录，未了解诉讼事项的形成背景，未发现诉讼事项背后涉及的未按照规定披露担保情况和实际控制人及其关联方非经营性占用资金情况。

上述行为不符合《证券发行上市保荐业务管理办法》（证监会令第 137 号）第三十一条第一、五项的规定。

综上，东北证券在持续督导期间未勤勉尽责，其出具的 2016～2018 年

相关持续督导及现场检查报告存在虚假记载。东北证券的上述行为违反
2005 年《证券法》第十一条第二款的规定，构成 2005 年《证券法》第一百
九十二条所述"保荐人出具有虚假记载、误导性陈述或者重大遗漏的保荐
书，或者不履行其他法定职责"的情形。

中国证监会认定该项目保荐代表人于某庆、葛某伟、傅某、郑某国、张某
东为直接负责的主管人员。根据当事人的违法事实、性质、情节与社会危害程
度，依据 2005 年《证券法》第一百九十二条的规定，中国证监会做出处罚决定
如下：对东北证券责令改正，给予警告，没收保荐业务收入 1886792. 45 元，并
处以 5660377. 35 元罚款；对于某庆、葛某伟给予警告，并分别处以 20 万元
罚款；对郑某国、张某东给予警告，并分别处以 10 万元罚款；对傅某给予
警告，并处以 5 万元罚款。

参考文献

贾康：《"双循环"新发展格局的认识框架》，《金融经济》2020 年第 12 期。

中国人民银行：《中国金融稳定报告（2020）》，2020 年 11 月。

邓建平：《新〈证券法〉的五大亮点》，《财会月刊》2020 年第 6 期。

王宏宇、刘刊：《证券公司行政备案监管的权责及边界研究》，《金融监管研究》
2018 年第 5 期。

孙国茂、李猛：《宏观审慎监管下的证券公司系统重要性评价体系研究》，《山东大
学学报》（哲学社会科学版）2020 年第 5 期。

施东辉：《探索构建资本市场的宏观审慎政策》，《清华金融评论》2018 年第 5 期。

李东方：《证券监管机构及其监管权的独立性研究——兼论中国证券监管机构的法
律变革》，《政法论坛》2017 年第 1 期。

李娜、张括、石桂峰：《中国特色证券特别代表人诉讼的溢出效应——基于康美药
业的事件研究》，《财经研究》2022 年第 8 期。

《合规视点 | 2023 年度证券公司监管处罚情况分析》，"天风合规之窗"微信公众
号，2024 年 4 月 25 日，https：//mp. weixin. qq. com/s/Cx1GXMXEkuPjr7oQEurMMA。

《合规小兵 2023 年度证券业（券商期货基金）监管处罚分析报告（内附下载链
接）》，"合规小兵"微信公众号，2024 年 2 月 8 日，https：//mp. weixin. qq. com/s/
v2R1j7mlgx0-GPnhruFDoQ。

《2023 证券行政处罚：证券中介机构未勤勉尽责篇》，"国浩律师事务所"微信公众号，2024 年 4 月 18 日，https：//mp. weixin. qq. com/s/uIoizZEFry52iI-G2hliiA。

《2023 年证券公司执业行为处罚分析报告》，"合规小兵"微信公众号，2024 年 3 月 19 日，https：//mp. weixin. qq. com/s/TAiuPw3s6hTNGHznzBwPuw。

B.8
中国证券公司绿色金融与 ESG
治理研究报告（2024）

魏震昊　孙国茂　李德尚玉*

摘　要： 自我国提出"双碳"目标以来，党中央、国务院出台了一系列重大战略举措，推动"双碳"战略实施。证券监管部门积极推动资本市场服务国家战略，证券公司抓住绿色金融发展机遇，一方面开展直接融资业务，探索绿色金融创新；另一方面践行 ESG 理念，以此为抓手促进高质量发展。本报告总结了中国证券公司开展的绿色金融实践，系统梳理了 ESG 的内涵及发展历程，回顾了国内外主要的 ESG 评级体系，并基于 Wind 评价体系进行了统计性分析。研究发现 2023 年有 75% 的上市券商公布了温室气体排放数据，比 2022 年有所增加；同时，券商积极发挥专业优势，服务地方融资、支持产业发展、助力乡村振兴。2023 年，上市证券公司 ESG 评级主要为 BB 级、BBB 级和 A 级。从评级的变化情况看，26 家上市证券公司的评级保持不变，12 家公司的评级有所上升，4 家公司的评级下降。本报告选取了 2 家评级较高的证券公司（华泰证券和东方证券）作为 ESG 案例进行分析，为证券行业 ESG 治理的推广和发展提供参考。

关键词： 绿色金融　绿色债券　证券公司 ESG　ESG 评价体系

---

* 魏震昊，天津社会科学院海洋经济与港口经济研究所助理研究员，中国海洋大学应用经济学博士，研究方向为海洋碳汇、海洋与港口经济；孙国茂，中央财经大学经济学博士，现为青岛大学经济学院教授、博士生导师，山东工商学院金融学院特聘教授，山东省亚太资本市场研究院院长，研究方向为公司金融与资本市场理论、制度经济学和数字经济等；李德尚玉，南方财经全媒体集团 21 世纪经济报道碳中和与 ESG 新闻部主编、碳中和课题组研究总监，研究方向为行业 ESG 研究。

《国务院关于印发2030年前碳达峰行动方案的通知》（国发〔2021〕23号）中明确要求："引导企业履行社会责任。……相关上市公司和发债企业要按照环境信息依法披露要求，定期公布企业碳排放信息。"为证券行业服务国家"双碳"战略，开展绿色金融业务指明了方向。从发达国家碳达峰、碳中和的实践经验来看，资本市场和证券公司在构建绿色金融体系、促进经济实现绿色转型发展等方面，具有至关重要的作用。在《中共中央　国务院关于完整准确全面贯彻新发展理念做好碳达峰碳中和工作的意见》《国务院关于印发2030年前碳达峰行动方案的通知》等一系列重大政策出台后，证券监管部门积极推动资本市场落实国家碳达峰碳中和工作部署，发挥资本市场优化资源配置功能。

2021年10月，中国证券业协会发布了《证券行业助力碳达峰碳中和目标行动报告》，就证券行业助力实现"双碳"目标提出以下建议：构建丰富的投融资体系；完善绿色金融信息披露、标准体系与评级机制；积极推进碳市场建设；完善风控体系，强化绿色投资风险管理和投资者保护；丰富碳达峰碳中和实践，践行绿色责任；推进国际交流与合作。

2022年4月，中国证监会制定出台了关于绿色金融创新的产品标准——《碳金融产品》，对基于碳排放权和核证自愿碳减排量等衍生的碳金融产品进行了严格分类，并制定了具体的碳金融产品实施要求。自2016年8月中国人民银行等部门发布《关于构建绿色金融体系的指导意见》以来，随着国内碳交易市场的发展，多种碳金融创新产品涌现。《碳金融产品》为金融机构开发碳金融产品提供指引，有利于有序发展各种碳金融产品，促进各界加深对碳金融的认识，帮助机构识别、运用和管理碳金融产品，引导各类金融资源进入"双碳"领域，支持绿色低碳高质量发展。

2022年3月，上交所正式发布了《上海证券交易所"十四五"期间碳达峰碳中和行动方案》（以下简称《方案》），旨在为上交所支持资本市场创新、协调、绿色发展，建立健全服务绿色低碳循环经济发展的长效机制提供行动纲领。

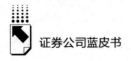

本皮书系列自 2023 年开始增加了对证券公司 ESG 治理的分析，今年我们将证券公司开展绿色金融实践与 ESG 治理纳入统一框架考察。

一　中国证券公司绿色金融实践

（一）绿色金融与绿色金融体系

2016 年 8 月，中国人民银行等七部门联合发布的《关于构建绿色金融体系的指导意见》（银发〔2016〕228 号，以下简称"央行《意见》"）提出："绿色金融是指为支持环境改善、应对气候变化和资源节约高效利用的经济活动，即对环保、节能、清洁能源、绿色交通、绿色建筑等领域的项目投融资、项目运营、风险管理等所提供的金融服务。"这是我国官方第一次明确提出"绿色金融"概念，标志着我国成为全球第一个由政府推动并明确支持绿色金融发展的国家。同年，绿色金融首次纳入 G20 杭州峰会议题，倡导全球可持续发展理念。央行《意见》还将"绿色金融体系"这一重要概念定义为"通过绿色信贷、绿色债券、绿色股票指数和相关产品、绿色发展基金、绿色保险、碳金融等金融工具和相关政策支持经济向绿色化转型的制度安排"。同时，央行《意见》还明确了证券市场支持绿色投资的重要作用，要求统一绿色债券界定标准，积极支持符合条件的绿色企业上市融资和再融资，支持开发绿色债券指数、绿色股票指数以及相关产品，逐步建立和完善上市公司和发债企业强制性环境信息披露制度。2022 年 11 月，由央行主导起草的《G20 转型金融框架》得到了 G20 领导人峰会的批准并被正式发布。《G20 转型金融框架》提出了五大支柱共 22 条原则。五大支柱包括对转型活动和转型投资的界定标准、对转型活动和转型投资的信息披露、转型金融工具、激励政策、公正转型。从这些具体内容可以看出，转型金融与 ESG 治理所倡导的可持续发展目标完全一致。因此，从学理的角度，我们有理由认为转型金融是一种更广义的绿色金融。无论是央行《意见》还是央行提出的转型金融理念，都对我国构建绿色金融体系有巨大的促进作用。

　　根据中国人民银行发布的《2023 年金融机构贷款投向统计报告》，截至 2023 年末，我国本外币绿色贷款余额 30.08 万亿元，同比增长 36.54%，占全部贷款余额的 12.66%。我国 2023 年的绿色贷款余额是 2019 年的 2.94 倍，2019~2023 年平均每年增长接近 60%。绿色贷款余额的占比由 2019 年的 6.67%上升至 2023 年的 12.66%，平均每年增长 1.20 个百分点，绿色贷款余额占比提高迅速（见图 1）。自国家提出"双碳"目标后，银行业加大开展绿色信贷业务的力度，2021~2023 年绿色信贷余额增速连续 3 年保持在 30%以上的高位，显著高于同期总贷款 11%的增速。此外，2023 年我国绿色债券的发行规模和 2021 年相比也有显著提高。根据 Wind 数据，2023 年我国一共发行了 802 只绿色债券，规模达 11180.5 亿元，这也是继 2022 年之后我国绿色债券发行规模第 2 次超过万亿元。相比于 2021 年发行的 764 只达 8100.8 亿元的绿色债券规模，2023 年绿色债券规模扩张迅速。

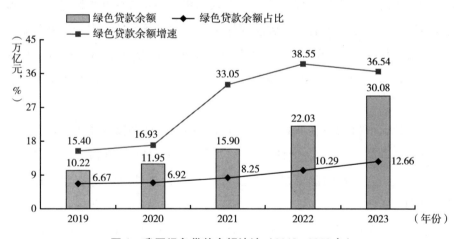

图 1　我国绿色贷款余额统计（2019~2023 年）

资料来源：中国人民银行、山东省亚太资本市场研究院。

　　就资本市场现实而言，目前证券公司主要从三个方面参与绿色金融体系构建：一是为企业提供传统意义上的绿色金融服务，如绿色债券融资等服务；二是开展绿色金融创新活动，如参与碳排放权交易，发起设立绿色基金、碳基金以及设计绿色股票指数等；三是为企业提供绿色转型融资服务，如为绿色转型企业提供股权融资和 IPO 上市服务等。

（二）证券行业探索绿色金融面临的挑战

一是缺乏资本市场开展"绿色金融"的标准和指引。2018 年，中国人民银行按照"国内统一、国际接轨、清晰可执行"的原则，率先成立全国金融标准化技术委员会绿色金融标准工作组。2021 年 5 月，央行制定了《银行业金融机构绿色金融评价方案》（银发〔2021〕142 号），将银行业金融机构"绿色金融业务"限定为各项符合"绿色金融标准"及相关规定的业务，包括但不限于绿色贷款、绿色证券、绿色股权投资、绿色租赁、绿色信托、绿色理财等。2021 年 8 月，央行再次发布首批绿色金融标准，包括《金融机构环境信息披露指南》《环境权益融资工具》，推动中国绿色金融标准编制工作的开展。2022 年 6 月，原银保监会在 2012 年《绿色信贷指引》的基础上出台了《银行业保险业绿色金融指引》，提出要调整和完善信贷政策和投资政策，以支持清洁低碳能源体系建设，以及支持重点行业和领域的节能减碳。目前，尽管证监会已经发布《碳金融产品》等行业标准，但是对于大多数传统绿色金融业务和绿色金融创新产品，尚没有出台相关的业务标准和指引。

二是缺乏严格的信息披露制度。与发达国家的金融监管要求相比，我国目前针对证券公司 ESG 信息披露采取"自愿+半强制"原则，ESG 报告的标准尚未统一，没有强制要求证券公司对 ESG 治理情况进行披露。作为金融机构和资本市场主体，证券公司的 ESG 治理涉及经济、金融和社会等方面。证券公司 ESG 信息披露远比银行类金融机构和非金融实体企业要复杂。证券公司 ESG 报告既包括与碳金融相关的责任投资、为企业提供绿色融资服务和一般意义上的履行社会责任，又包括为构建绿色金融体系而开展的金融创新活动，还包括证券公司自身减少碳排放和实现零碳企业目标的具体实践。很显然，不强制要求证券公司披露 ESG 信息，不利于引导资金投向低碳转型相关的经济活动。

三是证券公司开展碳金融业务的产品类型单一。尽管《碳金融产品》涵盖了碳市场融资工具、交易工具和支持工具三大类12种产品。其中，碳市场融资工具包括碳债券、碳资产抵质押融资、碳资产回购、碳资产托管等4种产品，碳市场交易工具包括碳远期、碳期货、碳期权、碳掉期、碳借贷等5种产品，碳市场支持工具包括碳指数、碳保险、碳基金等3种产品。但是现阶段，证券公司开展碳金融业务仍存在产品类型单一的问题。从证券公司公开披露的信息来看，2023年，已有中信建投证券股份有限公司、申万宏源证券有限公司、东方证券股份有限公司、华泰证券股份有限公司等多家证券公司发布其自营参与碳排放权交易获得中国证监会无异议函的公告。《碳金融产品》提出的绝大多数产品类型仍处于萌芽或初期阶段；碳债券、碳基金、碳资产回购、碳资产抵质押融资等碳金融产品多属于零星试点状态，尚未成为常态化交易；转型金融产品缺乏各类股权和混合型投资工具，特别是风险包容性较大的创新工具。

（三）证券公司绿色债券业务

根据中国证券业协会发布的《2023年度证券公司债券承销业务专项统计》，2023年，作为绿色公司债券主承销商或绿色资产证券化产品管理人的证券公司共60家，承销（或管理）174只债券（或产品），合计金额1828.53亿元（见表1）；其中，资产证券化产品73只，合计金额1151.51亿元。2023年度作为低碳转型公司债券主承销商的证券公司共18家，承销16只债券，合计金额132.68亿元（见表2）。

表1 2023年证券公司主承销（或管理）绿色公司债券（或资产证券化产品）情况

单位：家，亿元，%

序号	公司名称	家数	增长	金额	增长
1	中信证券	19.39	19.32	250.38	-28.62
2	国泰君安资管	13.00	44.44	170.02	81.30
3	中信建投	11.53	6.66	208.09	25.82
4	平安证券	9.78	35.64	210.52	92.70

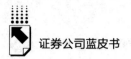

续表

序号	公司名称	家数	增长	金额	增长
5	东吴证券	9.00	31.77	20.29	−56.71
6	中金公司	6.78	−25.90	63.01	−47.05
7	华泰联合	5.50	5.16	48.41	−14.26
8	华泰资管	5.00	0.00	64.49	10.48
9	浙商证券	5.00	42.86	18.15	−14.35
10	国泰君安	4.64	11.81	53.46	−16.87
11	天风证券	4.16	127.32	25.64	237.81
12	申万宏源资管	4.00	—	78.12	—
13	国开证券	3.83	190.15	24.90	215.59
14	华安证券	3.50	—	23.75	—
15	德邦资管	3.00		30.71	
16	五矿证券	3.00	50.00	28.61	138.42
17	招商资管	3.00	—	23.82	
18	申万宏源	2.67	−27.84	19.45	−31.92
19	东亚前海	2.50		18.00	
20	长城证券	2.33	3.56	12.50	−38.42
21	东方证券承销保荐	2.20	233.33	18.35	1.89
22	民生证券	2.03	45.00	5.10	32.47
23	财通证券	2.00	—	17.51	—
24	国海证券	2.00	−33.33	11.43	185.04
25	华西证券	2.00	—	17.91	—
26	天风资管	2.00	0.00	34.78	−51.69
27	万联证券	2.00	−7.41	30.32	106.96
28	西部证券	2.00	100.00	18.43	84.30
29	星展证券	2.00	—	20.00	—
30	兴证资管	2.00	100.00	12.63	78.14
31	广发证券	1.75	250.00	16.20	548.00
32	招商证券	1.53	282.50	11.89	−3.25
33	国投证券	1.50	—	8.19	—
34	中邮证券	1.50	50.00	18.00	276.57

续表

序号	公司名称	家数	增长	金额	增长
35	国信证券	1.40	−66.90	20.05	186.43
36	海通证券	1.33	−55.07	13.00	−66.46
37	信达证券	1.25	25.00	5.67	13.40
38	恒泰长财	1.20	200.00	2.10	−21.35
39	申港证券	1.16	16.00	4.23	−56.12
40	财通资管	1.00	—	44.01	—
41	第一创业证券承销保荐	1.00	0.00	8.00	131.88
42	国金资管	1.00	—	3.00	—
43	海通资管	1.00	—	10.00	—
44	华福证券	1.00	−66.67	6.00	−73.86
45	华金证券	1.00	−80.00	16.00	−32.20
46	开源证券	1.00	—	9.00	—
47	南京证券	1.00	16.28	4.00	700.00
48	湘财证券	1.00	—	2.00	—
49	浙商资管	1.00	—	14.06	—
50	华英证券	0.83	−17.00	3.95	−37.10
51	长江证券	0.75	50.00	11.25	63.04
52	银河证券	0.50	−50.00	5.00	−19.35
53	川财证券	0.42	−76.00	4.63	−68.97
54	东海证券	0.33	—	0.60	—
55	光大证券	0.33	0.00	0.54	−96.31
56	金圆统一	0.33	—	3.50	—
57	兴业证券	0.33	−86.80	1.39	−88.46
58	国新证券	0.25	—	0.71	—
59	首创证券	0.20	—	2.77	—
60	中天国富	0.20	−50.00	0.00	−100.00

注：公司债券主承销家数以证券公司在统计期内实际主承销的公司债券项目数为依据，单只债券由 N 家证券公司联席主承销的，每家证券公司的项目数按 1/N 计算，同一期承销多只公司债券的，按期数计算；资产证券化产品管理家数以证券公司（或其资管子公司）在统计期内担任计划管理人家数计算；同一项目分期发行的，发行金额按当年实际承销发行金额计；资产证券化产品按计划管理人实际管理规模计。表 2 同。

资料来源：中国证券业协会、山东省亚太资本市场研究院。

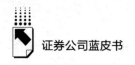
表2　证券公司主承销低碳转型公司债券情况

单位：家，亿元

序号	公司名称	家数	金额
1	国金证券	3.00	20.00
2	中金公司	1.66	11.42
3	平安证券	1.58	9.89
4	天风证券	1.50	5.90
5	国新证券	1.00	4.00
6	中德证券	1.00	5.00
7	中信证券	0.83	7.62
8	中信建投	0.58	20.63
9	财达证券	0.50	18.00
10	东吴证券	0.50	2.00
11	西部证券	0.50	2.84
12	甬兴证券	0.50	7.00
13	国泰君安	0.33	4.36
14	国信证券	0.33	2.29
15	申万宏源	0.33	6.19
16	招商证券	0.33	2.83
17	海通证券	0.25	1.11
18	华泰联合	0.25	1.61

资料来源：中国证券业协会、山东省亚太资本市场研究院。

二　中国证券公司 ESG 治理

（一）证券公司 ESG 报告信息披露情况

2022年11月，中国证监会发布《推动提高上市公司质量三年行动方案（2022—2025）》，要求建立健全可持续发展信息披露制度，制定立足我国实际、符合国际趋势、具有中国特色的上市公司可持续发展信息披露规则体系。自中央金融工作会议提出"全面强化机构监管、行为监管、功能监管、穿透式监管、持续监管"后，上海、深圳、北京三大交易所在中国证监会统一部署下，发布了《上市公司自律监管指引——可持续发展报告（征求意见稿）》，对上市公司 ESG 报告信息披露做出系统性规范。截至 2024 年 4 月末，44 家上市证券公司全部披露了 ESG 报告。

值得一提的是，在根据监管要求 458 家强制披露 ESG 报告的上市公司中，共有 22 家证券公司，这 22 家证券公司 ESG 报告包括温室气体排放、绿色金融等环境披露信息。根据证券公司社会责任报告统计，2023 年上市证券公司中共有 33 家券商（约占全部上市券商的 75%）公布了温室气体排放（范围一及范围二）情况，共计排放 498749.43 吨，同比增长 14.06%。海通证券温室气体排放总量最多，达 4.72 万吨，其次是国泰君安的 4.62 万吨。与 2022 年相比，长城证券和东吴证券温室气体排放总量的增幅较大；10 家证券公司的温室气体排放总量下降，中原证券的下降幅度最大，高达 21.56%，其次是中信证券，下降幅度达 17.35%。33 家公布了温室气体排放情况的券商中有 48.48% 的上市证券公司温室气体单位排放量位于 1~2 吨/百万元营业收入，而南京证券、长江证券、第一创业和海通证券的单位排放量较高，均高于 2 吨/百万元营业收入，13 家上市证券公司的单位排放量较低，均低于 1 吨/百万元营业收入，中原证券的单位营业收入排放量最低，仅为 0.37 吨/百万元营业收入，其次是中信证券的 0.45 吨/百万元营业收入。在碳排放双控制度体系下，制定碳足迹核算标准，或将大幅提升企业减少碳足迹的紧迫程度，而绿电的二氧化碳排放量趋近于零，提高水电、风电及光伏发电等可再生能源的利用率，是证券公司降低碳排放的重要手段。证券公司积极发挥专业优势，服务地方融资、支持产业发展，全年上市证券公司对外捐赠、公益项目和帮扶及乡村振兴项目总投入 8.52 亿元。2023 年，证券公司纷纷加入"证券行业促进乡村振兴公益行动"，以"一司一县"为主阵地，持续深化行业"引智"和"造血"功能，公益投入涵盖环境、教育、医疗、抢险救灾及普惠金融教育等领域，充分体现了证券行业的公益情怀。另外，在公司治理方面，全年上市证券公司的客户满意度基本保持在 90.00% 以上（见表3）。

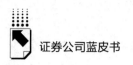

证券公司蓝皮书

表3　上市证券公司ESG部分指标披露统计（2023年）

公司名称	环境治理			社会贡献		公司治理	
	温室气体排放总量（范围一及范围二,吨）	增幅（%）	单位排放量(吨/百万元营业收入)	对外捐赠、公益项目总投入（万元）	帮扶及乡村振兴项目总投入（万元）	2022年客户满意度(%)	2023年客户满意度(%)
海通证券	47204.98	-12.52	2.06	1656.00	450.00	99.92	99.98
国泰君安	46157.37	16.57	1.28	3227.78	2422.38	—	97.30
华泰证券	35256.95	8.42	0.96	2927.18	1529.48	99.62	99.59
国信证券	33984.95	30.19	1.96	2118.43	2103.25	—	99.30
中金公司	32334.00	68.52	1.41	4851.15	3555.00	97.00	96.00
招商证券	30442.00	9.22	1.54	400.56	569.31	96.40	96.40
中信证券	27270.95	-17.35	0.45	5517.00	5423.00	99.40	99.35
中泰证券	24701.85	25.62	1.94	1207.76	199.00	99.29	99.37
中国银河	21099.45	11.07	0.63	1140.17	962.00	99.18	99.16
长江证券	18183.01	—	2.64	243.68	130.00	98.08	98.14
广发证券	17883.18	2.15	0.77	3487.87	2330.32	99.27	99.32
兴业证券	17115.99	-2.44	1.61	1211.88	1700.00	99.32	99.64
光大证券	15535.00	-8.02	1.55	773.00	723.00	99.20	99.40
东方证券	15092.02	-5.66	0.88	2572.00	967.77	91.00	90.00
申万宏源	13776.55	27.20	0.64	5015.20	4346.10	82.80	88.64
国元证券	12629.12	-8.56	1.99	300.00	—	96.44	96.00
东吴证券	12556.80	104.14	1.11	1729.20	1090.74	99.16	99.19
中信建投	11123.60	8.59	0.48	274.96	1772.37	99.00	99.00
东北证券	8016.82	-12.05	1.24	131.07	—	96.46	98.39
南京证券	7725.25	2.75	3.12	500.00	384.60	—	99.38
山西证券	6756.12	90.77	1.95	265.33	—	97.56	99.35
第一创业	5141.94	30.40	2.07	505.96	—	98.87	99.36
华安证券	5004.86	2.65	1.37	1136.00	345.00	99.07	99.29
东方财富	4907.56	13.77	1.26	413.00	—	—	—
国金证券	4887.09	25.38	0.73	323.74	308.36	96.25	97.84
天风证券	4497.15	-13.35	1.31	358.00	313.02	99.20	
财通证券	4077.15	9.82	0.63	1066.00	572.30	92.21	91.74
国联证券	4052.43	26.72	1.37	—	—		91.12
长城证券	3708.05	113.86	0.93	602.25	404.65	—	96.00

254

公司名称	环境治理			社会贡献		公司治理	
	温室气体排放总量（范围一及范围二,吨）	增幅（%）	单位排放量(吨/百万元营业收入)	对外捐赠、公益项目总投入（万元）	帮扶及乡村振兴项目总投入（万元）	2022年客户满意度(%)	2023年客户满意度(%)
西南证券	2989.08	−11.66	1.28	1338.90	1400.25	99.49	99.49
国海证券	2766.98	36.30	0.66	—	—	—	—
红塔证券	1139.79	—	0.95	642.38	—	—	99.61
中原证券	731.39	−21.56	0.37	—	—	—	—
财达证券	—	—	—	54.16	—	97.26	99.26
东兴证券	—	—	—	—	650.00	98.84	99.00
方正证券	—	—	—	1158.65	—	—	—
华林证券	—	—	—	—	—	99.86	97.00
华西证券	—	—	—	603.00	553.35	—	98.57
首创证券	—	—	—	—	900.00	99.44	99.15
太平洋证券	—	—	—	—	—	—	99.90
西部证券	—	—	—	—	—	—	—
信达证券	—	—	—	—	745.00	—	—
浙商证券	—	—	—	582.06	55.00	—	—
中银证券	—	—	—	—	—	—	93.20

注：鉴于人工收集和整理 ESG 数据存在局限性，尤其是对外捐赠、公益项目投入和帮扶及乡村振兴项目投入未有统一的披露标准，因此收集的数据或存在不确切性。

资料来源：各证券公司 2022 年和 2023 年社会责任报告（或可持续发展报告）、山东省亚太资本市场研究院。

　　需要说明的是，环境信息披露的完整度与报告的编制原则有直接关联。以中银证券为例，其报告为社会责任报告，缺少环境相关的定量数据，全文依据上海证券交易所发布的《关于加强上市公司社会责任承担工作暨发布〈上海证券交易所上市公司环境信息披露指引〉的通知》《上海证券交易所上市公司环境信息披露指引》《上海证券交易所上市公司自律监管指引第 1 号规范运作》等规则编制。

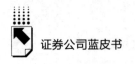
（二）证券公司 ESG 评价

在国内证券公司 ESG 评价中，本报告采用了 Wind 评级标准[①]，这一评价方法和评价体系适用于所有证券公司。表 4 显示了 2022~2023 年 44 家上市证券公司的 ESG 得分变化。从表中可以发现，2023 年得分部分有所提升，特别是 BB 级较 2022 年提升了 3.64%。近年来，证券公司努力完善公司治理、助力实体经济、履行社会责任、保障员工权益等，展现了其在践行高质量发展和可持续发展方面的探索与实践。并且在近两年均未出现最高评级（AAA 级）的证券公司，这表明国内证券公司 ESG 尚处于偏低水平，究其原因主要在于国内证券公司的信息披露规范性有待提高，对低碳转型和气候变化议程的重视程度不及海外企业，信息披露的前瞻性较差。

表 4 上市证券公司 ESG 得分变化（2022~2023 年）

单位：分，%

评级	2022 年得分	2023 年得分	变化率
AA	8.33	8.34	0.12
A	7.46	7.43	-0.40
BBB	6.64	6.60	-0.60
BB	5.49	5.69	3.64
B	5.11	5.08	-0.59

资料来源：Wind、山东省亚太资本市场研究院。

表 5 显示的是 2022~2023 年上市证券公司 ESG 评级的数量变化。2023年，BB 级和 BBB 级两者约占全部证券公司数量的 56.82%。BB 级证券公司数量减少 5 家，BBB 级证券公司数量增加 5 家，仅有华泰证券获得 AA 评级。华泰证券在公司治理、责任投资以及隐私和数据安全方面处于行业领先地位，并且一直高度重视 ESG 治理和社会责任实践，将其与企业运营管理

---

① 孙国茂主编《中国证券公司竞争力研究报告（2023）》，社会科学文献出版社，2023。

有机结合，更好地贯彻新发展理念。在 ESG 治理方面，公司加强了董事会和 ESG 委员会的治理水平，积极推动绿色金融发展；在社会责任实践方面，公司通过捐资设立华泰公益基金会等方式，积极开展公益行动，促进社会公平正义。这次获得的 AA 评级是对该公司体系化 ESG 治理架构和绿色金融服务能力的认可。

表 5　上市证券公司 ESG 评级的数量变化（2022~2023 年）

单位：家，%

评级	2022 年数量	占比	2023 年数量	占比
AA	2	4.88	1	2.27
A	13	31.71	17	38.64
BBB	10	21.95	14	31.82
BB	16	39.02	11	25.00
B	1	2.44	1	2.27

资料来源：Wind、山东省亚太资本市场研究院。

表 6 展示了 2022~2023 年国内上市证券公司 ESG 评级及得分情况。从评级的变化来看，26 家证券公司的评级保持不变，12 家公司的评级出现上涨，大多是由 BB 级上升至 BBB 级。在 12 家评级上升的证券公司中，西南证券由 BB 级上升至 A 级，是升级跨度最大的上市证券公司。2023 年，西南证券积极建立并持续完善 ESG 管理体系，制定 ESG 发展行动方案，明确各层级职责，在提供投融资服务过程中将 ESG 纳入决策考量，披露首份 ESG 报告，不断提升 ESG 管理水平，有效推动公司 ESG 评级提升。该公司积极进行节能减排、宣传低碳环保理念、营造低碳节能氛围、开展节能低碳活动；强化用电节能管理，适时调整空调运行参数、优化智能照明系统、设置办公电脑"合理电源使用方案"、将电梯设置为节能模式；始终践行绿色发展理念，持续推进绿色金融发展建设工作，不断优化业务模式和资金配置，发挥金融服务实体经济作用，引导产业结构、能源结构向绿色低碳转型。具体表现在：组织销售低碳环保、碳中和、新能源、绿色电力、节能环

保主题基金等绿色金融产品；通过证券投资与各类投资方式，广泛参与及助力新能源汽车、风力发电、光伏发电、环保公司等领域绿色企业的融资发展和绿色项目建设。

表6　国内上市证券公司ESG评级及得分情况（2022~2023年）

单位：分，%

证券代码	证券简称	2023年评级	2022年评级	变动	2023年得分	2022年得分	增长
600030.SH	中信证券	A	A	—	7.99	7.52	6.25
601688.SH	华泰证券	AA	A	↑	8.34	7.37	13.16
600837.SH	海通证券	A	AA	↓	7.96	8.42	-5.46
601211.SH	国泰君安	A	BBB	↑	7.66	6.86	11.66
000776.SZ	广发证券	BBB	BBB	—	6.73	6.93	-2.89
601881.SH	中国银河	BBB	BBB	—	7.52	7.06	6.52
000166.SZ	申万宏源	A	BBB	↑	7.28	6.44	13.04
600999.SH	招商证券	A	A	—	7.39	7.44	-0.67
002736.SZ	国信证券	BBB	BBB	—	7.27	6.46	12.54
601995.SH	中金公司	A	A	—	7.46	7.30	2.19
601066.SH	中信建投	BBB	A	↓	6.37	7.90	-19.37
600958.SH	东方证券	A	A	—	8.10	7.86	3.05
300059.SZ	东方财富	BB	BB	—	6.09	5.37	13.41
601788.SH	光大证券	BBB	BBB	—	6.71	6.98	-3.87
601377.SH	兴业证券	A	A	—	7.85	8.03	-2.24
601901.SH	方正证券	BB	BB	—	5.51	5.16	6.78
600918.SH	中泰证券	BBB	BBB	—	6.94	6.28	10.51
601555.SH	东吴证券	A	A	—	7.18	7.24	-0.83
000783.SZ	长江证券	BBB	BB	↑	6.19	5.94	4.21
601108.SH	财通证券	BB	BBB	↓	5.97	6.92	-13.73
000728.SZ	国元证券	A	A	—	7.52	7.23	4.01
600109.SH	国金证券	A	A	—	7.41	7.88	-5.96
002939.SZ	长城证券	BBB	BBB	—	6.19	5.70	8.60
601878.SH	浙商证券	BB	BB	—	5.36	5.77	-7.11

证券代码	证券简称	2023 年评级	2022 年评级	变动	2023 年得分	2022 年得分	增长
002673. SZ	西部证券	BB	BB	—	5.41	5.77	-6.24
601198. SH	东兴证券	BB	BB	—	5.43	5.12	6.05
600369. SH	西南证券	A	BB	↑	7.29	5.13	42.11
601162. SH	天风证券	A	A	—	6.56	7.08	-7.34
601236. SH	红塔证券	BB	BB	—	5.70	5.63	1.24
002926. SZ	华西证券	BB	BB	—	5.52	5.22	5.75
000750. SZ	国海证券	A	BBB	↑	7.30	6.97	4.73
600909. SH	华安证券	A	A	—	7.11	7.49	-5.07
000686. SZ	东北证券	BB	BB	—	6.28	4.69	33.90
601059. SH	信达证券	B			5.08		
002500. SZ	山西证券	BBB	BB	↑	6.28	6.07	3.46
601456. SH	国联证券	BBB	BB	↑	6.36	6.03	5.47
601990. SH	南京证券	BBB	BB	↑	6.70	5.67	18.17
601696. SH	中银证券	BB	B	↑	5.71	5.11	11.74
002797. SZ	第一创业	A	AA	↓	7.25	8.24	-12.01
601375. SH	中原证券	A	A	—	7.07	7.04	0.43
601136. SH	首创证券	BBB			6.46		
600906. SH	财达证券	BBB	BB	↑	6.20	5.57	11.31
601099. SH	太平洋	BB	BB	—	5.67	5.08	11.61
002945. SZ	华林证券	BBB	BB	↑	6.44	5.62	14.59

资料来源：Wind、山东省亚太资本市场研究院。

三　证券公司 ESG 治理案例

证券公司优质的 ESG 实践能够为未来 ESG 行业的健康快速发展提供重要的参考价值。本报告选取了 2023 年 ESG 得分最高的 2 家证券公司（华泰证券和东方证券）进行分析，研究发现，将可持续发展纳入公司愿景和发展战略，能够推动证券公司自身发展、社会进步与环境改善。

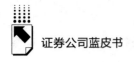

（一）华泰证券

金融赋能，践行社会责任。一是加强金融科技前瞻布局，华泰证券坚持"科技赋能未来，数据驱动发展"，紧紧围绕"数字化转型""双轮驱动""国际化"总体战略目标，通过丰富自建场景等方式，深化云计算、人工智能、区块链等新技术研究与应用，着力构建下一代金融的基础设施，推动公司数字化转型发展。二是提升金融服务专业化，顺应数字经济发展趋势，运用科技手段提升服务的专业化水平。2014年，华泰证券推出移动财富管理终端"涨乐财富通"，旨在以公司全业务链为支撑，以投顾专业服务为依托，以丰富的金融产品为手段，打造专业化的财富管理业务体系。截至2023年末，"涨乐财富通"累计下载量7401.24万次，人均单日使用时长月峰最高达23.7分钟，平均月活数为906.43万次。三是推进业务运营智能化，全面推进数字化转型，积极运用数字化思维和手段改造业务与管理模式，着力构建领先的自主掌控的信息技术研发体系，通过全方位科技赋能，实现科技与业务共创，打造数字化牵引下的商业模式创新与平台化支撑下的全业务链优势。

服务实体经济。一是助力科创企业发展，前瞻布局科技创新领域，充分把握设立科创板与试点注册制机遇。自2012年以来，华泰证券累计服务科技、媒体与电信（TMT）以及医疗健康、新能源行业客户240余家，服务的科技创新企业客户总市值超9万亿元。二是助力民营企业发展，华泰证券致力于为高成长民营企业、创新型企业等提供专业金融服务，以企业成长各阶段需求为中心，提供全周期、全产业链的综合金融服务，伴随企业共同成长。

加强风险管理。华泰证券持续完善企业治理结构，重视ESG相关风险管控，应对变化、抵御风险的能力不断提升；借助科技赋能风险管理，打造了与业务发展相匹配的风险防范、识别和管理体系，保障各项业务的健康发展。一是推进全面风险管理，高度重视风险管理工作，坚持奉行稳健的风险文化，以全员、覆盖、穿透为核心理念，建立了集团化的全面风险管理体系，实现风险管理的全覆盖、可监测、能计量、有分析和能应对，保障公司持续稳健经营，促进公司战略目标实现，践行企业社会责任。华泰证券制定了《客户环境、社会及公司治理（ESG）尽职调查工作指引》，设置具有普遍适用性和可操作性的环境、社会、治理三大层面评价指标，明确客户ESG风险的触发识别、跟踪和上报机制，旨在有效识别、分析、管理客户可能面临的ESG风险，防范客户ESG风险转化为公司信用风险。二是建立合规管理制度及反洗钱制度，华泰证券建立并不断完善合规管理的组织架构和制度体系，以科技赋能合规为主线，基于业务、客户、机构、员工、专项工作五大维度开发合规效能平台，提升合规管理工作的数字化水平。积极落实金融机构反洗钱责任，严格遵照《中华人民共和国反洗钱法》等要求，开展各项反洗钱工作。三是重视反腐败工作，华泰证券高度重视反贪污及腐败相关工作，严格按照《证券期货经营机构及其工作人员廉洁从业规定》等文件的要求，以及纪检监察工作的任务目标，坚持改革创新、深化标本兼治。华泰证券制定了《反商业贿赂条款》，明确禁止员工及供应商主动或被动行贿的行为，并提供内部检举途径和检举者保护制度，定期开展警示教育活动，切实防范贪污腐败行为，营造风清气正的良好环境。另外，华泰证券发布了《华泰证券股份有限公司反腐败和廉洁从业相关规定》，进一步完善了反腐败和廉洁从业的制度体系，规范了反腐败和廉洁从业管理工作。

（二）东方证券

以"悦享美好生活"为理念，东方证券将可持续发展与公司战略发展深度融合，不断完善公司可持续发展管理体系、强化管理能力，全方位推进可持续发展规划落地，以实现"十四五"期间治理、经济、环境、社会四大领域的可持续发展目标，努力为股东、客户、员工、政府及监管机构、合作伙伴、社区和环境等利益相关方创造可持续的综合价值。

一是充分激活可持续发展动能。东方证券建立了"监督层—管理层—执行层"自上而下的可持续发展治理架构，由董事会全面监督可持续发展事宜并对其最终负责；可持续发展专业委员会负责统筹可持续发展相关落地

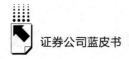

工作，包括 ESG 理念及目标制定、ESG 风险及机遇识别与管理、ESG 绩效定期考核等；可持续发展工作小组负责协调相关部门及子公司落实执行可持续发展暨 ESG 相关工作。2023 年，公司不断建立健全可持续发展组织体系及工作机制，制定并发布《东方证券股份有限公司隐私及数据安全管理声明》等 ESG 管理声明，有效推动可持续发展工作进程。

二是全面回应利益相关方关注重点。东方证券高度关注利益相关方诉求与期望，以实质性议题为抓手，全面回应利益相关方关注重点。2023 年，公司综合考虑宏观政策、监管要求、资本市场最新要求，并结合公司自身发展战略与经营情况，筛选出 21 项实质性议题，并通过利益相关方实质性议题调研问卷，从公司经营和经济、社会和环境影响两大维度，对实质性议题重要性进行排序，将高实质性议题作为公司办公运营及业务开展的重点，并在报告中进行重点披露。2023 年，公司进一步回应监管机构关注重点，新增"绿色低碳运营""负责任营销"2 项议题，并提升"客户权益保障"议题的重要性。

三是有力提升可持续发展效能。2023 年，东方证券以可持续发展规划为基础，不断夯实可持续发展基础，围绕治理、经济、环境、社会四大领域，推进可持续发展实践，落实可持续发展目标。2023 年，公司行业文化建设绩效评估覆盖集团范围内 33 家单位，实现了 100% 覆盖，其中包含可持续发展相关指标。2021~2023 年，已累计引导超 3500 亿元资金进入可持续发展领域；可持续投融资规模年均增速超过 15%；集团投入社会领域公益资金 9008 万元，2023 年度员工志愿服务覆盖率为 22%。

2023 年，东方证券在可持续发展实践中取得的成果赢得了外部评级机构的高度肯定，公司 2023 年 MSCI ESG 评级提升至 AA 级，为目前已获得公开评级的中国证券公司的最高评级，位于全球同业前 15%；CDP 评级由 B-级提升至 B 级，气候管理能力获得认可；在恒生 A 股可持续发展指数评估中获得 A 级，并连续 3 年被纳入恒生 A 股可持续发展企业。

参考文献

《2023 年金融机构贷款投向统计报告》，中国人民银行网站，2024 年 1 月 26 日，http：//www. pbc. gov. cn/goutongjiaoliu/113456/113469/5221508/index. html。

孙国茂主编《中国证券公司竞争力研究报告（2023）》，社会科学文献出版社，2023。

中国企业社会责任报告评级专家委员会：《中国企业 ESG 报告评级标准（2023）》，2023 年 3 月。

普华永道：《A+H 股上市公司 2021 年 ESG 报告及应对气候变化相关信息披露研究》，2023 年 2 月。

财新智库：《2022 中国 ESG 发展白皮书》，2022 年 12 月。

西南证券：《西南证券股份有限公司 2023 年年度报告》，2024 年 3 月。

华泰证券：《华泰证券股份有限公司 2023 年年度报告》，2024 年 3 月。

东方证券：《东方证券股份有限公司 2023 年年度报告》，2024 年 3 月。

B.9
中国证券公司监管处罚报告（2024）

李宗超　李明明*

摘　要： 中央金融工作会议再次强调"牢牢守住不发生系统性金融风险的底线"。证券公司作为资本市场"守门人"，更应该把合规风控摆在突出位置，将健全有效的风险管理体系作为持续、健康发展的基石，但仍有少数证券公司践踏合规红线。严惩违法违规行为，成为监管部门发力的重点方向之一。2023年，证券公司经纪业务、投行业务依然是违规"重灾区"。随着"双随机"现场检查专项工作的开展，全年研究报告业务罚单大幅增加。此外，部分证券公司因网络安全问题、违反反洗钱规定受到监管部门处罚。在注册制背景下，市场强调"申报即担责"，处罚对象也已转向机构与个人的"双罚"机制，除了项目人员之外，管理人员、内控人员等也在处罚范围内，给证券公司敲响了警钟。2023年，监管部门还加大了对证券从业人员执业行为的检查力度，多名证券公司高管、从业人员因违规受到处罚。合规、审慎经营已成为证券公司工作的重中之重。

关键词： 业务监管　高管监管　经济业务

中央金融工作会议明确要求以全面加强监管、防范化解风险为重点，坚持稳中求进工作总基调，统筹发展与安全，牢牢守住不发生系统性金融风险的底线。2023年，中国证监系统积极贯彻中央金融工作会议精神，把防控

---

* 李宗超，山东省亚太资本市场研究院高级研究员，研究方向为证券投资、商业银行；李明明，山东大明律师事务所律师，研究方向为公司治理、企业合规、企业法律风险等。

风险作为金融工作的永恒主题。坚守监管主责主业，全面强化机构监管、行为监管、功能监管、穿透式监管、持续监管，着力提升监管有效性。加强资本市场法治建设，健全防假打假制度机制，完善行政、民事、刑事立体追责体系，对财务造假、欺诈发行、操纵市场等违法行为重拳打击，对履职尽责不到位的中介机构严厉惩戒。加强监管协同，严厉打击"伪私募""伪金交所"等非法金融活动，依法将各类证券活动全部纳入监管，消除监管空白和盲区。总体看来，2023 年案发数量和罚没金额较 2022 年大幅提升，对证券市场重大违法行为的查处力度明显加大，体现了监管部门依法从严从快查办重大证券违法活动的决心。证券公司作为资本市场"守门人"，更应该把合规风控摆在突出位置，将健全有效的风险管理体系作为持续、健康发展的基石，但仍有少数证券公司突破合规红线，最终遭到监管部门的处罚。2023 年证券公司各项业务收到罚单共计 366 张，比上年增加 46 张；共处罚证券公司分管业务领导 14 人。因此，合规、审慎经营已成为证券公司工作的重中之重。

一　监管部门从严治理证券市场

（一）推动股票发行注册制走深走实，夯实资本市场基础法律制度

一是推动股票发行注册制走深走实。2023 年 2 月，全面实行股票发行注册制相关制度规则正式发布实施。自全面注册制改革落地以来，相关制度安排运转总体平稳有序，事前事中事后全链条各环节监管执法得到进一步加强，资本市场服务实体经济和科技创新的质效不断增强。

二是强化资本市场基础法律制度建设。国务院审议通过《私募投资基金监督管理条例》；继续推进《金融稳定法》《证券公司监督管理条例》等法律法规和司法解释的制定、修订工作。

三是完善资本市场重要制度规则。2023 年出台规章 20 件、规范性文件 64 件。其中，修订《公司债券发行与交易管理办法》，将企业债券总

体纳入公司债券监管框架；修订《证券期货经营机构私募资产管理业务管理办法》，引导证券期货经营机构私募资产管理业务提升服务实体经济质效。

（二）全面落实"零容忍"要求，坚持依法从严治市

一是加强资本市场"零容忍"制度建设。贯彻落实《关于依法从严打击证券违法活动的意见》，按照中央金融工作会议关于全面加强金融监管，有效防范化解金融风险相关决策部署，推动修订四部委《关于办理证券期货违法犯罪案件工作若干问题的意见》，"零容忍"打击证券违法活动工作取得显著成果。

二是加强大案要案惩治和重点领域执法。2023年共办理案件717件，其中重大案件186件；做出处罚决定539项，罚没款金额63.89亿元，市场禁入103人次。

三是针对性改进加强日常监管。严守注册底线红线，对财务基础薄弱、真实性存疑及存在重大违法违规的企业，采取重点问询、现场检查、底稿核查等措施。强化审计评估机构备案监管，加强年报审计以及会计准则执行监管。联合司法部发布《律师事务所从事证券法律业务管理办法》，持续做好律师事务所从事证券法律业务的备案管理和专项检查。

（三）持续加强权力监督制约，促进监管权力规范透明运行

一是坚持加强法制审核，积极开展法律政策宣传。强化依法监管，加强对拟出台制度文件的合法性审查，进一步统一监管标准，规范监管程序，提高监管透明度和可预期性。2023年官网发布新闻180余条，新媒体新浪微博发布新闻732条，微信发布640期。

二是主动接受人大、政协监督，不断提升依法行政水平。2023年共承办人大代表议案、建议205件及全国政协委员提案184件。

三是积极接受司法监督，强化复议监督；加强统筹协调指导，凝聚系统

力量，保障工作成效。2023 年办理行政应诉案件 556 件，行政纠纷得到及时有效的化解；办理行政复议案件 440 件，办结 362 件。

（四）健全多元化纠纷解决机制，保护投资者合法权益

一是坚持以人民利益为中心，积极维护投资者利益。首例涉科创板上市公司特别代表人诉讼泽达易盛案以诉中调解结案，7195 名投资者获 2.8 亿余元全额赔偿。紫晶存储案中介机构通过先行赔付程序赔付 1.7 万名投资者 10.86 亿元，是新《证券法》修订后的首单先行赔付实践。证监会首次适用当事人承诺制度维护投资者合法权益，分别与紫晶存储案 4 家中介机构签署承诺认可协议。

二是充分发挥证券期货纠纷多元化解机制功能。2023 年调解成功案件 3786 件，为投资者挽回损失约 6.52 亿元。深化诉调对接机制建设，累计实现与全国 98 家人民法院建立诉调对接合作机制，促进金融司法协同联动。

三是持续高标准做好投资者权益保护工作。指导中证中小投资者服务中心现场参加 500 场 A 股上市公司 2022 年度股东大会，现场行使质询权 670 次、建议权 33 次，上市公司采纳率达 99.8%。[1]

二 证券公司业务监管处罚

本报告中的"处罚"是指行政处罚、行政监管措施及自律性监管措施，也称监管处罚。监管处罚数据来自中国证监会及派出机构、中国证券业协会、沪深交易所、股转公司等机构官网公布的对证券公司及从业人员的处罚信息，并按照处罚公告日进行了汇总；还参考了相关网络公开的资料。鉴于人工收集和整理数据的局限性，监管处罚案例或存在数据不完整性的情况。

---

[1] 《中国证监会 2023 年法治政府建设情况》，中国证券监督管理委员会网站，2024 年 4 月 10 日，http://www.csrc.gov.cn/csrc/c100028/c7473071/content.shtml。

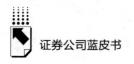

（一）证券公司业务整体处罚情况

在国内外经济环境错综复杂、风险事件频发背景下，金融监管持续加码。中央金融工作会议要求金融系统"坚持诚实守信、以义取利、稳健审慎、守正创新、依法合规"[①]，这给金融机构合规经营提出了更高要求。2023 年监管机构罚单密度高于上年，说明证券行业监管正在朝着严格化、精细化的方向发展。因此，证券公司在多业务展业中仍需把合规风控放在首要地位，这样才能真正起到"看门人"的作用。

根据微信公众号"合规小兵"的统计数据，2023 年证券公司各项业务收到罚单共计 366 张，比 2022 年增加 46 张。从业务处罚情况来看，2023 年证券公司经纪业务罚单数量最多，达到 152 张，比 2022 年减少 18 张，主要集中在员工执业行为、分支机构管理、投资顾问业务和金融产品代销业务，数量分别为 39 张、38 张、34 张、33 张，合计占经纪业务罚单总量的 75.00%。投资银行业务也是罚单重灾区，全年收到罚单数量达 120 张，比上年增加 7 张，其中涉及内控问题的罚单最多，其次是 IPO 保荐业务、持续督导、债券承销业务、债券受托管理，数量分别是 27 张、26 张、20 张、18 张、13 张，合计占投资银行业务罚单总量的 77.61%。研究报告业务罚单数量呈现爆发性增长，共 65 张，比上年增加了 61 张，这主要与中国证监会开展的研究报告业务"双随机"现场检查专项工作有关；罚单主要集中在研究报告制作不审慎、内部控制和流程管理不健全两个方面，数量分别为 40 张、24 张，合计占研究报告业务罚单总量的 78.05%。此外，资产管理业务罚单 18 张，较 2022 年减少 4 张；自营业务罚单 11 张，与 2022 年持平（见表 1)[②]。

---

① 《中央金融工作会议在北京举行　习近平李强作重要讲话》，中国政府网，2023 年 10 月 31 日，https：//www. gov. cn/yaowen/liebiao/202310/content_6912992. htm？slb＝true。

② 由于同一张罚单可能涉及多个事项，在统计罚单时，公司业务是按照监管部门开出的罚单数量统计，细分业务罚单数量是按照公司业务领域拆解之后计算，因此加总后与公司业务罚单数量不同。数据来源于《合规小兵 2023 年度证券业（券商期货基金）监管处罚分析报告（内附下载链接）》，"合规小兵"微信公众号，2024 年 2 月 8 日，https：//mp. weixin. qq. com/s/v2R1j7mlgx0-GPnhruFDoQ。

表 1　证券公司业务处罚统计（2023 年）

单位：张

公司业务（罚单数量）	细分业务	罚单数量
投资银行业务 （120）	可转债	2
	三板持续督导	2
	三板挂牌	4
	再融资	6
	财务顾问	7
	ABS	9
	债券受托管理	13
	债券承销业务	18
	持续督导	20
	IPO 保荐业务	26
	内控问题	27
经纪业务 （152）	融资融券业务	1
	互联网展业	11
	账户管理、适当性管理	17
	业务宣传推介	19
	金融产品代销业务	33
	投资顾问业务	34
	分支机构管理	38
	员工执业行为	39
资产管理业务 （18）	产品期限管理	2
	信息披露	3
	激励机制	3
	资管产品估值	4
	投资者管理	4
	资管新规整改	5
	尽职调查	6
	关联交易管理	7
	主动管理	7
	投资交易及决策	9
	资管产品内控评估及管控	15
自营业务 （11）	债券交易	10
	场外期权	1

续表

公司业务（罚单数量）	细分业务	罚单数量
研究报告 （65）	从业人员执业问题	9
	违规发布研究报告	9
	内部控制和流程管理不健全	24
	研究报告制作不审慎	40

注：由于同一张罚单可能涉及多个事项，因此细分业务加总后与公司业务罚单数量不同。

资料来源：山东省亚太资本市场研究院；《合规小兵 2023 年度证券业（券商期货基金）监管处罚分析报告（内附下载链接）》，"合规小兵"微信公众号，2024 年 2 月 8 日，https：//mp. weixin. qq. com/s/v2R1j7mlgx0-GPnhruFDoQ。

（二）经纪业务违规处罚

在证券行业进入"强监管"周期后，经纪业务依然是券商违规的"重灾区"。证券公司经纪业务违规较多，与该业务的复杂性高、分支机构众多、从业人员队伍庞大等因素有关。2023 年，由于行情走低导致投资者热情低迷，证券公司及员工业务压力加大，各类擦边违规、吸引客户的路数不断涌现，给合规经营埋下隐患。同时，近年来新兴的直播、新媒体等营销手段广泛应用于金融机构，风险也日趋显现，例如通过收取直播打赏、直播会员订阅费、感谢费等方式谋取不正当利益。证券公司经纪业务的违规情形主要集中在无证展业、不当宣传、代客理财、承诺保本等事由上。从证券公司经纪业务罚单数量上来看，湘财证券 9 张、光大证券 7 张、安信证券 7 张、方正证券 6 张、申万宏源 5 张、平安证券 5 张、世纪证券 5 张。

1. 无证展业案例

中银证券唐山新华道证券营业部对员工自 2016 年开始在秦皇岛地区展业行为合规管理存在漏洞，导致未能及时发现员工违规开展业务，且造成客户损失。员工没有相关展业资格，仍对外展业领取提成。一是存在未在中国证券业协会注册为投资顾问的员工向客户提供投资建议。二是个别员工未取得基金从业资格向客户销售基金。中后台员工领取基金产品销售提成，未做到与业务岗位相分离。对此，2023 年 8 月，河北证监局对中银证券开出罚单——《河北证监局关于对中银国际证券股份有限公司唐山新华道证券营业部采取出具警示函行政监管措施的决定（行政监管措施决定书（〔2023〕18号））》。① 此外，中航证券、华西证券、太平洋证券、平安证券、西南证券、华西证券、国元证券等证券公司均因存在无证展业行为而被监管处罚。

2. 不当宣传案例

中国银河证券股份有限公司日照威海路证券营业部存在以下问题：一是开展营销活动过程中向客户赠送礼品；二是在知悉他人操作客户账户情况后，未及时采取相应的管理措施；三是未及时发现并纠正客户回访过程中存在的问题；四是营业部营销、合规风控、账户业务岗位未有效分离。最终，该营业部被中国证监会山东监管局出具罚单《关于对中国银河证券股份有限公司日照威海路证券营业部采取出具警示函监管措施的决定》。②

3. 代客理财案例

2015年1月至2021年12月，汪某某作为上海证券某证券营业部从业人员，私下接受冼某某等15名客户（均在上海证券有限责任公司开户）的委托，利用上海证券某营业部贵宾接待室电脑、客户交易室电脑或个人电脑等设备操作上述客户账户进行股票交易，累计交易金额15.62亿元。汪某某受托买卖股票期间未获取收益分成，也未获取受托买卖股票的报酬。对此，该从业人员收到了《中国证券监督管理委员会上海监管局行政处罚决定书（沪〔2023〕36号）》。③

4. 承诺保本案例

中泰证券漳州延安北路证券营业部个别员工在从事基金销售业务时，存

---

① 《河北证监局关于对中银国际证券股份有限公司唐山新华道证券营业部采取出具警示函行政监管措施的决定（行政监管措施决定书（〔2023〕18号））》，中国证券监督管理委员会网站，2023年8月18日，http：//www.csrc.gov.cn/hebei/c103623/c7426664/content.shtml。

② 《关于对中国银河证券股份有限公司日照威海路证券营业部采取出具警示函监管措施的决定》，中国证券监督管理委员会网站，2023年7月19日，http：//www.csrc.gov.cn/shandong/c104218/c7422869/content.shtml。

③ 《中国证券监督管理委员会上海监管局行政处罚决定书沪〔2023〕36号》，中国证券监督管理委员会网站，2023年10月23日，http：//www.csrc.gov.cn/shanghai/c103864/c7442330/content.shtml。

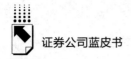

在向客户承诺赠送礼金、承诺本金不受损失的行为，且在个别客户出现亏损时向其提供经济补偿。对此，福建证监局出具《关于对中泰证券股份有限公司漳州延安北路证券营业部采取出具警示函措施的决定》，对该营业部采取出具警示函的行政监督管理措施。①

（三）投行业务违规处罚

自全面注册制实施以来，监管部门对投资银行业务执业质量的压实变得更为严格。2023 年 11 月，中国证监会在《首发企业现场检查规定（修订草案征求意见稿）》中再次强调"申报即担责"，对"一查就撤""带病申报"加强监管。② 从罚单情况来看，"一查就撤"成为投行业务违规重点。2023 年，由于投行业务违规而收到监管部门罚单的证券公司达 43 家，其中有 9 家证券公司的罚单数量达到或超过 4 张，分别是中信证券 10 张、华宝证券 7 张、民生证券 5 张、财通证券 5 张、国泰君安 4 张、长江证券 4 张、华泰证券 4 张、海通证券 4 张、中德证券 4 张。

案例 1　民生证券投资银行业务未勤勉尽责受处罚

民生证券作为福建福特科光电股份有限公司（以下简称"福特科"）上市的保荐机构，2023 年 3 月，在审核部门宣布现场检查后，福特科和民生证券主动要求撤回上市申请文件，福特科的 IPO 之路被画上句号；同年 7 月，中国证监会对民生证券及两名保代采取监管谈话的措施。经检查，在福特科上市过程中，民生证券保荐人员未勤勉尽责履行相关职责，未发现发行人存在多项未披露的资金占用、违规担保信息披露不完整、其他内部控制问题较多和研发人员信息披露不准确等问题，最终被

---

① 《关于对中泰证券股份有限公司漳州延安北路证券营业部采取出具警示函措施的决定》，中国证券监督管理委员会网站，2024 年 3 月 4 日，http：//www.csrc.gov.cn/fujian/c104066/c7466323/content.shtml。

② 《中国证监会关于就〈首发企业现场检查规定（修订草案征求意见稿）〉公开征求意见的通知》，中国证券监督管理委员会网站，2023 年 11 月 10 日，http：//www.csrc.gov.cn/csrc/c101981/c7442774/content.shtml。

采取监管措施。

资料来源：《关于对民生证券股份有限公司以及苏永法、崔勇采取监管谈话监管措施的决定》，中国证券监督管理委员会网站，2023 年 7 月 18 日，http：//www.csrc.gov.cn/csrc/c106064/c7422622/content.shtml。

案例 2　海通证券投资银行业务因内控业务受处罚

上海证券交易所（以下简称"上交所"）在发行上市审核及执业质量现场督导工作中发现，海通证券作为河南惠强新能源材料科技股份有限公司（以下简称"惠强新材"）、明峰医疗系统股份有限公司（以下简称"明峰医疗"）、上海治臻新能源股份有限公司（以下简称"治臻股份"）申请首发上市项目的保荐人，存在对重要审核问询问题选择性漏答，对发行人的收入确认、存货、采购成本、资金流水和研发费用等核查不到位等违规情形。上交所在执业质量现场督导中亦发现，海通证券在保荐业务内部质量控制方面，存在投行质控、内核部门项目风险识别不足以及意见跟踪落实不到位、项目底稿验收与归档管理不到位、质控部门现场核查有效性不足等薄弱环节。此外，上交所发行上市审核期间，在对惠强新材、明峰医疗、治臻股份 3 个项目发出《保荐业务现场督导通知书》后，实施现场督导前，海通证券均撤销了项目保荐，一定程度上反映出对发行人经营状况及其面临风险和问题的相关尽职调查工作不够充分，项目申报准备工作不够扎实。最终，上交所采取监管措施——《关于对海通证券股份有限公司予以监管警示的决定》（〔2023〕26 号）。

资料来源：《上海证券交易所监管措施决定书》（〔2023〕26 号），上海证券交易所网站，http：//www.sse.com.cn/regulation/listing/measures/c/10752434/files/13bcafb03f054e189ce4d99a269f2079.pdf。

（四）研究报告业务违规处罚

近年来，监管部门对证券公司研究报告业务持续保持严监管态势，在全行业开展了研报业务"双随机"现场检查专项工作。2023 年 6 月，中国证券业协会发布了《关于组织相关人员参加证券公司发布证券研究报告业务培训的通知》，对开展研究报告业务"双随机"现场检查专项工作发现的问题进行了归纳整理，加强了行业警示教育。[①] 一是重申了研究报告业务的基本原则，研究报告在制作、发布、销售环节要严格遵循"独立、客观、公平、审慎、防范利益冲突"的原则；二是明确了研究报告业务要满足的 12 项监管要求[②]；三是归纳总结了研究报告业务 3 大类 13 项典型问题。2023 年，证券公司及从业人员共收到 65 张（对于同时处罚机构和个人的罚单按 1 张统计）研究报告业务罚单，涉及 18 家证券公司，64 名从业人员。其中有 5 家证券公司的研究报告罚单数量达到或超过 3 张，分别是浙商证券 4 张、国融证券 3 张、国盛证券 3 张、太平洋证券 3 张、中天证券 3 张。从处罚机构来看，均为各地方监管局罚单，涉及 17 个监管局。罚单数量较多的监管局为上海证监局 16 张、北京证监局 6 张、深圳证监局 5 张、广东证监局 4 张、山西证监局 4 张、浙江证监局 4 张，合计占比达 60.00%。从处罚原因来看，证券公司研究报告业务主要集中在四个方面：一是研报质量控制和合规审查不到位；二是对分析师服务客户、公开发表言论等方面的管理有效性不足；三是个别研报未能保证信息来源合规；四是研报相关制度规定不完善、执行不到位。

案例 1 国融证券因研报制作不审慎受处罚

2023 年 7 月，内蒙古证监局在检查中发现国融证券发布的证券研究报告业务存在以下问题。一是制度规定不完善及执行不到位。如未及时更新完善证券研究报告业务内部管理制度，在研究池管理等方面的内控管理有效性欠缺，研究报告质量控制和合规审查不足，对第三方刊载或转发公司研究报告管理不到位。二是证券研究报告制作不审慎。个别研究报告存在内容表述

---

① 《关于组织相关人员参加证券公司发布证券研究报告业务培训的通知》，中国证券业协会网站，2023 年 6 月 14 日，https://www.sac.net.cn/tzgg/202306/t20230614_60466.html。
② 具体包括人员资质符合规范、专业严谨客观审慎、信息来源确凿有依、措辞表述审慎规范、限制清单严守静默、风险提示揭示充分、流程管理内部控制、公平对待统一发布、服务客户档案规范、公开言论合法合规、评选底线严格遵守和廉洁从业规范执业。

不严谨、分析与结论逻辑一致性不足、未注明引用信息来源、底稿不完整等情形。此外，根据规定，内蒙古证监局还对该公司相关的分析师采取出具警示函的行政监管措施。

资料来源：《关于对国融证券股份有限公司采取监管谈话措施的决定》，中国证券监督管理委员会网站，2023 年 7 月 18 日，http：//www.csrc.gov.cn/neimenggu/c103724/c7420420/content.shtml。

案例 2　浙商证券因研报言论管理不足受处罚

2023 年 8 月，浙江证监局在检查中发现浙商证券发布证券研究报告业务存在三方面问题：一是对证券分析师服务客户、公开发表言论等方面的内控管理有效性不足；二是研究报告质量控制和合规审查不到位；三是个别研究报告制作不审慎，未能保证信息来源合规。基于以上情况，浙江证监局决定对浙商证券采取出具警示函的行政监管措施，并要求该公司认真查找和整改问题，完善研究报告业务管理制度，进一步加强内部控制和合规管理，切实提升研究报告质量。与此同时，浙江证监局还以"作为研报的参与制作人员，对相关研报制作不审慎的情形负有责任"为由，对 3 名浙商证券的分析师出具了警示函。

资料来源：《关于对浙商证券股份有限公司采取出具警示函措施的决定》，中国证券监督管理委员会网站，2023 年 8 月 25 日，http：//www.csrc.gov.cn/zhejiang/c103952/c7427030/content.shtml。

案例 3　兴业证券因合规管理问题受处罚

2023 年 8 月，福建证监局在检查中发现兴业证券发布证券研究报告业务客户服务行为内部控制和合规管理不到位，个别分析师的发言内容不够审慎，福建证监局决定对兴业证券采取出具警示函的措施。兴业证券电子行业分析师李某某作为提供上述客户服务的证券分析师，被认为未执行相关内控、合规要求，发言内容不够审慎，被采取出具警示函的措施。

资料来源：《关于对兴业证券股份有限公司采取出具警示函措施的决定》，中国证券监督管理委员会网站，2023 年 8 月 3 日，http：//www.csrc.gov.cn/fujian/c104066/c7428218/content.shtml。

">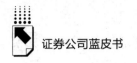

证券公司蓝皮书

（五）其他业务违规处罚

1. 网络安全问题

在数字化加速发展和大数据、云计算、区块链和人工智能等新技术应用不断深入的背景下，证券公司对网络和信息安全的重视程度大幅提升，组织架构和制度体系持续优化，信息技术投入逐年增加，行业网络和信息安全运行态势总体平稳。2023 年 10 月，中国证监会发布《证券期货业信息安全运营管理指南》等 9 项金融行业标准，给出了信息安全运营管理过程中基础安全、信息资产、漏洞、开发安全、数据安全等方面的管理思路和方法，并给出了各管理域的度量指标以及行业最佳实践。[①] 但随着业务与技术加速融合，网络和信息安全管理日趋复杂，信息系统建设任务增加，上线变更操作更为频繁，行业网络和信息安全管理能力将面临更大挑战。近年来，证券公司信息安全风险事件仍有发生，证券行业网络和信息安全的重要性不容忽视。2023 年，仍有证券公司因为网络安全问题而被罚，全年有 4 家证券公司因出现网络安全问题被监管部门点名，共收到 9 张罚单，分别是中信证券 4 张（公司和个人）、东方财富 3 张、华宝证券 1 张、江海证券 1 张。

2023 年 6 月，中信证券集中交易系统出现异常，导致部分客户交易受到影响，检查中发现存在机房基础设施建设安全性不足、信息系统设备可靠性管理疏漏等问题。中信证券先后被深圳证监局[②]、上海证券交易所[③]、深圳证券交易所[④]出具警示函。

---

① 《【第 56 号公告】〈上市公司公告电子化规范〉等 9 项金融行业标准》，中国证券监督管理委员会网站，2023 年 10 月 23 日，http：//www.csrc.gov.cn/csrc/c101954/c7439562/content.shtml。

② 《深圳证监局关于对中信证券股份有限公司采取出具警示函措施的决定》，中国证券监督管理委员会网站，2023 年 7 月 13 日，http：//www.csrc.gov.cn/shenzhen/c104320/c7419635/content.shtml。

③ 《关于对中信证券股份有限公司及相关责任人予以书面警示的决定》，上海证券交易所网站，2023 年 8 月 29 日，http：//www.sse.com.cn/regulation/members/measures/c/10752206/files/240593c5174f414e91fc567642 9fe41a.pdf。

④ 《警示函（中信证券股份有限公司、方兴）》，深圳证券交易所网站，2023 年 9 月 25 日，https：//www.szse.cn/disclosure/supervision/participant/t20230925_603727.html。

2023 年 3 月，东方财富系统升级变更未经充分论证和测试，导致出现两个时间段的登录异常，两次异常时间段合计为 76 分钟。同时，东方财富未及时向监管报告网络安全事件。对此，西藏证监局①、深圳证券交易所②、上海证券交易所③纷纷对其出具罚单。

2023 年 5 月，华宝证券在变更重要信息系统前未充分评估技术风险、变更重要信息系统前未制定全面的测试方案、生产运营过程中未全面记录业务日志和系统日志以确保满足故障分析需要、事件调查过程中向上海证监局报送的部分数据不准确不完整。因此，中国证券监督管理委员会上海监管局决定对华宝证券出具警示函。④

2023 年 12 月，江海证券因存在关于 IT 治理、网络安全管理的内部决策、执行机制不健全；公司 App 个人信息保护合规性检测不充分，存在 App 强制、频繁、过度索取权限等问题，被黑龙江证监局出具警示函。⑤

2. 违反反洗钱规定

2023 年，证券公司频现反洗钱罚单，主要因未按规定履行客户身份识别义务、未按规定报送大额交易报告或可疑交易报告、与身份不明的客户进行交易等问题被罚。全年证券公司及其从业人员因反洗钱受到行政处罚及行政监管措施的案件共 9 件（见表 2）。从处罚机构来看，中国人民银行总行出具反洗钱行政处罚 2 件，中国人民银行地方分支机构出具反洗钱行政处罚 7 件，证监局未针对反洗钱开出罚单。从处罚对象来看，中国人民银行及其

---

① 《关于对东方财富证券股份有限公司采取责令改正措施的决定》，中国证券监督管理委员会网站，2023 年 3 月 31 日，http：//www.csrc.gov.cn/tibet/c104712/c7399290/content.shtml。

② 《警示函（东方财富证券股份有限公司）》，深圳证券交易所网站，2023 年 5 月 29 日，https：//www.szse.cn/disclosure/supervision/participant/t20230529_600712.html。

③ 《关于对东方财富证券股份有限公司予以书面警示的决定》，上海证券交易所网站，2023 年 6 月 2 日，http：//www.sse.com.cn/regulation/members/measures/c/10752210/files/191e4e1f5 f9e422390ec46b4fd569a1b.pdf。

④ 《关于对华宝证券股份有限公司采取出具警示函措施的决定》，中国证券监督管理委员会网站，2023 年 7 月 17 日，http：//www.csrc.gov.cn/shanghai/c103864/c7421655/content.shtml。

⑤ 《关于对江海证券有限公司采取出具警示函措施的决定（监管措施〔2023〕20 号）》，中国证券监督管理委员会网站，2023 年 12 月 25 日，http：//www.csrc.gov.cn/heilongjiang/c103838/c7451853/content.shtml。

分支机构出具的反洗钱行政处罚全部为"机构+个人"的双罚制，涉及 9 家机构（其中 8 家总部受罚，1 家分支机构受罚）和 21 名个人。

表 2 证券公司违反反洗钱规定统计（2023 年）

单位：万元

披露日期	处罚主体	处罚金额	处罚机构	处罚文号
1 月 12 日	国泰君安	95	人行上海总部	上海银罚字〔2023〕1 号
2 月 10 日	中信建投	1388	中国人民银行	银罚决字〔2023〕11 号
2 月 10 日	中信证券	1376	中国人民银行	银罚决字〔2023〕6 号
5 月 8 日	东北证券	52	人行长春支行	长银罚决字〔2023〕1 号
8 月 11 日	中航证券	150	人行南昌支行	南银罚决字〔2023〕8 号
8 月 22 日	广发证券	486	人行广东分行	广东银罚决字〔2023〕11 号
9 月 28 日	华西证券	35	人行四川分行	川银罚字〔2023〕5 号
10 月 27 日	甬兴证券	50	人行宁波分行	甬银罚决字〔2023〕12 号
12 月 22 日	华泰证券	87	人行江苏分行	苏银罚决字〔2023〕3 号

资料来源：中国人民银行及其分支机构、山东省亚太资本市场研究院。

（六）证券公司处罚金额情况

根据处罚公告日统计，2023 年证券监管部门向 12 家证券公司开具罚单并处罚没金额，被罚没总金额达 5603.28 万元，与 2022 年相比有所减少。具体来看，广发证券年内合计被罚没金额达 1512.70 万元，位居榜首；紧随其后的中信建投、中信证券、东北证券等机构年内合计被罚没金额均超 800 万元（见图 1）。其中，广发证券、东北证券因投资银行业务、反洗钱业务等多项业务违规而被处罚，中信证券由于违反反洗钱业务管理规定而受到处罚，并成为年内因违反单项业务而被罚没金额最大的券商。[①]

[①] 《【读财报】证券公司年度违规透视：12 家被罚，广发证券、中信证券、东北证券领大额罚单》，中国金融信息网，2024 年 1 月 30 日，https：//www.cnfin.com/gs-lb/detail/20240130/4007260_1.html。

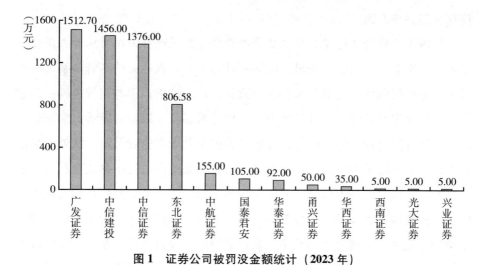

图1 证券公司被罚没金额统计（2023年）

资料来源：新华财经、面包财经、山东省亚太资本市场研究院。

三 证券公司高管违规监管处罚

（一）分管业务高管监管处罚

根据合规小兵的统计数据，2023年证券监管部门共处罚证券公司分管业务领导14人。其中，处罚投资银行业务分管领导8人、资产管理业务分管领导4人、首席信息官兼信息技术中心行政负责人1人、首席战略与人力资源官1人。

2023年初，中国证监会对8家撤销、否决率较高的证券公司开展专项检查，发现了一些突出问题。针对检查中发现的问题，中国证监会对中天国富采取监管谈话的监管措施；对国信证券、华西证券、西部证券采取责令改正的监管措施；对华创证券、中德证券采取出具警示函的监管措施。同时，对16名相应证券公司主要负责人、分管投行业务负责人、内核负责人、质控部门负责人等分类采取监管措施，并要求公司对相关责任人员进行内部追责。证券公司投行业务主管人员问题主要集中在内控性不足、薪酬考核体系不合理、个别项目内控跟踪落实不到位、廉洁从业机制不完善、业务流程管

279

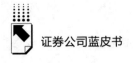

控存在漏洞等方面。

年内资产管理业务尤其是私募资产管理业务是证券公司及从业人员受罚重灾区。例如，厦门证监局对长城国瑞证券主管资管业务的高管杨某、资产管理业务部门负责人赵某某采取责令改正，记入诚信档案的监管措施；内蒙古证监局对国融证券时任分管债券业务副总裁杨某予以监管警示；北京证监局对信达证券时任分管资产管理业务高管张某某予以监管警示。从处罚事由来看，主要有以下四点：一是开展私募资产管理业务过程中存在项目审批独立性不足、风险管控不到位、尽职调查不充分、资产证券化项目存续期限不匹配、投资银行类业务内部控制不完善等问题；二是资产管理业务的内部控制管理不完善、合规管理不到位，资产管理产品投资运作不规范、投资决策不审慎、投资对象尽职调查和风险评估不到位；三是债券投资决策和风险管控存在问题；四是部分资管计划存在尽职调查流于形式、内控把关不足、过度激励、销售管理不规范、信息披露不准确等问题。

信息管理高管处罚事由主要是网络安全事件中存在机房基础设施建设安全性不足、信息系统设备可靠性管理疏漏等。首席战略与人力资源高管处罚事由主要包括员工任职及代履职考察、投资及兼职行为管理的内控机制不健全、管理不到位，存在聘任离任未满 6 个月的投资经理从事投资相关业务，高管及分支机构负责人在营利性机构兼职、持有股权投资管理类公司股权，未及时报备高管人员任免职、从业人员诚信信息的情况等。

（二）合规及首席风险高管监管处罚

合规，是证券公司生存的基础和发展的根本。证券公司应强化合规考核，建立权利与义务相统一、激励与约束相匹配的合规管理动态责任追究机制。2023 年，由于证券公司合规人员自身合规执业理念不强，仍出现"知法犯法"现象，全年共处罚证券公司合规总监 2 人，其中 1 人同时兼任首席风险官。

国盛证券资产管理有限公司部分资管计划存在尽职调查流于形式、内控把关不足、过度激励、销售管理不规范、信息披露不准确等问题，蔡某某作为国盛资管时任业务分管领导、常务副总经理，刘某某作为时任合规总监，对相关违规行为负有管理责任。2023 年 11 月，深圳证监局对两人采取监管谈话的监督管理措施。①

华宝证券在开展业务过程中，存在以下行为：一是未按照规范性文件、交易所自律规则及自律要求开展资产证券化业务；二是资产证券化业务内部控制制度不健全，内部制度执行不到位，项目流程控制存在明显漏洞。惠某某作为公司合规总监、首席风险官、总法律顾问，对华宝证券上述行为负有责任。2023 年 12 月，上海证监局对惠某某采取出具警示函的行政监管措施。②

从以上 2 起违规案例可以看出，处罚事由主要包括资管计划存在尽职调查流于形式、内控把关不足、过度激励、销售管理不规范、信息披露不准确等，资产证券化业务内部控制制度不健全，内部制度执行不到位，项目流程控制存在明显漏洞。合规总监及首席风险官则因未尽到相关管理责任而遭受处罚。

（三）分支机构高管监管处罚

证券公司分支机构直接面对客户，承担着证券公司多项业务的具体落实工作，存在着点多、面广、业务种类庞杂、从业人员众多的特点，带来了合规管控上的难度，是监管处罚的高发地带。2023 年，证券公司分支机构负责人涉及处罚事件 25 例。从处罚机构来看，浙江证监局开具 3 张罚单，天津证监局、新疆证监局、内蒙古证监局均开具 2 张罚单，其他地方证监局均开具 1 张罚单。处罚事由包括执业行为违规，对分支机构违规行为承担管理责任，违反廉洁从业规定与违规兼职，借他人名义或私下接受投资者委托买卖证券。

---

① 《深圳证监局关于对蔡向彤、刘国宁采取监管谈话措施的决定》，中国证券监督管理委员会网站，2023 年 11 月 17 日，http：//www.csrc.gov.cn/shenzhen/c104320/c7444043/content.shtml。
② 《关于对惠飞飞采取出具警示函措施的决定》，中国证券监督管理委员会网站，2023 年 12 月 11 日，http：//www.csrc.gov.cn/shanghai/c103864/c7449718/content.shtml。

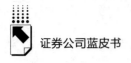

执业行为违规 3 例。主要处罚事由包括"飞单"、违规为客户之间的融资以及出借证券账户提供中介和其他便利、对不确定事项提供确定性判断、索要客户证券账户密码、向客户发送回访问题、提供答复口径等。

对分支机构违规行为承担管理责任 13 例。主要处罚事由为承担分支机构违规管理责任,包括分支机构未及时履行报告义务,分支机构人员管理、薪酬管理、营销展业活动、信息公示管理不规范,向未取得相关资格人员指派销售任务,未有效防范员工违法违规行为、内部管理及业务管控不到位等。

违反廉洁从业规定与违规兼职 6 例。主要处罚事由包括从事其他经营性活动、向利益关系人提供财物、违规在其他营利性机构任职等。

借他人名义或私下接受投资者委托买卖证券 3 例。主要处罚事由包括借他人名义从事证券交易以及私下接受投资者委托买卖证券。

案例 1　国信证券嵊州兴盛街营业部高管因客户招揽违规受处罚

浙江证监局发现国信证券嵊州兴盛街证券营业部存在以下问题:一是营业部存在员工委托他人从事客户招揽活动的行为,营业部对员工客户招揽活动管理不到位,未能严格规范工作人员执业行为;二是营业部在与银行合作营销过程中,未能全面防范合规风险,向他人输送不正当利益,营业部合规管理、廉洁从业管理不到位。王某作为营业部时任负责人,对上述问题负有责任。2023 年 8 月,浙江证监局对王某采取出具警示函的监督管理措施,并记入证券期货市场诚信档案。

资料来源:《关于对王磊采取出具警示函措施的决定》,中国证券监督管理委员会网站,2023 年 9 月 4 日,http://www.csrc.gov.cn/zhejiang/c103952/c7427514/content.shtml。

案例 2　联储证券重庆东湖南路营业部高管因投顾业务违规受处罚

监管部门在对联储证券重庆东湖南路证券营业部检查时发现该营业部存在以下问题:一是通过互联网向未全面了解情况、未评估风险承受能力的投资者提供具体股票买卖建议,其中部分投资者未签订投顾协议;

二是证券投资顾问业务推广和客户招揽行为不规范，对投资顾问服务能力和过往业绩进行误导性的营销宣传；三是证券投资顾问业务推广和服务提供环节的留痕记录不完整；四是对开展证券投资顾问业务推广和客户招揽活动的企业微信账号管理不到位。2023 年 6 月，重庆证监局对时任营业部负责人的牛某采取出具警示函的行政监管措施。牛某因信息公示管理不规范、未有效防范员工违法违规行为等对分支机构违规行为承担管理责任。

资料来源：《关于对牛旭采取出具警示函措施的决定》，中国证券监督管理委员会网站，2023 年 6 月 16 日，http://www.csrc.gov.cn/chongqing/c104814/c7414670/content.shtml。

（四）投行业务和债券业务高管监管处罚

1. 保荐代表人

根据合规小兵统计，2023 年共处罚证券公司保荐代表人 70 人，处罚事由主要有：履行保荐职责不到位，未充分关注发行人与关联方的合作事项；对发行人销售模式变动真实性核查不到位，未发现发行人会计基础工作不规范情形；对疑似发行人实际控制人的密切联系人核查不到位、对关联关系非关联化核查不充分、对关联交易识别不到位，未发现部分评估报告存在计算错误、分析理由不合理；对发行人境外存货核查程序执行不到位，实际开展的核查工作与披露情况存在差异等。

2. 财务顾问主办人

2023 年共处罚证券公司财务顾问主办人 3 人，处罚事由主要有：重组阶段未对标的公司的主要供应商、主要客户和关联关系等进行审慎核查；持续督导阶段未对上市公司销售真实性等进行审慎核查；重大资产重组实施完毕后，上市公司所购买资产真实实现的利润未达到预测金额的 50%。

3. ABS 项目负责人

2023 年共处罚证券公司 ABS 项目负责人 1 人，处罚事由主要有：未按

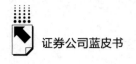

规定发行资产支持专项计划，未提交或未及时提交有关公告文件；在发行文件未通过的情况下申请登记挂牌等。

4. 债券项目负责人

2023 年共处罚证券公司债券项目负责人 3 人，处罚事由主要有：执业过程中未勤勉尽责，存在尽职调查不规范的情形；未对业务风险实施有效管控，存在部分文件及依据与实际情况不符的问题；尽职调查过程中未勤勉尽责，未审慎关注发行人异常情况等。

5. 新三板项目负责人

2023 年共处罚证券公司新三板挂牌项目负责人 2 人，处罚事由主要有：尽职调查过程中未勤勉尽责，未认真履行审慎核查义务；对挂牌公司前 5 名主要供应商情况尽调程序履行不到位、核查不充分等。

6. 受托管理人员

2023 年共处罚证券公司受托管理人员（含受托部门负责人）3 人，处罚事由主要有：从事债券承销和受托管理业务过程中未勤勉尽责，未对业务人员行为进行有效管理，未对业务风险实施有效管控，存在部分文件及依据与实际情况不符的问题；未保持职业谨慎情况等。

7. 其他投行业务人员

2023 年共处罚其他投行从业人员 7 人，处罚事由主要有：廉洁从业管理不足，借用他人账户炒股等。

（五）投资顾问监管处罚

根据合规小兵统计，2023 年，证券公司投资顾问人员涉及处罚事件 12 例，处罚事由可分为拟任职人员参加"证券投资顾问业务"科目测试违规使用电子设备，涉及 5 例；投资建议缺少合理依据或风险揭示不到位，涉及 2 例；未签订投资顾问协议或私下向客户提供投顾服务，涉及 1 例；营销展业行为违规，涉及 4 例（见表 3）。

表3 证券公司投资顾问人员处罚统计（2023年）

处罚日期	监管机构	被处罚人员	所在证券公司	处罚类型	处罚事由
3月28日	中国证券业协会	周某	国海证券	自律措施	在"证券投资顾问业务"科目测试中查阅手机
3月31日	厦门证监局	田某某	世纪证券	出具警示函	向客户提供投资建议缺少合理依据
5月24日	宁夏证监局	李某某	西南证券	出具警示函	未和客户签订证券投资顾问服务协议、未评估客户风险承受能力等
6月16日	中国证券业协会	王某某	—	自律措施	在"证券投资顾问业务"科目测试中使用手机拍摄试题
6月16日	中国证券业协会	陈某	—	自律措施	在"证券投资顾问业务"科目测试中使用手机搜索测试相关内容
7月26日	安徽证监局	吴某某	长江证券	出具警示函	向客户提供投资建议未提示潜在风险，也未提供合理依据
8月31日	中国证券业协会	汪某某	—	自律措施	在"证券投资顾问业务"科目测试中使用手机搜索测试相关内容
8月31日	中国证券业协会	邬某某	—	自律措施	在"证券投资顾问业务"科目测试中存在严重违规情形
9月12日	上海证监局	曹某某	湘财证券	出具警示函	与客户共同出资购买代销的金融产品并与客户约定分享投资收益
9月12日	上海证监局	翁某某	湘财证券	出具警示函	向客户推介公司代销的某集合资金信托计划过程中，未能准确介绍相关产品信息
9月12日	上海证监局	阮某某	湘财证券	出具警示函	向客户推介公司代销的某集合资金信托计划过程中，未能准确介绍相关产品信息
10月8日	深圳证监局	林某某	长城证券	出具警示函	私下招揽客户开展证券投资咨询业务并收取服务费用

资料来源：证监系统、中国证券业协会、合规小兵、山东省亚太资本市场研究院。

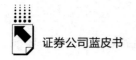

（六）分析师监管处罚

根据合规小兵统计，2023 年证券公司分析师涉及处罚事件 35 例，处罚事由包括发布证券研究报告依据不充分、质量控制不足，涉及 24 例；发布不实信息或敏感信息造成不良影响等，涉及 7 例；未获取证券分析师资格在研究报告上署名，涉及 4 例。从监管机构来看，共有 16 个地方证监局对证券公司分析师开具了罚单。其中，上海证监局开具罚单最多，达 8 张；其次是北京证监局，开具 4 张；浙江证监局开具 3 张（见图 2）。从处罚类型来看，以出具警示函为主，仅湖北证监局对天风证券分析师韩某采取了监管谈话措施。①

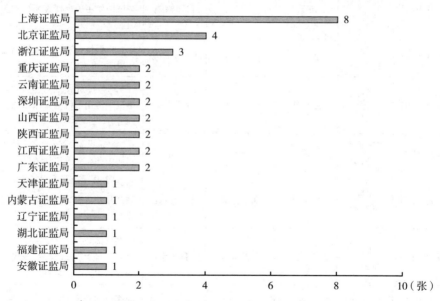

图 2 地方证监局对证券公司分析师开具罚单数量（2023 年）

资料来源：证监系统、合规小兵、山东省亚太资本市场研究院。

---

① 《湖北证监局关于对韩笑采取监管谈话行政监管措施的决定》，中国证券监督管理委员会网站，2023 年 6 月 25 日，http：//www.csrc.gov.cn/hubei/c104408/c7416949/content.shtml。

四　证券公司管理监管处罚

（一）内部控制监管处罚

随着证券市场的快速发展，证券公司的业务更加多样化，一些问题也逐步显露出来。证券公司要想稳健发展，改进其内部控制就显得极其重要。但由于部分证券公司的重视程度不够或者管理制度不完善，出现管理层舞弊、风险识别不到位、信息不对称、风险管控体系不完善等问题，由此受到监管部门的处罚。

2023年证券公司及其子公司、分支机构、证券从业人员共收到内部控制方面的罚单162张，比2022年的108张增长50%。其中，中国证监会出具罚单18张，地方证监局132张，上海证券交易所9张，深圳证券交易所2张，北京证券交易所1张。地方证监局出具的罚单数量占比达81.48%。上海证监局、北京证监局、深圳证监局、浙江证监局、内蒙古证监局出具罚单较多，分别出具10张、10张、9张、6张、6张，合计占地方证监局出具罚单数量的31.06%。

从处罚对象来看，对证券机构的罚单共116张，包括96家证券公司及分支机构，对个人罚单46张，涉及62名证券从业人员。共有63家证券公司（不包含分支机构）被采取行政处罚措施，中信建投、东方财富、国融证券分别收到4张、3张、3张罚单，9家证券公司收到2张罚单，余下证券公司均收到1张罚单。

从处罚事由来看，内部控制不完善97张，分支机构内控不到位54张，信息系统存在缺陷9张，公司治理存在问题4张。①

证券公司内部控制方面的罚单数量及占比逐年上升，2023年更是上涨50%。处罚事项上不仅涵盖了经纪、投行、自营、资管等传统业务，还增加

---

① 由于存在同一张罚单涉及多个处罚原因的情形，因此分布统计数总和大于罚单总数。

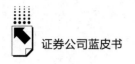

了公司治理不规范、信息系统缺陷等方面的问题。证券公司应当总结教训、积累经验，在经营发展中审视自身内部控制体系存在的不足或缺陷，从而采取针对性措施进一步完善内部控制体系，强化公司内控能力。

（二）执业行为监管处罚

作为连接证券交易场所与证券投资者的重要角色，证券公司在证券交易活动中的地位举足轻重。正因如此，证券公司的从业人员更应当遵守相关法律法规、公司章程和行业规范，恪守诚信，勤勉尽责，廉洁从业，不得损害国家利益、社会公共利益和投资者合法权益，不得利用职务之便为本人或者他人谋取不正当利益，也不得从事与其履行职责存在利益冲突的活动。但依然有少数从业人员触碰法律"红线"，反映出这些从业人员自身法律意识淡薄，对违法后果缺乏清晰的认知；在面对利益诱惑时，相关人员存在侥幸心理。

2023年证券公司及其子公司、分支机构的从业人员共收到员工执业行为方面的罚单133张，与2022年的106张相比，增长25.47%。中国证监会出具罚单3张，其中行政处罚1张、市场禁入1张；地方证监局出具罚单130张，其中行政监管措施处罚105张，占比80.77%。开具罚单超过（含）5张的地方证监局有广东、上海、深圳、浙江和安徽，数量分别为7张、6张、6张、5张和5张，合计占地方证监局处罚数量的22.31%。从处罚对象来看，对机构处罚的罚单43张，对个人处罚的罚单90张。证券机构罚单中，湘财证券4家营业部各收到1张罚单，安信证券1家分公司和2家营业部各收到1张罚单，方正证券3家营业部各收到1张罚单，平安证券及2家分公司各收到1张罚单，申万宏源1家分支机构、1家子公司和1家营业部各收到1张罚单，余下证券公司及其子公司、分支机构收到的罚单数量较少。从处罚事由来看，违规营销33张，业务人员不适合30张，借他人名义从事证券交易18张，违规为客户融资提供便利13张，代理证券认购、交易13张，业务人员不当兼职9张，投资顾问服务不规范8张，从业考试作弊7张，出借证券账户6张，违规操作客户证券账户4张，委托他人从事客户招揽 4 张（以上存在同一张罚单涉及多个处罚原因的情形）。

近年来，各监管机构发布了各类规范从业人员行为的法律法规及自律规则等，如中国证监会发布的《证券基金经营机构董事、监事、高级管理人员及从业人员监督管理办法》，中国证券业协会发布的《证券经营机构及其工作人员廉洁从业实施细则》《证券行业诚信准则》等，一方面织密了约束从业人员行为的法规之网，另一方面也为相应的监管处罚提供了更加有针对性的依据。"严监管、零容忍"监管下，"一事多罚、双罚"已成处罚常态。

（三）廉洁从业监管处罚

廉洁从业是提升证券公司自身软实力和核心竞争力的重要因素，因此各大券商均将廉洁从业理念融入企业文化以及公司发展过程。2023 年 7 月，中国证券业协会发布新修订的《证券经营机构及其工作人员廉洁从业实施细则》（中证协发〔2023〕144 号，以下简称《细则》）①，对证券经营机构廉洁从业风险防范的内部管理，提出了更为具体、更切实际的要求，进一步强化内控机制的监督制衡，激发廉洁从业内生动力。《细则》提出，强化公平竞争意识，不得以明显低于行业定价水平、利益输送、商业贿赂、不当承诺等不正当竞争方式招揽业务，不得从事其他违反公平竞争、破坏市场秩序的行为。

2023 年证券公司、证券从业人员共收到 43 张廉洁从业罚单，涉及 17 家证券公司廉洁从业违规事件 25 张。相比 2022 年 33 张罚单，增长 30.30%。中国证监会开具罚单 13 张，给予中德证券及从业人员 3 张罚单，分别给予中天国富证券、国信证券、华西证券、西部证券、中德证券和万和证券 6 家证券公司及从业人员 2 张罚单，事由均为廉洁管理机制不健全。地方证监局中，北京证监局共开出 7 张罚单，广东和山东证监局均开出 4 张罚单。2023 年发生的 25 起廉洁从业违规事件中，仅处罚个人的有 6 件，仅处罚机构的有 5 件；同时处罚机构和个人的 14 件，占比 56.00%，说明证监部

---

① 《证券经营机构及其工作人员廉洁从业实施细则》，中国证券业协会网站，2023 年 7 月 21 日，https://www.sac.net.cn/flfg/zlgz/202307/t20230724_60881.html。

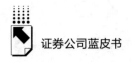

门正不断压实管理层人员的管理责任。2023 年处罚事由涉及范围广，主要涵盖廉洁从业管理机制不健全、谋取不正当利益、输送不正当利益等方面，体现出监管机构对廉洁从业管理工作的高度重视。

（四）投资者适当性监管处罚

由于证券交易具有特殊性、产品业务的专业性强、法律关系复杂等特点，各种产品的功能、特点、复杂程度和风险收益特征又千差万别，而广大投资者在专业水平、风险承受能力、风险收益偏好等方面都存在很大差异，对金融产品的需求也不尽相同，因此要"将适当的产品销售给适当的投资者"。证券公司经常因为投资者缺乏一定的理财知识、追求高收益但又无法承受随之而来的高风险等原因，与其发生各类纠纷。证券公司违反投资者适当性管理的处罚事件屡见不鲜。

2023 年，证券公司及其分支机构共收到投资者适当性的监管罚单 22 张（不含个人罚单），贯穿了从了解投资者、了解产品或服务、适当性匹配，到营销宣传、风险揭示及告知说明，再到留痕、回访等环节。全年罚单均为中国证监会各派出机构出具，共涉及 16 家地方证监局。其中上海证监局出具罚单最多，共计 4 张，其次是北京、广东、吉林、深圳证监局各出具 2 张，其他地方证监局出具的罚单均为 1 张。在对机构的罚单中，处罚证券公司总部 1 张，处罚证券公司子公司或分支机构 21 张。对证券公司总部的处罚是中信建投证券。① 从处罚业务分布来看，涵盖传统经纪业务、投资顾问业务、代销金融产品销售业务、私募资产管理业务以及场外期权业务。其中，传统经纪业务罚单高达 11 张，投资顾问业务 5 张，代销金融产品销售业务 3 张，私募资产管理业务 2 张，场外期权业务 1 张，可见大经纪业务的投资者适当性管理仍然是监管处罚的"重灾区"。

---

① 《关于对中信建投证券股份有限公司采取出具警示函措施的决定》，中国证券监督管理委员会网站，2023 年 10 月 13 日，http://www.csrc.gov.cn/beijing/c105547/c7437011/content.shtml。

（五）互联网渠道展业监管处罚

随着新媒体网络平台的兴起，越来越多的证券从业人员借助微信、短视频、直播等形式展业，由此衍生出的合规风险逐渐暴露出来，包括证券公司员工以公司名义开展板块和大盘分析、暗示推荐个股、宣传非投资顾问的投资成绩或策略，甚至无从业资格证展业等行为。2023 年，证券公司网络渠道违规展业类事件共 19 例，涉及 9 家机构、15 名责任人，其中经纪业务 11 例，研究业务 7 例，其他 1 例。从处罚机构来看，上海证券交易所开具罚单 3 张，处罚对象为东方财富、中泰证券和中信证券；深圳证券交易所开具罚单 2 张，处罚对象为东方财富和中信证券；地方证监局中，重庆证监局和上海证监局开出的罚单数量相对较多，分别为 4 张和 3 张，其他地方证监局相对较少。在处罚对象中，涉及 17 家证券公司（包括分支机构及公司从业人员），联储证券、民生证券、申港证券、世纪证券、西南证券、中泰证券、中天证券分别收到 2 张罚单，其他证券公司均收到 1 张。

罚单涉及经纪业务、研究报告业务、合规管理及其他业务四类。经纪业务处罚事由包括以下方面：通过微信等渠道不当营销，如通过微信向客户宣传开户送积分兑礼品活动、向投资者返还微信红包等；无投顾资格人员通过微信群、微博、直播平台的媒体开展投顾业务；通过微信群等向未签署投顾协议及适当性匹配的客户提供投顾建议；微信群、企业微信管理不到位。研究报告业务处罚事由主要包括以下方面：未制定互联网平台发布研报制度和流程；证券分析师注册使用发布研究观点的自媒体账号未备案；未取得证券分析师资格的情况下，在未报备微信群发布研究观点；发布的信息不审慎，并在网络被转发传播；微信群、公众号中发布的信息未经审核。合规管理处罚事由包括：从业人员容易脱离公司管控，分支机构、从业人员均可利用券商名义开通新媒体平台账户，发布未经合规审核的图文视频，从事客户招揽、行情走势分析等活动，甚至发布各种不当言论；适当性要求执行不到位，在各种投资者群、平台随意发表投顾建议、研究分析观点，如通过新媒体平台违规发布无合理依据的投资咨询内容，或将不适当的产品主动推介给

不匹配客户等。其他业务处罚事由包括对员工冠公司名称媒体账号及信息发布管理不到位，个别员工擅自发布违反廉洁从业要求的相关内容引发负面舆情等。

2024年1月，中国证监会召开2024年系统工作会议，强调要突出强监管、防风险与促发展一体推进。坚持把加强监管、防范风险作为高质量发展的重要保障，坚守监管主责主业，全面强化机构监管、行为监管、功能监管、穿透式监管、持续监管，把监管"长牙带刺"、有棱有角落实到位。① 可见，在"严监管，零容忍"常态化背景下，证券公司如何在确保合规经营的基础上开展业务，已成为工作中的重中之重。

参考文献

《合规小兵2023年度证券业（券商期货基金）监管处罚分析报告（内附下载链接）》，"合规小兵"微信公众号，2024年2月8日，https：//mp. weixin. qq. com/s/v2R1j7mlgx0-GPnhruFDoQ。

《2022年度券商监管处罚分析报告（内附下载链接）》，"合规小兵"微信公众号，2023年3月30日，https：//mp. weixin. qq. com/s/i-r_ WYxqO5kqzFP3oEJobA。

---

① 《中国证监会召开2024年系统工作会议》，中国证券监督管理委员会网站，2024年1月26日，http：//www.csrc. gov. cn/csrc/c100028/c7459642/content. shtml。

附　录
中国证券市场大事记（2023）

李宗超*

1月

1月4日　中国证监会召开国际顾问委员会第十九次会议，会议主题为"全球大变局下中国资本市场高质量发展与高水平开放"。与会委员围绕"全球大变局下中国资本市场面临的机遇与挑战""深化基础制度改革，提升资本市场功能，更好服务经济高质量发展""立足中国实际，借鉴国际有益经验，逐步完善可持续信息披露制度"等3个议题进行了坦诚、深入和广泛的交流。

1月4日　中国证监会、中国人民银行联合发布《公开募集证券投资基金信息披露电子化规范》金融行业标准，自公布之日起施行。随着公募基金市场的快速发展，公开披露的基金信息日益增多。制定该标准，能够通过信息技术手段将披露信息规范化、结构化、数据化，有利于提升信息生成、交换、校验、应用的效率，在基金信息披露义务人、基金监管机构和投资者之间搭起数据交换的桥梁，对保障公募基金公开透明运作起到积极作用。

1月6日　根据中央纪委国家监委通报，民生证券原董事长、山东证监局原局长冯某年多次接受管理服务对象宴请，违规收受礼金、高档礼品和大

---

*　李宗超，山东省亚太资本市场研究院高级研究员，研究方向为证券投资、商业银行。

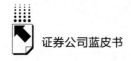

量茅台酒；违反廉洁纪律，违规买卖股票、投资股权获取巨额收益；违反离职回避规定从事证券业务，违规收受他人赠送的财物。同时，利用原职务身份影响干扰发行审核工作，为他人谋取利益，非法收受巨额财物，以借为名收受管理服务对象贿赂。此前 2022 年 6 月，冯某年因涉嫌严重违纪违法接受审查调查。

1 月 12 日　中国证监会发布修订后的《证券期货经营机构私募资产管理业务管理办法》及其配套规范性文件《证券期货经营机构私募资产管理计划运作管理规定》，有效引导证券期货经营机构私募资产管理业务提升服务实体经济质效，加大对科技创新、中小微企业等领域的支持力度，防范化解金融风险。

1 月 13 日　中国证监会发布《证券经纪业务管理办法》（以下简称《办法》），证券经纪业务合规监管迎来新的指导性文件，于 2023 年 2 月 28 日正式实施。《办法》主要从明确经纪业务内涵、加强客户行为管理、优化业务管理流程、保护投资者合法权益、强化内部合规风控、严格行政监管问责等方面做出规定。《办法》援引《证券法》《证券公司监督管理条例》相关规定，加强对非法跨境经纪业务的日常监管，对相关违法违规行为，按照"有效遏制增量，有序化解存量"的思路，稳步推进整改规范工作。

1 月 19 日　经中国证监会同意，上交所、深交所和中国结算正式发布相关配套规则和通知，夯实了港股通交易日历优化的制度基础，相关工作取得阶段性进展。沪深港通交易日历优化是优化内地与香港股票市场交易互联互通机制的重要举措，是两地资本市场监管机构务实合作的具体体现，回应了境内外投资者的诉求，有利于促进内地与香港资本市场长期平稳健康发展。

2月

2 月 1 日　中国证监会就全面实行股票发行注册制涉及的《首次公开发行股票注册管理办法》等主要制度规则草案向社会公开征求意见。这次改革将总结试点注册制经验，推广实践证明行之有效的制度，进一步完善注册制安排。通过优化注册程序、统一注册制度、完善监督制衡机制，进一步完善资本市场基础制度。主要包括完善发行承销制度，约束非理性定价；改进交易制度，优化融资融券和转融通机制；完善上市公司独立董事制度；健全常态化退市机制，畅通多元退出渠道；加快投资端改革，引入更多中长期资金等。同时，支持全国股转系统探索完善更加契合中小企业特点的基础制度。

2月2日　中国证监会召开2023年系统工作会议。会议强调，2023年是贯彻党的二十大精神的开局之年，要认真落实中央经济工作会议部署，围绕推动经济运行整体好转，服务稳增长、稳就业、稳物价，坚定信心、振奋精神，纲举目张做好资本市场改革发展稳定各项工作。一是全力以赴抓好全面实行股票发行注册制改革；二是更加精准服务稳增长大局；三是统筹推动提高上市公司质量和投资端改革；四是坚守监管主责主业；五是巩固防范化解重大金融风险攻坚战持久战成效。加强综合研判和前瞻应对，稳妥有序化解私募基金、地方交易场所、债券违约等重点领域风险，协同打击金融乱象，净化市场生态。

2月10日　中国证监会通报2022年案件办理情况，全年办理案件603件，其中重大案件136件，向公安机关移送涉嫌犯罪案件和通报线索123件，案件查实率达到90%。总体来看，案发数量持续下降，办案质效明显提升，"严"的监管氛围进一步巩固，市场生态进一步净化。

2月10日　根据中国证监会统一部署，为便于市场主体做好主板实施注册制后的衔接工作，保障全面注册制改革平稳落地，上海证券交易所、深圳证券交易所、资本市场学院联合举办"全面注册制中介机构培训"。

2月13日　北京证券交易所融资融券交易业务正式启动，已取得北交所融资融券交易权限的证券公司可以接受投资者委托，向北交所进行融资融券交易申报。通过北交所"信息披露—融资融券信息"栏目，投资者可以查询公布的融资融券标的股票名单。

2月中旬　国元证券原董事长蔡某在退休3年后被安徽省纪委带走调

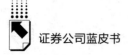

查，至年末都没有公开结论。公开资料显示，蔡咏于 1993 年进入国元证券前身安徽省国际信托投资公司任职，2001 年参与创立国元证券，担任公司总裁、党委副书记；2012 年担任国元证券党委书记、董事长，2020 年 1 月在国元证券董事会任期届满离任。

2 月 17 日　中国证监会发布全面实行股票发行注册制相关制度规则，自发布之日起施行。证券交易所、全国股转公司、中国结算、中证金融、证券业协会配套制度规则同步发布实施。全面实行注册制是涉及资本市场全局的重大改革。在各方共同努力下，科创板、创业板和北交所试点注册制总体上是成功的，主要制度规则经受住了市场检验，改革成效得到了市场认可。这次全面实行注册制制度规则的发布实施，标志着注册制的制度安排基本定型，标志着注册制推广到全市场和各类公开发行股票行为，在中国资本市场改革发展进程中具有里程碑意义。

此次发布的制度规则共 165 部，其中证监会发布的制度规则 57 部，证券交易所、全国股转公司、中国结算等发布的配套制度规则 108 部，内容涵盖发行条件、注册程序、保荐承销、重大资产重组、监管执法、投资者保护等方面。一是精简优化发行上市条件。坚持以信息披露为核心，将核准制下的发行条件尽可能转化为信息披露要求。各市场板块设置多元包容的上市条件。二是完善审核注册程序。坚持证券交易所审核和证监会注册各有侧重、相互衔接的基本架构，进一步明晰证券交易所和证监会的职责分工，提高审核注册效率和可预期性。证券交易所审核过程中发现重大敏感事项、重大无先例情况、重大舆情、重大违法线索的，及时向证监会请示报告。证监会同步关注发行人是否符合国家产业政策和板块定位。同时，取消证监会发行审核委员会和上市公司并购重组审核委员会。三是优化发行承销制度。对新股发行价格、规模等不设任何行政性限制，完善以机构投资者为参与主体的询价、定价、配售等机制。四是完善上市公司重大资产重组制度。各市场板块上市公司发行股份购买资产统一实行注册制，完善重组认定标准和定价机制，强化对重组活动的事中事后监管。五是强化监管执法和投资者保护。依法从严打击证券发行、保荐承销等过程中的违法行为。细化责令回购制度安排。此外，全国股转公司注册制有关安排与证券交易所总体一致，并基于中小企业特点做出差异化安排。

2月17日　经国务院批准，中国证监会发布境外上市备案管理相关制度规则，自2023年3月31日起实施。此次发布的制度规则共6项，包括《境内企业境外发行证券和上市管理试行办法》和5项配套指引。境外上市备案管理相关制度规则的发布和实施，将更好支持企业依法合规到境外上市，利用两个市场、两种资源实现规范健康发展。

2月27日　《证券期货业网络和信息安全管理办法》（以下简称《办法》）正式公布，自2023年5月1日起施行。《办法》全面覆盖了证券期货关键信息基础设施运营者、核心机构、经营机构、信息技术系统服务机构等各类主体，以安全保障为基本原则，对网络和信息安全管理提出规范要求；主要内容包括网络和信息安全运行、投资者个人信息保护、网络和信息安全应急处置、关键信息基础设施安全保护、网络和信息安全促进与发展、监督管理和法律责任等。

3月

3月17日　中国证监会通报关于2022年首发企业现场的检查情况。按照对重大违法违规行为"零容忍"、对非重大违法违规行为依问题性质分类处理的原则，2022年共完成对28家首发申请企业的检查及处理工作，涉及主板企业15家、科创板企业3家、创业板企业10家。

3月24日　中国证监会就《期货公司监督管理办法（征求意见稿）》公开征求意见。根据消息，《中华人民共和国期货和衍生品法》对期货公司的实际控制人、业务范围等做出制度安排；此次修订重点围绕落实《中华人民共和国期货和衍生品法》有关要求，结合市场发展和监管实际，对相关内容进行了修改完善。

3月24日　中国证监会召开2023年机构监管工作会议，会议系统回顾2022年和过去5年机构监管工作，全面客观分析当前监管形势，研究部署

2023 年各项重点工作。会议认为，过去 5 年，证券基金机构监管条线始终坚持政治引领，准确把握监管定位，持续丰富制度供给，推进简政放权，整合监管资源，监管效能不断迈上新台阶。

3 月 29 日　新修订的《期货交易所管理办法》（以下简称《办法》）发布，并于 2023 年 5 月 1 日起施行。此次修订主要涉及以下几方面内容：一是坚持党对期货交易所的领导，进一步增强期货交易所党组织建设要求；二是落实《中华人民共和国期货和衍生品法》要求，健全和完善相关制度规定；三是优化期货交易所内部治理，完善组织架构和运行机制；四是强化期货交易所风险管理责任，维护市场安全；五是压实期货交易所责任，促进期货市场健康发展。此外，结合《中华人民共和国期货和衍生品法》相关规定，《办法》还对相关条文内容进行了适应性调整。

4月

4 月 10 日　沪深交易所主板注册制首批企业上市仪式在北京、上海、深圳三地连线举行，主板注册制首批 10 家企业迎来上市首秀，当天首批 10 只主板注册制新股全线收涨，齐齐实现开门红。按照市场化询价方式定价后，10 只新股中，有 9 只新股发行市盈率突破了核准制下隐形 23 倍 PE 红线。

4 月 14 日　国务院办公厅发布《关于上市公司独立董事制度改革的意见》，标志着独董制度改革正式启动。本次改革将监督关口前移，增加独董在年报披露等关键领域监督的话语权。

4 月 14 日　中国证监会召开 2023 年系统全面从严治党暨纪检监察工作会议。会议指出，2023 年是全面贯彻党的二十大精神的开局之年。证监会系统要深入学习贯彻习近平新时代中国特色社会主义思想，贯彻落实党的二十大、二十届中央纪委二次全会和国务院第一次廉政工作会议精神，始终牢记全面从严治党永远在路上、党的自我革命永远在路上，在党中央坚强领导下，按照中央纪委国家监委统一部署，坚持永远吹冲锋号，把严的基调、严的措施、严的氛围长期坚持下去，为建设中国特色现代资本市场、更好服务中国式现代化提供坚强政治保障。

4月21日　中国证监会对 *ST 紫晶、*ST 泽达送达《行政处罚决定书》，认定两公司触及重大违法退市标准，上交所当日启动重大违法强制退市流程。2023 年 7 月 7 日，两公司正式被上交所终止上市。

4月23日　根据《中国证监会　国家发展改革委关于企业债券发行审核职责划转过渡期工作安排的公告》，中国证监会对国家发展改革委移交的34 个企业债券项目依法履行了注册程序，同意核发注册批文。首批企业债券发行拟募集资金合计 542 亿元，主要投向交通运输、产业园区、新型城镇化、安置房建设、农村产业融合发展、5G 智慧城市和生态环境综合治理等产业领域。

5月

5月12日　为健全多层次资本市场产品体系，丰富资本市场风险管理工具，中国证监会启动科创 50ETF 期权上市工作。科创 50ETF 期权是我国首只基于科创 50 指数的场内期权品种，科技创新特色鲜明，与现有 ETF 期权品种形成良好互补。上市科创 50ETF 期权，有利于吸引长期资金配置科创板，激发科创板创新活力，满足多元化的交易和风险管理需求，有助于继续发挥好科创板改革先行先试的示范引领作用，不断提升服务实体经济质效。

5月16日　由中国证监会、中国人民银行联合发布的《重要货币市场基金监管暂行规定》（以下简称《暂行规定》）正式实施。《暂行规定》明确了重要货币市场基金的评估条件，还在重要货币市场基金的人员配置等方面提出了更为严格审慎的要求。货币市场基金正式步入"严监管"时代。

5月18日　国家金融监督管理总局正式揭牌。金融监管总局将转变职能、提升效能，不断完善具有中国特色、时代特征的监管体系、监管规则，全面强化机构监管、行为监管、功能监管、穿透式监管、持续监管，为构建

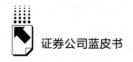

新发展格局、推动高质量发展提供有力支撑和坚强保障。

5月26日 为贯彻落实扩大期货市场对外开放相关工作部署，中国证监会依法核准Morgan Stanley（摩根士丹利）在北京市设立摩根士丹利期货（中国）有限公司。中国证监会将继续深化期货市场对外开放，支持符合条件的境外机构投资境内期货公司，不断提升期货市场运行质量，服务实体经济高质量发展。

5月27日 中国上市公司协会年会（理事会）暨2023中国上市公司峰会召开。大会以"新时代 新格局 新使命 新动能"为主题，围绕资本市场改革与上市公司高质量发展，共话中国特色现代资本市场建设发展之路。2023年，协会将围绕"打造一个规范、透明、开放、有活力、有韧性的资本市场"总目标以及证监会《推动提高上市公司质量三年行动方案（2022—2025）》等重点工作，在推动培育体现高质量发展要求的上市公司群体、抓存量公司优化提升等方面继续深耕会员服务，全力以赴助力上市公司高质量发展再上新台阶。

6月

6月5日 上交所科创板50ETF期权上市交易，成为全面注册制下首次推出的股票期权新品种。

6月8日 第十四届陆家嘴论坛在沪开幕，论坛以"全球金融开放与合作：引导经济复苏的新动力"为主题。本次论坛设有7场全体大会和3场浦江夜话，议题涵盖当前经济、金融领域的热点问题，包括"自贸试验区功能提升与金融高水平改革开放""构建更好支持科技创新的金融服务体系""全球货币政策调整与金融风险防范""养老金融的机遇与责任""全球资产管理行业发展新趋势""构建支持'双碳'战略的绿色金融体系""践行ESG理念，推动转型金融发展——伙伴城市专场·卢森堡""共同富裕与普惠金融发展""金融开放合作与法治保障"等议题。中国证监会主席易会满在开幕式讲话时说："我们将认真抓好新一轮推动提高上市公司质量三年行动方案的实施，会同有关方面着力完善长效化的综合监管机制，持续提高信息披露质量，保持高压态势，从严惩治财务造假、大股东违规占用等行为，推动上市公司提升治理能力、竞争能力、创新能力、抗风险能力、回报能力，夯实中国特色估值体系的内在基础。"

6月9日　中国证监会起草《公开募集证券投资基金投资顾问业务管理规定》（以下简称《规定》）并向社会公开征求意见。《规定》旨在进一步完善证券基金投资咨询业务法规体系、明确基金投资顾问业务具体规范和监管细则，为此项业务长期、规范、健康发展提供有力法治保障。

6月19日　港交所正式推出"港币－人民币双柜台模式"（以下简称"双柜台模式"），首日成交额1.63亿。所谓双柜台模式，即港股市场设立港币和人民币两个柜台，分开交易两种货币股票，允许投资者跨柜台自由转换以缩小价差，同时引入做市商机制以提高流动性。

6月21日　中国证监会发布《关于深化债券注册制改革的指导意见》《关于注册制下提高中介机构债券业务执业质量的指导意见》。《关于深化债券注册制改革的指导意见》按照统一公司债券和企业债券、促进协同发展的思路，对深化债券注册制改革做出系统性制度安排，提出了4个方面12条措施。《关于注册制下提高中介机构债券业务执业质量的指导意见》遵循债券市场发展规律，加强监管，压实责任，明确了服务高质量发展、强化履职尽责、深化分类监管、严格监管执法等4方面原则，并提出了5个方面共14条措施。

6月30日　中国证监会公示"专精特新"专板建设方案备案名单（第一批），北京、浙江、江西联合、齐鲁、武汉、广东、重庆、宁波、青岛蓝海等9个股权交易中心或股份转让中心或托管交易中心入选。

7月

7月7日　中国证监会印发《公募基金行业费率改革工作方案》，拟在2年内采取15项举措全面优化公募基金费率模式，稳步降低公募基金行业

综合费率水平，标志着费率改革第一阶段启动。随着第一阶段"管理费用"改革完成，第二阶段"交易费用"改革启动。

7月9日 国务院总理李强签署国务院令，公布《私募投资基金监督管理条例》，自2023年9月1日起施行。近年来，我国私募投资基金行业稳步发展，在提高直接融资比重、促进经济发展方面发挥了积极作用。制定专门行政法规，将私募投资基金业务活动纳入法治化、规范化轨道进行监管，旨在鼓励私募投资基金行业规范健康发展，更好保护投资者合法权益，进一步发挥服务实体经济、促进科技创新等作用。

7月14日 中国证券业协会发布新修订的《证券公司债券业务执业质量评价办法》（以下简称《评价办法》），强化债券承销分类监管。此次修订进一步聚焦注册制下提升债券业务执业质量内涵和要求，对评价指标体系进行了全面优化，实现了对证券公司债券执业行为的全方位、全链条的监管评价。《评价办法》坚持问题导向，突出监管与市场引导并重，旨在推动证券公司强化债券业务全流程规范管理，进一步夯实了注册制下证券公司的"看门人"责任。

7月21日 中国证监会就《关于完善特定短线交易监管的若干规定（征求意见稿）》（以下简称《规定（意见稿）》）公开征求意见。《规定（意见稿）》将依法规制作为基本原则，主要围绕大股东、董监高等特定投资者，明确细化特定短线交易的适用标准，不扩大规制对象，不影响普通投资者的正常交易。

7月24日 中共中央政治局召开会议，分析研究当前经济形势，部署下半年经济工作。会议指出，要用好政策空间、找准发力方向，扎实推动经济高质量发展；要精准有力实施宏观调控，加强逆周期调节和政策储备；要继续实施积极的财政政策和稳健的货币政策，延续、优化、完善并落实好减税降费政策，发挥总量和结构性货币政策工具作用，大力支持科技创新、实体经济和中小微企业发展；要保持人民币汇率在合理均衡水平上的基本稳定。要活跃资本市场，提振投资者信心。

7月24日 中国证监会召开2023年系统年中工作座谈会。证监会党委书记、主席易会满作题为《坚定信心　稳中求进　奋力推进中国特色现代资本市场建设》的工作报告。会议强调，做好下半年工作，要坚决贯彻落实中央政治局会议精神，结合资本市场实际，把握好提振信心、保持定力、坚守稳健、改进作风 4 个原则，进一步激发资本市场活力，提升资本市场功能，更好服务高质量发展。

7 月 25 日　国务院国资委办公厅印发《关于转发〈央企控股上市公司 ESG 专项报告编制研究〉的通知》（以下简称《通知》）。《通知》为央企控股上市公司编制 ESG 报告提供了建议与参考：一是《中央企业控股上市公司 ESG 专项报告编制研究课题相关情况报告》作为总纲，介绍了课题研究背景、过程、成果、特点及预评估等内容；二是《央企控股上市公司 ESG 专项报告参考指标体系》为上市公司提供了最基础的指标参考；三是《央企控股上市公司 ESG 专项报告参考模板》提供了 ESG 专项报告的最基础格式参考。

7 月 28 日　《证券公司核心交易系统技术指标》（JR/T 0292—2023）和《期货公司监管数据采集规范　第 1 部分：基本信息和经纪业务》（JR/T 0293—2023）2 项金融行业标准公布，自公布之日起施行。其中，《证券公司核心交易系统技术指标》金融行业标准规定了证券公司核心交易系统的技术指标，包括系统参考架构、技术指标架构，性能、可靠性、安全性、兼容性、可移植性、可维护性和功能性指标，同时明确了相关的指标定义、度量函数和度量方法。以上标准的制定实施将指导证券公司进行核心交易系统的质量评估与测试，促进交易系统不断完善和发展。

8月

8 月 1 日　《上市公司独立董事管理办法》（以下简称《独董办法》）正式发布，并于 2023 年 9 月 4 日起施行。修改完善后的《独董办法》共六章四十八条，主要包括明确独立董事的任职资格与任免程序、明确独立董事的职责及履职方式、明确履职保障、明确法律责任和过渡期安排等。

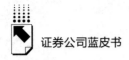

8月7日 上证科创 100 指数发布，与科创 50 指数共同构成上证科创板规模指数系列。同月，首批科创 100ETF 获批，填补了科创板中层市值指数公募产品的空白。

8月10日 沪深交易所纷纷发布公告称将加快在完善交易制度和优化交易监管方面推出一系列务实举措。一方面，研究允许主板股票、基金等证券申报数量以 1 股（份）为单位递增；另一方面，研究 ETF（交易型开放式基金）引入盘后固定价格交易机制。

8月18日 为进一步活跃资本市场，提振投资者信心，沪深交易所将 A 股、B 股证券交易经手费从按成交金额的 0.00487% 双向收取，下调为按成交金额的 0.00341% 双向收取，降幅达 30%；北交所在 2022 年 12 月调降证券交易经手费 50% 的基础上，再次将证券交易经手费标准降低 50%，由按成交金额的 0.025% 双边收取，下调至按成交金额的 0.0125% 双边收取。

8月22日 财政部、国家税务总局等部门发布了多项支持资本市场发展的税收优惠政策。例如，为促进内地与香港资本市场双向开放和健康发展，对内地个人投资者通过沪港通、深港通投资香港联交所上市股票取得的转让差价所得和通过基金互认买卖香港基金份额取得的转让差价所得，暂免征收个人所得税。

8月27日 财政部、国家税务总局、中国证监会发布多项活跃资本市场的政策，包括证券交易印花税实施减半征收、阶段性收紧 IPO 节奏、规范减持行为以及降低融资保证金比例。此次政策"组合拳"的出台是对 2023 年 7 月 24 日中央政治局会议精神的具体落实。

8月27日 中国证监会统筹一二级市场平衡、优化 IPO、再融资监管做出以下安排。一是根据近期市场情况，阶段性收紧 IPO 节奏，促进投融资两端的动态平衡。二是对于金融行业上市公司或者其他行业大市值上市公司的大额再融资，实施预沟通机制，关注融资必要性和发行时机。三是突出扶优限劣，对于存在破发、破净、经营业绩持续亏损、财务性投资比例偏高等情形的上市公司再融资，适当限制其融资间隔、融资规模。四是引导上市公司合理确定再融资规模，严格执行融资间隔期要求。审核中将对前次募集资金是否基本使用完毕，前次募集资金项目是否达到预期效益等予以重点关注。五是严格要求上市公司募集资金应当投向主营业务，严限多元化投资。六是房地产上市公司再融资不受破发、破净和亏损限制。

8 月 28 日　8 月 28 日是"超预期政策"刷屏后的首个交易日，A 股开盘大涨，随后放量回落，由此也引发了 A 股市场量化交易大讨论。在量化交易引发巨大争议后，很快得到了监管层的注意和回应。9 月 1 日晚间，中国证监会从监管导向以及制度化安排层面高度关切量化投资引发的争议问题。

9月

9 月 1 日　中国证监会发布《关于高质量建设北京证券交易所的意见》（以下简称《意见》），提出"深改 19 条"，进一步推进北交所稳定发展和改革创新，合力高质量建设北交所，加快打造服务创新型中小企业主阵地。《意见》共有 19 条内容，被称为"深改 19 条"，具体包括以下四方面工作举措。一是加快高质量上市公司供给，有效改善新增上市公司结构，全面提升上市公司质量，优化发行上市制度安排。二是稳步推进市场改革创新，持续丰富产品体系，改进和完善交易机制，调整优化发行承销制度，加强多层次市场互联互通，扩大投资者队伍。三是全面优化市场发展基础和环境，更好发挥中介机构作用，持续提升监管效能，完善市场风险监测预警和评估处置机制，推进制度型对外开放，发挥好改革试验田作用。四是强化组织保障，加强组织领导，强化全链条监督制衡，做好新闻舆论引导。

9 月 1 日　中国证监会发布《关于股票程序化交易报告工作有关事项的通知》《关于加强程序化交易管理有关事项的通知》，前者主要明确了股票市场程序化交易报告的具体安排，后者主要加强了程序化交易管理工作。程序化交易报告制度和监管安排的发布，有助于摸清程序化交易底数，明确市场对程序化交易监管的预期，提升市场透明度和交易监管的精准度，对于传导合规交易理念、引导程序化交易规范发展具有重要意义，也将进一步促进

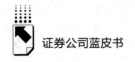
证券市场稳定健康发展。

9月2日 中国证监会向证券公司公布了2023年分类评价结果，全行业共140家证券公司，其中34家子公司合并至母公司评价，参评主体合计106家。A、B、C类公司数量分别占比50%、40%、10%，AA级别公司保持在14家左右。

9月8日 《上市公司2022年年度财务报告会计监管报告》发布，报告显示，截至2023年4月30日，除ST摩登等6家公司外，A股市场共有5158家上市公司披露了2022年度报告，其中主板3195家、创业板1255家、科创板517家、北交所191家，实现赢利的有4111家、发生亏损的有1047家。按期披露年报的上市公司中，235家公司被出具非标准审计意见的审计报告，其中无法表示意见37家、保留意见94家、带解释性说明段的无保留意见104家。

9月8日 中国证监会就修订《公司债券发行与交易管理办法》和《公开发行证券的公司信息披露内容与格式准则第24号——公开发行公司债券申请文件》公开征求意见。本次修订坚持市场化、法治化，坚持制度先行、规则先行，明确企业债券适用《证券法》等上位法，着力构建统一的公司债券监管制度规则体系，主要遵循四个原则：一是坚持稳字当头，二是夯实制度基础，三是促进功能发挥，四是维护市场生态。

9月26日 国务院国资委召开中央企业提高上市公司质量暨公司治理工作专题会，总结提高央企控股上市公司质量工作进展，交流公司治理工作经验，明确下一步工作思路和重点任务。会议提出，下一步中央企业要围绕完善上市公司治理、动态优化股权结构、提高信息披露质量、探索ESG新路径、依法合规经营等重点工作，推动央企控股上市公司治理和规范运作再上新台阶。

9月28日 中国人民银行、国家金融监督管理总局等决定进一步优化粤港澳大湾区"跨境理财通"业务试点，推进大湾区金融市场互联互通。一是优化投资者准入条件，支持更多大湾区居民参与试点。二是扩大参与机构范围，新增符合要求的证券公司作为参与主体，为"南向通""北向通"

个人客户提供投资产品及相关服务。三是扩大"南向通""北向通"合格投资产品范围，更好满足大湾区居民多样化投资需求。四是适当提高个人投资者额度。五是进一步优化宣传销售安排，引导金融机构为大湾区居民提供优质金融服务。

10月

10月11日 证券市场迎来重磅消息，四大行集体发布关于控股股东中央汇金增持该行股份的公告。公告显示，中央汇金于当天分别对中国银行、农业银行、工商银行、建设银行增持了A股股份，并表示拟在未来6个月内继续在二级市场增持四大行股份。按照11日的收盘价估算，中央汇金当日合计增持金额约为4.77亿元。这是中央汇金时隔8年再度增持四大行股份。市场认为，中央汇金作为"国家队"增持四大行具有较强的信号意义，历史上"国家队"增持是市场构筑中期底部的标志性事件，中央汇金本次增持为中国资本市场注入"强心剂"。

10月20日 中国证监会就《上市公司监管指引第3号——上市公司现金分红（2023年修订）》等现金分红规范性文件公开征求意见，主要涉及以下方面：对不分红的公司加强披露要求等制度约束，督促分红；对财务投资较多但分红水平偏低的公司进行重点关注，督促提高分红水平，专注主业；鼓励公司在条件允许的情况下增加分红频次；加强对异常高比例分红企业的约束，引导合理分红；鼓励上市公司在符合利润分配条件下增加现金分红频次；新增对中期分红的完成时限要求；引导公司在章程中制定分红约束条款，规避在利润不真实、债务过高的情形下实施分红所带来的风险。

10月20日 中央纪委国家监委网站通报，上海证券交易所原副总经理刘某被开除公职。此前4月21日，刘某涉嫌严重职务违法，接受中央纪委国家监委驻中国证监会纪检监察组和浙江省台州市监委监察调查。经查，刘某身为领导干部，以资本市场"专家学者"自居，忽视政治要求和纪律规

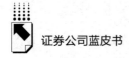

定；严重违反中央八项规定精神，多次接受监管服务对象高档宴请，收受可能影响公正行使公权力的礼品礼金；篡改、伪造个人档案资料，以"假离婚"欺骗组织，不按规定报告个人有关事项；滥用职权，利用职务便利侵吞公共财物；以影子股东入股多家拟上市公司，在企业发行上市等方面为他人谋取不正当利益，并非法收受财物。

10月30日　中央金融工作会议在北京召开。会议强调，金融是国民经济的血脉，是国家核心竞争力的重要组成部分，要加快建设金融强国，全面加强金融监管，完善金融体制，优化金融服务，防范化解风险，坚定不移走中国特色金融发展之路，推动我国金融高质量发展，为以中国式现代化全面推进强国建设、民族复兴伟业提供有力支撑。会议强调，必须坚持党中央对金融工作的集中统一领导，坚持以人民为中心的价值取向，坚持把金融服务实体经济作为根本宗旨，坚持把防控风险作为金融工作的永恒主题，坚持在市场化法治化轨道上推进金融创新发展，坚持深化金融供给侧结构性改革，坚持统筹金融开放和安全，坚持稳中求进工作总基调。会议指出，高质量发展是全面建设社会主义现代化国家的首要任务，金融要为经济社会发展提供高质量服务。要着力营造良好的货币金融环境，切实加强对重大战略、重点领域和薄弱环节的优质金融服务。始终保持货币政策的稳健性，更加注重做好跨周期和逆周期调节，充实货币政策工具箱。优化资金供给结构，把更多金融资源用于促进科技创新、先进制造、绿色发展和中小微企业，大力支持实施创新驱动发展战略、区域协调发展战略，确保国家粮食和能源安全等。盘活被低效占用的金融资源，提高资金使用效率。做好科技金融、绿色金融、普惠金融、养老金融、数字金融"五篇大文章"。要着力打造现代金融机构和市场体系，疏通资金进入实体经济的渠道。优化融资结构，更好发挥资本市场枢纽功能，推动股票发行注册制走深走实，发展多元化股权融资，大力提高上市公司质量，培育一流投资银行和投资机构。

11月

11月1日　中国证监会召开党委（扩大）会议，传达学习中央金融工作会议精神，研究贯彻落实措施。证监会党委深刻认识到，高质量发展是全面建设社会主义现代化国家的首要任务。要围绕做好科技金融、绿色金融、普惠金融、养老金融、数字金融"五篇大文章"，推动股票发行注册制走深走实，加强基础制度和机制建设，加大投资端改革力度，吸引更多的中长期资金，活跃资本市场，更好发挥资本市场枢纽功能。要健全多层次市场体系，支持上海、深圳证券交易所建设世界一流交易所，高质量建设北京证券交易所，促进证券市场高质量发展。要更加精准有力支持高水平科技自立自强，建立健全针对性支持机制，引导私募股权创投基金投早投小投科技。要大力推动提高上市公司质量，优化再融资和并购重组机制，巩固深化常态化退市机制，支持上市公司转型升级、做优做强。要加强行业机构内部治理，回归本源，稳健发展，加快培育一流投资银行和投资机构。要健全商品期货期权品种体系，助力提高重要大宗商品价格影响力。要统筹开放和安全，稳步扩大资本市场制度型开放，促进跨境投融资便利化。

11 月 3 日　中国证监会就修订《证券公司风险控制指标计算标准规定》公开征求意见，旨在进一步发挥风险控制指标的"指挥棒"作用，主要内容包括促进功能发挥，突出服务实体经济主责主业；强化分类监管，拓展优质证券公司资本空间；突出风险管理，切实提升风控指标的有效性等。

11 月 5 日　科创板迎来宣布设立 5 周年。5 年来，作为改革"试验田"，科创板已成为资本市场支持国家科技自立自强的一线担当，对引导资源向"硬科技"领域集聚发挥着重要的引领作用。

11 月 8 日　2023 金融街论坛年会召开，中国证监会主席易会满在会上表示："加强资本市场监管，维护市场'三公'秩序和投资者合法权益，防范化解金融风险，是证监会的第一职责、法定职责。这几年，我们坚持'敬畏市场、敬畏法治、敬畏专业、敬畏风险，发挥各方合力'的监管理念，坚守监管主责主业，注重把握以下原则：一是坚持'看得清才能管得住'，促使创新在审慎监管的前提下进行。二是严防过度杠杆，把杠杆资金规模和水平逐步压降至合理区间。三是'零容忍'打击各种乱象，扭转了长期以来证券违法成本过低的情况。四是坚持刀刃向内、自我革命，持续加

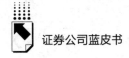

强证监会系统党风廉政建设和反腐败工作。"下一步，证监会将认真落实中央金融工作会议部署，深刻认识资本市场监管的政治性、人民性，全面强化机构监管、行为监管、功能监管、穿透式监管、持续监管，不断提升监管适应性、针对性，守牢风险底线，维护资本市场平稳运行，提振投资者信心，走好中国特色现代资本市场发展之路。

11月9日 中国证券业协会在2023金融街论坛年会上发布《证券公司服务高水平科技自立自强实践报告及典型案例汇编（2019—2023）》和《2022年度证券公司履行社会责任情况报告》。《2022年度证券公司履行社会责任情况报告》显示，2022年，证券公司围绕服务中国式现代化使命任务，加快助力构建新发展格局，积极践行社会责任。一是接续助力乡村振兴。截至2022年末，共有103家证券公司结对帮扶357个脱贫县，60家证券公司结对帮扶83个国家乡村振兴重点帮扶县，助力乡村产业、人才、生态、文化、组织全面振兴。二是坚持服务国家发展战略。证券公司坚持在服务区域经济建设、深化国企改革、支持民营企业改革创新与转型升级方面持续发力，全年助力实体经济直接融资5.92万亿元。三是公益行动取得显著成效。已有69家证券公司加入"证券行业促进乡村振兴公益行动"；25家证券公司成立公益基金会。2022年全行业公益性支出达7.65亿元，公益向善的责任理念已成为行业重要的文化基因。四是坚守投资者教育与保护责任。2022年，证券公司组织开展各类投教活动达16.6万场，覆盖投资者8.56亿人次；不断扩大"四合一"投教覆盖范围，持续推进投资者教育纳入国民教育体系。

11月10日 中国证监会就《首发企业现场检查规定（修订草案征求意见稿）》公开征求意见。在总结试点注册制实施以来现场检查监管经验的基础上，中国证监会的此次修订主要涉及以下方面：一是强化"申报即担责"，对检查后申请撤回、检查中多次出现同类问题、拒绝阻碍检查等行为实施更为严格的制度约束；二是规范检查操作，进一步明确检查前统筹、检查中推进以及检查后处理的具体程序及要求，统一检查标准，提高检查规范性；三是对其中部分适用于核准制的表述进行调整。

11 月 10 日　中国证监会和国家标准委联合发布《关于加强证券期货业标准化工作的指导意见》（以下简称《指导意见》）。《指导意见》包括指导思想、主要目标、主要任务、保障措施等方面内容，对证券期货业标准化发展做出全面部署，是资本市场标准化工作中长期规范化、科学化和可持续发展的重要指导性文件。

11 月 10 日　据中央纪委国家监委驻中国投资有限责任公司纪检监察组、山东省纪委监委消息：中国银河证券股份有限公司原党委书记、董事长陈某炎涉嫌严重违纪违法，目前正接受中央纪委国家监委驻中国投资有限责任公司纪检监察组纪律审查和山东省威海市监察委员会监察调查。公开信息显示，陈某炎历任国务院发展研究中心副研究员，北京商品交易所理事、副总裁，中国证监会信息中心负责人，中国证监会政策研究室助理巡视员、机构监管部副主任、证券公司风险处置办公室主任，中国证券投资者保护基金有限责任公司党委书记、董事长，中国证券业协会党委书记、会长等职。2016 年 10 月起，陈某炎担任中国银河证券股份有限公司董事长等职，2022 年 7 月到龄退休。

11 月 14 日　中央纪委国家监委网站显示，中国期货业协会原党委书记、会长安某松涉嫌严重违纪违法，接受纪律审查和监察调查。

11 月 15 日　2023 年上海证券交易所国际投资者大会在上海开幕。本次大会以"构建新发展格局，推动高质量发展"为主题，来自 150 多家国内外知名投资机构代表参加了大会。这是上交所第 5 年举办国际投资者大会，在为期 2 天的会议中，18 场主旨演讲和圆桌讨论围绕中国投资机遇与展望、持续便利境外投资者投资、绿色发展和科技创新等专题开启。

12月

12 月 8 日　中共中央政治局召开会议，分析研究 2024 年经济工作。会议指出，2024 年要坚持稳中求进、以进促稳、先立后破，强化宏观政策逆周期和跨周期调节，继续实施积极的财政政策和稳健的货币政策。积极的财政政策要适度加力、提质增效，稳健的货币政策要灵活适度、精准有效。要增强宏观政策取向一致性，加强经济宣传和舆论引导。要以科技创新引领现代化产业体系建设，提升产业链供应链韧性和安全水平。

12月8日 中国证监会、国务院国资委联合发布《关于支持中央企业发行绿色债券的通知》（以下简称《通知》）。《通知》的发布，将进一步提升资本市场服务中央企业绿色低碳发展能力，支持中央企业产业结构和能源结构优化升级，强化中央企业绿色低碳技术科技攻关和应用布局，形成示范效应，更好带动支持民营经济绿色低碳发展，促进经济社会发展全面绿色转型。

12月8日 中国证监会研究制定了《关于加强公开募集证券投资基金证券交易管理的规定（征求意见稿）》，并向社会公开征求意见，标志着公募费率改革的第二阶段工作正式启动。在2023年7月，公募基金行业已在监管部门倡导下，进行第一阶段公募费率改革，调降权益类基金的管理费率、托管费率。

12月11日 中央经济工作会议召开，会议提及多项重磅政策，包括2024年要坚持稳中求进、以进促稳、先立后破；我国发展面临的有利条件强于不利因素，经济回升向好、长期向好的基本趋势没有改变；积极的财政政策要适度加力、提质增效稳健的货币政策要灵活适度、精准有效；要统筹化解房地产、地方债务、中小金融机构等风险，严厉打击非法金融活动；要加快打造人工智能发展，开辟量子、生命科学等未来产业新赛道；稳定和扩大传统消费，提振新能源汽车、电子产品等大宗消费；要加快完善生育支持政策体系，发展银发经济；要积极稳妥推进碳达峰碳中和，加快打造绿色低碳供应链等。

12月15日 中国证监会修订发布《上市公司股份回购规则》。股份回购作为资本市场的一项基础性制度安排，具有优化资本结构、维护公司投资价值、健全投资者回报机制等方面的功能作用。证监会鼓励上市公司依法合规运用回购工具，积极回报投资者，促进市场稳定健康发展，同时也将加大回购的事中事后监管，对利用回购实施内幕交易、操纵市场等违法行为的，依法严厉查处。

12 月 22 日　经中央纪委国家监委批准，中信建投证券原党委副书记、总经理李某平被开除党籍和公职。通报中，李某平被指"靠金融吃金融"，利用职务上的便利为他人谋取利益，非法收受巨额财物等。

12 月 22 日　"专精特新"专板建设方案备案名单（第二批）公示，包括天津、河北、上海、江苏、安徽、海峡、湖南和新疆等 8 个区域性股权市场。

参考文献

《2022 年度券商监管处罚分析报告（内附下载链接）》，"合规小兵"微信公众号，2023 年 3 月 30 日，https：//mp. weixin. qq. com/s/i-r_ WYxq O5kqzFP3oEJobA。

《合规小兵 2023 年度证券业（券商期货基金）监管处罚分析报告（内附下载链接）》，"合规小兵"微信公众号，2024 年 2 月 8 日，https：//mp. weixin. qq. com/s/v2R1j7mlgx0-GPnhruFDoQ。

《2023 年金融机构贷款投向统计报告》，中国人民银行网站，2024 年 1 月 26 日，http：//www. pbc. gov. cn/goutongjiaoliu/113456/113469/5221508/index. html。

巴曙松、王璟怡、刘晓依、郑铭：《全球系统重要性银行：更高的损失吸收能力》，《中国银行业》2016 年第 6 期。

毕马威：《2022 中国证券业调查报告系列—证券行业趋势及战略洞察》，2022 年 5 月 26 日。

毕马威：《二零二三年中国证券业调查报告》，2023 年 8 月。

财新智库：《2022 中国 ESG 发展白皮书》，2022 年 12 月。

财政部：《2023 年中国财政政策执行情况报告》，2024 年 3 月。

长城证券产业金融研究院：《以算力为基石，赋能应用加速落地，持续看好数字基础设施相关产业链投资机会——通信行业 2023 年回顾及 2024 年展望》，2024 年 1 月 4 日。

常健、王清粤：《系统重要性金融机构有限责任制度的修正：基本理论和制度建构》，《上海财经大学学报》2023 年第 1 期。

陈少凌、李杰、谭黎明、杨海生：《中国系统性金融风险的高维时变测度与传导机制研究》，《世界经济》2021 年第 12 期。

程丹：《券商投行评价标准明确　评分体系进一步优化》，《证券时报》2023 年 12 月 30 日。

邓建平：《新〈证券法〉的五大亮点》，《财会月刊》2020 年第 6 期。

邓义君：《新时代证券公司合规文化建设研究》，《投资与合作》2023 年第 10 期。

房汉廷：《关于科技金融理论、实践与政策的思考》，《中国科技论坛》2010 年第 11 期。

冯利霞：《华泰证券数字化转型对绩效的影响研究》，硕士学位论文，广州大学，2022。

盖斌赫、赵晨希：《北交所 2024 年度策略：厚积薄发，未来可期》，证券之星网站，2024 年 2 月 25 日，https：//stock.stockstar.com/JC2024022500002168.shtml。

谷方杰、张文锋：《基于价值链视角下企业数字化转型策略探究——以西贝餐饮集团为例》，《中国软科学》2020 年第 11 期。

国浩律师事务所：《2023 证券行政处罚：证券中介机构未勤勉尽责篇》，2024 年 4 月 18 日。

国家统计局：《中华人民共和国 2023 年国民经济和社会发展统计公报》，2024 年 2 月。

海通证券：《兵马已动　粮草先行——证券公司再融资情况专题研究》，2023 年 1 月 5 日。

何学松：《中国证券公司核心竞争力提升的思考》，《现代商贸工业》2008 年第 10 期。

胡智：《金融业并购重组理论评析》，《国际金融研究》2000 年第 6 期。

华泰证券课题组、朱有为：《证券公司数字化财富管理发展模式与路径研究》，《证券市场导报》2020 年第 4 期。

华西证券：《多家券商发力公募牌照，泛资管生机勃勃》，2023 年 2 月

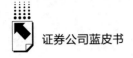

12 日。

贾康：《"双循环"新发展格局的认识框架》，《金融经济》2020 年第 12 期。

金成晓、蒋润南：《影子银行内生脆弱性、宏观审慎政策与系统性金融风险防范》，《金融市场研究》2024 年第 6 期。

鞠厚林、范想想、王新月：《北交所 2024 年度策略：政策助力北交所加快发展 市场有望震荡向上》，新浪财经网站，2024 年 1 月 23 日，http：//stock. finance. sina. com. cn/stock/go. php/vReport _ Show/kind/strategy/rptid/759334525902/index. phtml。

李东方：《证券监管机构及其监管权的独立性研究——兼论中国证券监管机构的法律变革》，《政法论坛》2017 年第 35 期。

李方超、姜仁荣：《金融科技时代下证券公司的数字化转型研究》，《现代商业》2021 年第 22 期。

李方超、姜仁荣：《金融科技时代下证券公司的数字化转型研究》，《现代商业》2021 年第 22 期。

李俊杰、陆晨希、王然、温梦瑶：《国泰君安深化 ESG 实践发挥银行间市场"绿色金融"特色优势》，《中国货币市场》2024 年第 3 期。

李娜、张括、石桂峰：《中国特色证券特别代表人诉讼的溢出效应——基于康美药业的事件研究》，《财经研究》2022 年第 8 期。

陆志洲：《证券公司财富管理的数字化转型与科技智能化发展》，《财讯》2023 年第 13 期。

路妍、刘旭磊：《宏观经济不确定性、宏观审慎政策与资本异常流动》，《国际金融研究》2024 年第 6 期。

吕怀立、应君、李墒、李安：《投资银行数字化转型路径与优化对策》，《金融市场研究》2023 年第 11 期。

麦肯锡公司：《美国券业整合分化史对中国券业的启示——六类券商模式初现端倪》，2020 年 4 月 24 日。

缪因知：《大金融监管格局下证券交易配资的属性统合与规制思路》，

《法学评论》2024年第1期。

潘劲松：《券商经纪业务数字化转型方向与实践》，《金融纵横》2021年第5期。

平安证券：《股债融资双管齐下，券商多渠道夯实资本实力》，2023年5月30日。

普华永道：《A+H股上市公司2021年ESG报告及应对气候变化相关信息披露研究》，2023年2月。

戚聿东、肖旭：《数字经济时代的企业管理变革》，《管理世界》2020年第6期。

綦天佐、孙国茂：《新发展格局下中国式现代金融体系的构建》，《南海学刊》2024年第2期。

乔翔、李梦扬：《业务发展驱动资本需求　中小券商密集冲刺上市》，《中国证券报》2023年1月12日。

券研社：《2023年证券公司执业行为处罚分析报告》，2024年3月19日。

《三个券商简称已退出历史舞台，十家券商上演易主"风云"，国资继续深入证券业"腹地"》，"新浪财经"百家号，2023年2月17日，https：//baijiahao.baidu.com/s？id=1758036798365112439&wfr=spider&for=pc。

上海证券交易所创新产品部：《上海证券交易所ETF行业发展报告（2024）》，2024年2月，http：//etf.sse.com.cn/fundtrends/c/5735317.pdf。

邵之晗、屠堃泰：《金融科技、网络关联性与系统性风险》，《华北金融》2024年第5期。

申万宏源：《申万宏源集团股份有限公司2023年度报告》，2024年3月。

深圳证券交易所：《ETF投资交易白皮书（2023年）》，2024年5月16日。

施东辉：《探索构建资本市场的宏观审慎政策》，《清华金融评论》2018年第5期。

孙国茂：《中国证券市场宏观审慎监管研究》，中国金融出版社，2020。

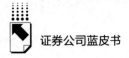

孙国茂、李猛:《宏观审慎监管下的证券公司系统重要性评价体系研究》,《山东大学学报》(哲学社会科学版) 2020 年第 5 期。

孙国茂、张辉、张运才:《宏观审慎监管与证券市场系统性风险测度研究》,《济南大学学报》(社会科学版) 2020 年第 6 期。

孙国茂主编《中国证券公司竞争力研究报告 (2021) 》,社会科学文献出版社,2021。

孙国茂主编《中国证券公司竞争力研究报告 (2022) 》,社会科学文献出版社,2022。

孙国茂主编《中国证券公司竞争力研究报告 (2023) 》,社会科学文献出版社,2023。

孙越:《从技术赋能业务到全面开放生态券商加快数字化转型》,《上海证券报》2021 年 8 月 31 日。

天风证券、天风合规:《合规视点 | 2023 年度证券公司监管处罚情况分析》,2024 年 4 月 25 日。

涂艳艳:《我国证券公司核心竞争力实证研究》,《考试周刊》2011 年第 62 期。

王宏宇、刘刊:《证券公司行政备案监管的权责及边界研究》,《金融监管研究》2018 年第 5 期。

韦谊成、刘小瑜、何帆:《数字化转型与公司治理水平研究——来自 A 股主板上市公司的经验证据》,《金融发展研究》2022 年第 3 期。

卫以诺、廖璐:《2023 券商资管年度报告:公募牌照申请热潮不减 资管结构调整步入发展新阶段》,新浪财经网站,2024 年 3 月 3 日,http://stock. finance. sina. com. cn/stock/go. php/vReport_ Show/kind/search/rptid/762809817228/index. phtml。

魏成龙:《中国证券公司的核心竞争力分析》,《河南社会科学》2003 年第 6 期。

闻岳春、夏婷:《我国证券系统重要性机构评估探讨》,《西部金融》2016 年第 6 期。

闻岳春、夏婷：《我国证券系统重要性机构评估探讨》，《西部金融》2016 年第 6 期。

吴奉刚：《证券公司集团化——模式与治理》，中国金融出版社，2006。

吴夕晖：《证券公司核心竞争力的培育与提升》，《中国证券期货》2010 年第 3 期。

武飞：《中国证券公司核心竞争力评价及管理建议》，《中国流通经济》2013 年第 4 期。

向筱、潘娜、莫海峰、谢佳明：《证券公司固定收益业务数字化转型路径研究》，《债券》2021 年第 1 期。

肖旭、戚聿东：《产业数字化转型的价值维度与理论逻辑》，《改革》2019 年第 8 期。

兴业证券：《2024 年证券行业 2023 年报综述：交易能力和国际业务成为券商突围的制胜法宝》，2024 年 4 月。

兴业证券：《十大维度透视 2022 年证券业市场演绎——证券行业 2022 年报综述》，2023 年 4 月 9 日。

许恒、张一林、曹雨佳：《数字经济、技术溢出与动态竞合政策》，《管理世界》2020 年第 11 期。

杨博文、吴文锋、杨继彬：《绿色债券发行对承销商的溢出效应》，《世界经济》2023 年第 9 期。

尹筑嘉、黄建欢、文凤华：《中国证券公司核心竞争力的内涵与评估——基于美国金融危机的反思》，《长沙理工大学学报》（社会科学版）2010 年第 6 期。

余博、邹宇翔、管超：《我国金融机构的系统风险重要性研究——基于 Clayton Copula 函数方法和 MST 网络模型》，《保险研究》2021 年第 6 期。

张继强、王晓宇：《夯实债券市场"看门人"责任》，《经济日报》2023 年 7 月 28 日。

张继袖：《对标世界一流企业价值创造推动证券公司高质量发展》，《现代国企研究》2023 年第 10 期。

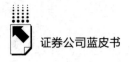
张军：《金融宏观审慎之设计、执行与检验》，《金融发展研究》2021年第 11 期。

张鑫：《金融机构有效处置机制：国际准则、改革进展与启示》，《国际金融》2021 年第 2 期。

张兴敏、傅强、张帅、季俊伟：《金融系统的网络结构及尾部风险度量——基于动态半参数分位数回归模型》，《管理评论》2021 年第 4 期。

赵志东：《中小型证券公司财务数字化转型的问题研究》，《大陆桥视野》2024 年第 4 期。

中国建设银行、北京绿色金融与可持续发展研究院：《中国绿色资本市场绿皮书（2022 年度）》，2023 年 4 月 11 日。

中国企业社会责任报告评级专家委员会：《中国企业 ESG 报告评级标准（2023）》，2023 年 3 月 13 日。

中国人民银行：《2023 年 4 季度末金融业机构资产负债统计表》，2024 年 4 月。

中国人民银行：《2023 年金融市场运行情况》，2024 年 1 月 29 日。

中国银河证券研究院：《ICT 新基建提质增效，算网赋能数字经济高质量发展》，2023 年 12 月 28 日。

中国证券业协会：《中国证券公司核心竞争力评价模型与实证研究》，《中国证券市场发展前沿问题研究（2008）》，中国财政经济出版社，2009。

中华人民共和国工业和信息化部：《2023 年通信业统计公报》，2024 年 1 月。

《中金证券公司的 ROE 如何提升？》，2023 年 6 月 29 日。

中泰证券：《中泰证券股份有限公司 2023 年年度报告》，2024 年 3 月。

中信证券：《把握时代脉搏，加快全球化布局》，2023 年 6 月 20 日。

中信证券：《中信证券股份有限公司 2023 年年度报告》，2024 年 3 月。

中央国债登记结算有限责任公司：《2023 年债券业务统计分析报告》，2024 年 2 月。

中银证券：《中银国际证券股份有限公司 2023 年年度报告》，2024 年 4 月。

祝合良、王春娟:《"双循环"新发展格局战略背景下产业数字化转型：理论与对策》，《财贸经济》2021 年第 3 期。

邹丽、李兰涛、曹洪劼、万莹:《金融科技在风险管理领域的应用研究与实践》，《中国金融电脑》2023 年第 12 期。

代后记
金融强国的本质与资本市场的功能

中央金融工作会议提出，要加快建设金融强国。2024 年 1 月，习近平总书记在省部级主要领导干部推动金融高质量发展专题研讨班上进一步阐释了金融强国的六个核心要素和构成中国特色现代金融体系的六大体系。建设金融强国是中国式现代化建设的客观需要，也是实施国家创新驱动发展战略、建成世界科技创新强国的必然选择。

马克思在《资本论》里说过："假如必须等待积累使某些单个资本增长到能够修建铁路的程度，那么恐怕直到今天世界上还没有铁路。但是，集中通过股份公司转瞬之间就把这件事完成了。"回顾世界近 200 年的科技进步与经济发展，很多对人类文明具有影响的重大事件和科技创新，几乎都与资本市场密切相关。一个强大的、具有中国特色的资本市场是建设金融强国最重要的基础和载体，这是由资本市场的基本功能和历史作用所决定的。欧美等发达国家和地区的近代经济发展史表明，科技进步和科技创新驱动下的经济发展过程也是国家财富积累和增长的过程。因此，建设金融强国的本质就是建立一个具有促进国家实施创新驱动发展战略的资本形成机制和财富创造机制的现代金融体系。这意味着，现代金融体系必须具有配置先进生产要素和形成创新资本的功能，必须具有创造财富的功能，从而为中国式现代化和共同富裕提供坚实的物质基础。

中国资本市场创造了人类经济发展史上的奇迹

截至 2023 年底，上海、深圳和北京 3 家证券交易所上市公司数量超过

5300 家，总市值达到 87 万亿元，证券化率接近 70%；30 多年间，上市公司累计股权融资超过 20 万亿元，其中 IPO 募集资金超过 5 万亿元，再融资超过 15 万亿元。2023 年，5000 多家上市公司营业收入合计为 72.54 万亿元，净利润合计为 5.71 万亿元。可以说，上市公司为推动改革开放、建立社会主义市场经济和完善金融体系做出了巨大贡献。回顾自改革开放以来国家出台的重大政策，党中央和国务院始终把国有企业和国有经济改革作为国家战略的重要组成部分。因此，如果从一个更大的历史背景来审视和理解中国资本市场发展及其作用，我们并不认为上市公司数量、股票总市值、募集规模等统计指标是最重要的。中国资本市场最重要的历史功绩是推动和完成了以中央企业和国有商业银行为代表的国有企业改革。

1992 年 10 月，党的十四大提出"股份制有利于促进政企分开、转换企业经营机制和积聚社会资金，要积极试点，总结经验，抓紧制定和落实有关法规，使之有秩序地健康发展"和"积极培育包括债券、股票等有价证券的金融市场"。1993 年 11 月，党的十四届三中全会通过的《中共中央关于建立社会主义市场经济体制若干问题的决定》提出"建立适应市场经济要求，产权清晰、权责明确、政企分开、管理科学的现代企业制度"和"资本市场要积极稳妥地发展债券、股票融资"，同年 12 月，《中华人民共和国公司法》诞生，"股份公司"作为一个特定法律概念和改革开放催生的经济现象，首次被写进新中国法律。自此，越来越多的国有企业通过股份制改造，进行股权融资并上市，一大批国有企业不仅迅速摆脱计划经济形成的发展束缚，而且焕发了强大的生命力和竞争力。正是资本市场在帮助国有企业募集长期资本的同时，推动国有企业实现了公司化改制，最终全面建立现代企业制度。自党的十八大以来，习近平总书记一直强调"国有企业是中国特色社会主义的重要物质基础和政治基础，是党执政兴国的重要支柱和依靠力量"。时至今日，我们无法想象如果 30 多年前中国没有建立资本市场，以国有企业为代表的先进制造业、信息技术产业、重化工业乃至金融业现在会是怎样的情形。统计显示，截至 2023 年底，国有企业资产总额达到 339.5 万亿元（2022 年数据），营业总收入 85.73 万亿元，利润总额 4.63 万亿元。国有

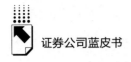

企业控股上市公司数量为 1410 家（沪、深、京三家交易所），占上市公司总数的 27%；其中，459 家上市公司控股股东为央企，951 家上市公司控股股东为地方国企。此外，根据《财富》公布的世界 500 强名单，2024 年我国进入世界 500 强的国有企业共有 91 家，其中央企 44 家，其他国有企业 47 家。可以说，我国资本市场催生和培育的国有企业改革是人类经济发展史上一场史诗般的伟大实践，是人类商业文明史上前所未有的壮举和奇迹。

党的二十大提出"深化国资国企改革，加快国有经济布局优化和结构调整，推动国有资本和国有企业做强做优做大，提升企业核心竞争力"和"完善中国特色现代企业制度，弘扬企业家精神，加快建设世界一流企业"。习近平总书记在中央全面深化改革委员会会议上强调，要推动国有企业完善创新体系、增强创新能力、激发创新活力，促进产业链创新链深度融合，提升国有企业原创技术需求牵引、源头供给、资源配置、转化应用能力，打造原创技术策源地。国务院国资委根据党中央、国务院的战略决策部署，制定的《国有企业改革深化提升行动方案（2023—2025 年）》提出，"健全国有企业打造原创技术策源地的政策体系和制度安排，加强基础性、紧迫性、前沿性、颠覆性技术研究。"2024 年初，国务院国资委召开会议，提出央企市值管理考核新要求，增加反映价值创造能力的考核指标，对央企控股上市公司市值管理实行"一企一策"考核。毋庸置疑，在新一轮国企改革中，资本市场在促进国有企业加快发展新质生产力、完善公司治理以及加强市值管理等方面仍将发挥巨大作用。如果国有企业控股的上市公司坚持价值创造与价值实现并重的理念、注重投资者回报、做资本市场的表率，那么就会逐步建立以价值创造和财富创造为核心的中国特色的资本市场文化，市值管理就不会被简单理解为操作股票价格，而是通过提高科技创新能力和发展新质生产力提高价值创造能力，夯实价值管理的基础，最终实现上市公司质量的提高。

实施创新驱动战略和发展新质生产力
需要强大的资本市场

中央金融工作会议确定金融强国建设工作重点是"五篇大文章"，把科技金融放在"五篇大文章"的首位。自党的十八大以来，党中央、国务院始终把科技创新放在国家发展战略的核心地位。2015 年 10 月，党的十八届五中全会首次提出"创新、协调、绿色、开放、共享"的新发展理念，同样将"创新"放在首位。2016 年 5 月，中共中央、国务院发布的《国家创新驱动发展战略纲要》提出，到 2050 年建成世界科技创新强国。2018 年 11 月，习近平总书记在首届中国国际进口博览会开幕式上宣布，在上海证券交易所设立科创板并试点注册制，推动资本市场服务国家创新战略，不断完善资本市场基础制度。党中央、国务院将科创板定位为"面向世界科技前沿、面向经济主战场、面向国家重大需求"，目的是通过资本市场培育符合国家战略、突破关键核心技术、市场认可度高的科技创新企业，加快发展新一代信息技术、高端装备、新材料、新能源、节能环保以及生物医药等高新技术产业和战略性新兴产业。

纵观全球百年来的科技进步史，资本市场在国家创新中发挥着至关重要且不可替代的作用。资本市场不仅可以通过资金聚集机制，为战略性新兴产业注入新的生产要素，使其迅速成长壮大；还可以提供创新资本，使那些充满风险的企业和产业部门不断完成研究开发和科技创新，最终得到资本市场的认可。从全球范围来看，科技发达国家也是资本市场和创新资本发达的国家。以美国为例，20 世纪 50 年代，美国通过了《小企业投资法》（*Small Business Investment Act*），批准成立小企业投资公司（Small Business Investment Company，SBIC），实施小企业投资公司计划。SBIC 被允许利用政府杠杆担保方式向社会募集资金，然后向创新型中小企业提供融资服务，美国硅谷的众多创新中小企业的成长都得益于这个计划。在政府推动下，美国私募股权投资基金迅速发展，早期投资主要集中在电子、医学等技术领域的创业型公司。1971 年，美国推出了适合中小企业股权融资的纳斯达克市场。1978 年，美国允许养老金以有限合伙人的身份投资私募股权投资基金，进一步促进了私募股权投资基金组织结构的转型。到了 20 世纪 80 年代，硅谷的计算机产业高速增长，配套的软件行业开始蓬勃发展。英特尔、微软等一大批高科技公司在风险投资和私募股权投资的支持下迅速成长。这些事实证明，以私募

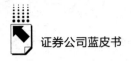
股权投资为代表的创新资本可以促进中小企业发展、推动科技创新、培育高新技术产业，为多层次资本市场培育上市资源。美国从20世纪60年代的半导体、大型计算机到70年代的微处理器、微型计算机，从80年代的电脑软件到90年代的网络、生命科学，每个阶段都有一大批如苹果、微软、谷歌、甲骨文等优质的企业，再到今天的英伟达、特斯拉和台积电等科技巨人，无一例外都是在创新资本支持下迅速成长，成为资本市场优质上市公司和国际知名企业。

根据普华永道（PwC）最新发布的研究报告，截至2024年3月31日，全球市值100强上市公司（Global Top 100 Companies 2024）总市值为39.87万亿美元，其中科技企业有22家，总市值为13.22万亿美元，占100强上市公司总市值的33.16%。值得说明的是，全球百强市值排名前10名的上市公司大多为近几年迅速崛起的科技企业，如英伟达、特斯拉等。这些企业之所以能在几年之内跻身全球上市公司百强行列，主要得益于它们巨额的研发经费投入。比如英伟达公司近几年研发经费累计接近500亿美元，2023年英伟达研发经费投入占比高达25%。统计显示，2022年美国的R&D经费约为8856亿美元，比2021年增长12%，占GDP的比重为3.5%。来自企业的研发经费约为6927亿美元，达到美国R&D经费的78%。美国之所以有如此之高的研发经费来自企业，尤其是大量未上市的中小企业敢于在创业之初和开放早期就持续投入研发经费，唯一原因就是在政府鼓励企业创新的政策下，资本市场催生了一大批如黑石、新桥资本、贝恩、KKP、IDG资本、华平投资集团、摩根士丹利、摩根大通、阿波罗、德州太平洋、美林、高盛等众多私募股权投资基金。这些在世界具有影响力的私募股权机构控制着全球40%的创新资本。根据美国证监会（SEC）公布的数据，2022年美国私募股权投资市场资产管理规模达到4.58万亿美元。2022年，自美国出台《芯片与科学法案》后，政府加大研发经费投入，但是来自企业的研发经费占比仍然高达将近80%，这足以说明来自资本市场的创新资本规模十分庞大。如果对其进一步探究就能发现，美国规模庞大的私募股权基金的资金主要来自养老基金、保险基金、捐赠基金以及其他大型金融或非金融投资机构；而私募股权基金则通过投资创新类、科技类公司最终从资本市场为这些大型投资机构创造高收益回报。

2019年，两位来自美国哈佛大学商学院的金融学教授维多利亚·伊凡希娜（Victoria Ivashina）和乔希·勒纳（Josh Lerner）在《耐心的资本》一书中提出了"耐心资本"（Patient Capital）概念。虽然书中对耐心资本的定义很简单，即"持有超过5年的投资"，但非常明确地将养老基金、保险基金、捐赠基金、家族办公室和主权财富基金等划归耐心资本范畴。如果我们厘清耐心资本的运作机制，就自然明白了为什么伊凡希娜和勒纳认为耐心资本如此重要，对世界未来有着深远的影响。

《国家创新驱动发展战略纲要》提出要"探索建立符合中国国情、适合科技创业企业发展的金融服务模式。鼓励银行业金融机构创新金融产品，拓展多层次资本市场支持创新的功能，积极发展天使投资，壮大创业投资规模"。统计显示，截至2023年12月，在中国基金业协会备案的私募股权基金公司数量为12893家，共管理私募股权基金54702只，私募股权基金规模为142793.28亿元。如果仅从规模上来看，我国的私募股权基金规模大约是美国的1/4。但是，目前我国保险公司管理的资产规模已接近30万亿元，社保基金和企业（职业）年金规模约为15万亿元（三支柱合计），以财政和国资为主的政府引导基金规模超过5万亿元。如何让这些长期资本转化为耐心资本，助力国家实施创新驱动发展战略，渠道之一就是通过私募股权基金进入众多创新企业，最终通过资本市场实现其创新价值。2024年6月1日，习近平总书记在《求是》杂志上发表题为"发展新质生产力是推动高质量发展的内在要求和重要着力点"的文章，指出科技创新能够催生新产业、新模式、新动能，是发展新质生产力的核心要素。着力打通束缚新质生产力发展的堵点卡点，建立高标准市场体系，创新生产要素配置方式，让各类先进优质生产要素向发展新质生产力顺畅流动。只有建设一个强大的资本市场才能创新生产要素配置方式，消除束缚新质生产力发展的障碍。

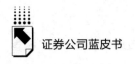

资本市场为全社会创造财富，为中国式现代化建设提供强大的物质基础

　　比较中美两国的资本市场可以发现，截至 2023 年底，美国上市公司总市值为 50.2 万亿美元，证券化率为 183.41%。相比之下，2023 年我国上市公司总市值为 87 万亿元，证券化率为 68%。如果进一步分析会发现，美国庞大的股票市值主要由养老金、共同基金、保险基金以及各种投资机构所持有，其中，养老金直接持有的股票市值超过总市值的 20%。因此我们可以这样理解，上市公司的总市值其实就是全社会的财富，它既是一个国家的财富体现，也是一个国家创造财富的源泉。

　　美国如此庞大的股票市值是由英伟达、特斯拉、苹果、微软等众多上市公司组成的。对于大多数企业来说，如果没有进入资本市场或者没有上市，那么它的价值通常被认为是体现在财务报表中的"净资产"（或"所有制权益"）上。但是一个企业一旦上市，它的价值就不再是由财务报表中"净资产"所反映，而是由股票市场价格即"总市值"所反映。"总市值"与"净资产"之间的差额可能很大，甚至大到超乎想象。问题的关键在于，这个差额代表了什么？它的经济学含义是什么？在此我们把它理解为"社会财富"。

　　"社会财富"一词是马克思提出的。在《1844 年经济学哲学手稿》中，马克思不仅提出了"社会财富"的概念，还提出了"工业财富""资本财富""实物财富"等概念。尽管马克思并未给出"社会财富"的明确定义，但他强调真正的财富是人本身的充分发展，是在普遍交换中产生的个人需要、才能、享用、生产力等的普遍性。马克思在人类思想史上，最早从资本主义生产关系入手，深刻、系统、全面地阐述了财富、财产与人的关系，揭示了财富的本质。但是，马克思的时代既没有发达的资本市场，也没有像英伟达、特斯拉这样的上市公司，因此我们可以认为马克思是从哲学角度阐述财富的社会属性。今天，我们只是从纯粹经济学角度理解，把经济学意义上具有一定程度公共品属性的财富称为社会财富，其中甚至包括某些私人财富。

作为资本市场的主体和市场经济重要的微观组织，上市公司的持续生产经营客观上为全社会创造了大量物质财富，如实物产品和劳动服务等。如果根据每年胡润和福布斯以上市公司市值对个人财富的排名来理解，绝大多数人会很自然地认为"上市公司"是与金钱有关的"个人财富"。若我们把"上市公司"说成"社会财富"，似乎不符合多数人的逻辑思维。这主要是因为现实中人们习惯性地认为财富就是"物质财富"或"个人财富"，很少去思考财富的公共属性和社会属性。一家民营企业如果不上市，则可以认为它是股东的私人财产；但是企业一旦 IPO 完成上市，它必然包含政府的公共服务（如审批、注册、监管和信息披露等）和由此产生的公共属性。如果没有政府的合规管理，上市公司不可能产生"总市值"与"净资产"的差额，即市场价值。为了体现资本市场公平、公正和公开的原则，上市公司必须是公共部门一系列程序"加工"的结果，公司股东不可能提供这种带有公共属性的"准公共产品"，这也是为什么国外把上市公司归类为 Public Company。对于我国来讲，资本市场制度设计更强调融资方利益，30 多年的发展中，制度体系和市场监管在融资方（企业或大股东）和投资者（散户或中小股民）发生利益冲突时总是忽视投资者利益。民营上市公司大股东或实控人（这里不包括以财务投资为目的的股权投资者）不仅漠视上市公司的公共属性，也漠视上市公司的社会责任和中小投资者利益。一些民营上市公司大股东或实控人上市的目的就是套现，一旦达到解禁条件便迫不及待地抛售原始股份。有的上市公司为了以更高价格套现，甚至不惜财务造假，披露虚假财务信息。时至今日，大股东减持已经成为对资本市场破坏性最大的反市场行为，形成了中国资本市场独有的"沙漠化效应"。实行注册制以来，与 IPO 相关的监管规定对大股东减持的限制不断增加，直至 2024 年 5 月，中国证监会发布被称为史上最严减持新规——《上市公司股东减持股份管理暂行办法》，但仍然无法从根本上改变上市公司股东的减持冲动，其中原因值得深思。注册制的本质是将选择权和价值判断交给投资者，强化市场约束和法制约束，要求发行人必须真实、准确、及时、完整地披露所有对市场和投资者产生实质性影响的信息，由投资者自主做出投资决策。我们不妨假设，如果监管规定要求大股东（尤其科技公司）在 IPO 申请时必须对是否转让控制权、上市后是否减持、何时减持以及减持的数量等重大问题向监管部门和社会公众做出说明和承诺，那么情况会怎样？如果大股东承诺上市后不减持或转让股份，那么一旦违背承诺即构成背信罪。如果大股东不做出上述承诺，那么包括私募股权基金在内的投资者是否还有投资热情？其实，即使在美国，涉及原始股东减持的立法也只是基于为市场提供流动性的目的，尤其是对股权集中度较高的上市公司，监管要求原始股东必须减持。从《1933 年证券法》《1934 年证券交易法》到《多德-弗兰克华尔街改革与消费者保护法》，都对股东减持做出了严格的制度安排。我们经常看到的案例是，美国很多上市公司会以公司、股东或企业年金的方式增持公司股票。我国的情况则有所不同。

党的二十大报告指出"中国式现代化是全体人民共同富裕的现代化""中国式现代化是物质文明和精神文明相协调的现代化"。这意味着在中国式现代化进程中，要创造大量的物质财富或社会财富，才能实现共同富裕。因此，我们必须重新认识上市公司，重新审视资本市场创造社会财富的功能。这不仅是构建和完善资本市场制度体系的法理依据，也是建设强大资本市场支持金融强国建设的逻辑起点。更重要的是，政府和监管部门应当利用资本市场创造社会财富的功能，建立上市公司创造社会财富的新机制，让上市公司成为创造社会财富的源泉。从根本上来说，美国庞大的市值规模和高证券化率得益于自华尔街次贷危机以来股票市场连续 15 年的持续上涨。哈佛大学的研究报告显示，截至 2023 年底，美国家庭财富增至约 156.2 万亿美元，这是一个创纪录水平。2023 年第四季度，基准标普 500 指数的总回报率达到 11.7%，股票持续上涨的结果是社会财富的普遍增长。美国家庭通过共同基金、保险基金和养老金基金等直接或间接持有股票市值，养老基金投资美股的规模为 17.4 万亿美元，占美国股票总市值的 20% 以上，养老基金对美国股市直接配置占比 42.5%。本文前面介绍过，美国养老基金也是私募股权基金的资金来源之一，加上持有私募股权基金，美国养老金投放到股票市场的占比高达60%以上。正是通过这种配置方式，美国养老金才不断实现增值，目前美国养老金三大支柱合计超过40万亿美元，大约为GDP的170%。2022年4月，国务院办公厅出台《国务院办公厅关于推动个人养老金发展的意见》，旨在推动养老金第三支柱发展，缓解养老金缺口压力。但是能否实现养老金第三支柱快速发展，在很大程度上取决于养老基金或保险基金的整体收益水平。因此可以预见，通过资本市场解决养老金缺口的前提是资本市场必须持续健康发展，必须建立确保资本市场不发生系统性风险的稳定机制（如当下社会各界热议的平准基金），才能实现养老金（包括养老保险）的持续增值。

孙国茂

皮 书

智库成果出版与传播平台

❖ 皮书定义 ❖

皮书是对中国与世界发展状况和热点问题进行年度监测，以专业的角度、专家的视野和实证研究方法，针对某一领域或区域现状与发展态势展开分析和预测，具备前沿性、原创性、实证性、连续性、时效性等特点的公开出版物，由一系列权威研究报告组成。

❖ 皮书作者 ❖

皮书系列报告作者以国内外一流研究机构、知名高校等重点智库的研究人员为主，多为相关领域一流专家学者，他们的观点代表了当下学界对中国与世界的现实和未来最高水平的解读与分析。

❖ 皮书荣誉 ❖

皮书作为中国社会科学院基础理论研究与应用对策研究融合发展的代表性成果，不仅是哲学社会科学工作者服务中国特色社会主义现代化建设的重要成果，更是助力中国特色新型智库建设、构建中国特色哲学社会科学"三大体系"的重要平台。皮书系列先后被列入"十二五""十三五""十四五"时期国家重点出版物出版专项规划项目；自2013年起，重点皮书被列入中国社会科学院国家哲学社会科学创新工程项目。

皮书网

（网址：www.pishu.cn）

发布皮书研创资讯，传播皮书精彩内容
引领皮书出版潮流，打造皮书服务平台

栏目设置

◆ **关于皮书**

何谓皮书、皮书分类、皮书大事记、
皮书荣誉、皮书出版第一人、皮书编辑部

◆ **最新资讯**

通知公告、新闻动态、媒体聚焦、
网站专题、视频直播、下载专区

◆ **皮书研创**

皮书规范、皮书出版、
皮书研究、研创团队

◆ **皮书评奖评价**

指标体系、皮书评价、皮书评奖

所获荣誉

◆ 2008 年、2011 年、2014 年，皮书网均
在全国新闻出版业网站荣誉评选中获得
"最具商业价值网站"称号；
◆ 2012 年，获得"出版业网站百强"称号。

网库合一

2014年，皮书网与皮书数据库端口合
一，实现资源共享，搭建智库成果融合创
新平台。

皮书网

"皮书说"
微信公众号

权威报告·连续出版·独家资源

皮书数据库
ANNUAL REPORT(YEARBOOK)
DATABASE

分析解读当下中国发展变迁的高端智库平台

所获荣誉

- 2022年，入选技术赋能"新闻+"推荐案例
- 2020年，入选全国新闻出版深度融合发展创新案例
- 2019年，入选国家新闻出版署数字出版精品遴选推荐计划
- 2016年，入选"十三五"国家重点电子出版物出版规划骨干工程
- 2013年，荣获"中国出版政府奖·网络出版物奖"提名奖

皮书数据库

"社科数托邦"
微信公众号

成为用户

登录网址www.pishu.com.cn访问皮书数据库网站或下载皮书数据库APP，通过手机号码验证或邮箱验证即可成为皮书数据库用户。

用户福利

- 已注册用户购书后可免费获赠100元皮书数据库充值卡。刮开充值卡涂层获取充值密码，登录并进入"会员中心"—"在线充值"—"充值卡充值"，充值成功即可购买和查看数据库内容。
- 用户福利最终解释权归社会科学文献出版社所有。

社会科学文献出版社 皮书系列
SOCIAL SCIENCES ACADEMIC PRESS (CHINA)

卡号：354897755385
密码：

数据库服务热线：010-59367265
数据库服务QQ：2475522410
数据库服务邮箱：database@ssap.cn
图书销售热线：010-59367070/7028
图书服务QQ：1265056568
图书服务邮箱：duzhe@ssap.cn

S 基本子库
SUB DATABASE

中国社会发展数据库（下设 12 个专题子库）

　　紧扣人口、政治、外交、法律、教育、医疗卫生、资源环境等 12 个社会发展领域的前沿和热点，全面整合专业著作、智库报告、学术资讯、调研数据等类型资源，帮助用户追踪中国社会发展动态、研究社会发展战略与政策、了解社会热点问题、分析社会发展趋势。

中国经济发展数据库（下设 12 专题子库）

　　内容涵盖宏观经济、产业经济、工业经济、农业经济、财政金融、房地产经济、城市经济、商业贸易等 12 个重点经济领域，为把握经济运行态势、洞察经济发展规律、研判经济发展趋势、进行经济调控决策提供参考和依据。

中国行业发展数据库（下设 17 个专题子库）

　　以中国国民经济行业分类为依据，覆盖金融业、旅游业、交通运输业、能源矿产业、制造业等 100 多个行业，跟踪分析国民经济相关行业市场运行状况和政策导向，汇集行业发展前沿资讯，为投资、从业及各种经济决策提供理论支撑和实践指导。

中国区域发展数据库（下设 4 个专题子库）

　　对中国特定区域内的经济、社会、文化等领域现状与发展情况进行深度分析和预测，涉及省级行政区、城市群、城市、农村等不同维度，研究层级至县及县以下行政区，为学者研究地方经济社会宏观态势、经验模式、发展案例提供支撑，为地方政府决策提供参考。

中国文化传媒数据库（下设 18 个专题子库）

　　内容覆盖文化产业、新闻传播、电影娱乐、文学艺术、群众文化、图书情报等 18 个重点研究领域，聚焦文化传媒领域发展前沿、热点话题、行业实践，服务用户的教学科研、文化投资、企业规划等需要。

世界经济与国际关系数据库（下设 6 个专题子库）

　　整合世界经济、国际政治、世界文化与科技、全球性问题、国际组织与国际法、区域研究 6 大领域研究成果，对世界经济形势、国际形势进行连续性深度分析，对年度热点问题进行专题解读，为研判全球发展趋势提供事实和数据支持。

法律声明

"皮书系列"(含蓝皮书、绿皮书、黄皮书)之品牌由社会科学文献出版社最早使用并持续至今,现已被中国图书行业所熟知。"皮书系列"的相关商标已在国家商标管理部门商标局注册,包括但不限于LOGO(▮)、皮书、Pishu、经济蓝皮书、社会蓝皮书等。"皮书系列"图书的注册商标专用权及封面设计、版式设计的著作权均为社会科学文献出版社所有。未经社会科学文献出版社书面授权许可,任何使用与"皮书系列"图书注册商标、封面设计、版式设计相同或者近似的文字、图形或其组合的行为均系侵权行为。

经作者授权,本书的专有出版权及信息网络传播权等为社会科学文献出版社享有。未经社会科学文献出版社书面授权许可,任何就本书内容的复制、发行或以数字形式进行网络传播的行为均系侵权行为。

社会科学文献出版社将通过法律途径追究上述侵权行为的法律责任,维护自身合法权益。

欢迎社会各界人士对侵犯社会科学文献出版社上述权利的侵权行为进行举报。电话:010-59367121,电子邮箱:fawubu@ssap.cn。

社会科学文献出版社